Planen. Hoffen. Fürchten.

Bonner Beiträge zur Alltagskulturforschung

im Auftrag der Rheinischen Vereinigung für Volkskunde
herausgegeben von

Dagmar Hänel
Gunther Hirschfelder
Ove Sutter
Lars Winterberg

Band 13

Dagmar Hänel, Ove Sutter, Ruth Dorothea Eggel,
Fabio Freiberg, Andrea Graf, Victoria Huszka,
Kerstin Wolff (Hrsg.)

Planen. Hoffen. Fürchten.

Zur Gegenwart der Zukunft im Alltag

Waxmann 2021
Münster · New York

Gedruckt mit freundlicher Unterstützung vom Dekanat der Philosophischen Fakultät der Universität Bonn, der Rheinischen Vereinigung für Volkskunde und dem Landschaftsverband Rheinland.

LVR
Qualität für Menschen

Bibliografische Informationen der Deutschen Nationalbibliothek
Die Deutsche Nationalbibliothek verzeichnet diese Publikation in der Deutschen Nationalbibliografie; detaillierte bibliografische Daten sind im Internet über http://dnb.dnb.de abrufbar.

Bonner Beiträge zur Alltagskulturforschung, Bd. 13
ISSN 2567-0654
Print-ISBN 978-3-8309-4250-4
E-Book-ISBN 978-3-8309-9250-9

Steinfurter Straße 555, 48159 Münster

www.waxmann.com
info@waxmann.com

Umschlaggestaltung: Pleßmann Design, Ascheberg
Umschlagabbildung: © Collection of Auckland Museum Tāmaki Paenga Hira, 1996x2.107.15
Satz: Roger Stoddart, Münster
Druck: CPI books GmbH, Leck

Gedruckt auf alterungsbeständigem Papier,
säurefrei gemäß ISO 9706

MIX
Papier aus verantwortungsvollen Quellen
FSC www.fsc.org FSC® C083411

Printed in Germany

Inhalt

Ove Sutter, Ruth Dorothea Eggel, Fabio Freiberg, Andrea Graf, Dagmar Hänel, Victoria Huszka und Kerstin Wolff

Planen. Hoffen. Fürchten. Zur krisenhaften Gegenwart der Zukunft im Alltag

Planen. Hoffen. Fürchten – ein Tagungsmotiv

Der vorliegende Band versammelt die Beiträge der Hochschultagung der Deutschen Gesellschaft für Volkskunde (dgv), die 2018 an der Universität Bonn unter dem Titel *Planen. Hoffen. Fürchten. Zur Gegenwart der Zukunft im Alltag* stattfand. Die Tagung wurde vom Institut für Archäologie und Kulturanthropologie der Universität Bonn und dem Institut für Landeskunde und Regionalgeschichte des Landschaftsverbands Rheinland (LVR) veranstaltet. Als Motiv des Plakats und des Flyers zur Tagung für den vorliegenden Sammelband wählten wir ein Einmachglas. Dies nicht, weil die in Deutschland populärste Variante, das *Weck-Glas*, seit 1950 unter anderem in Bonn produziert wird. Das Einmachglas ist ein Artefakt, das mit verschiedenen Bedeutungs- und Handlungsgefügen des Planens, Hoffens oder auch Fürchtens verbunden ist, die für das Thema unserer Tagung von Interesse waren. Als alltagsweltliche Form der Lebensmittelkonservierung ist das Einmachen eine historische Kulturtechnik, die im Laufe ihrer gar nicht mal so langen Geschichte einen Funktions- und Bedeutungswandel durchlebt hat. Als Handeln mit Dingen und im Anschluss an Jochen Koch und andere (2016) kann es als eine Form der Zukunftspraktik verstanden werden, als eine Performanz, die im Moment ihrer Ausübung Zukunft hervorbringt. Gleichzeitig ist das Einmachen oder Einwecken als eine solche auf die Zukunft bezogene Praktik in ihren zeithistorischen ebenso wie situativen Kontexten zu begreifen. Drittens lässt sich das Einmachen als relationale Praktik in Beziehung zu anderen Praktiken, Wissensformen und Artefakten als strukturiertes Handlungsgefüge verstehen (Koch et al. 2016: 174f.).

Das Konservieren von Nahrung, sei es in Form des Einsalzens, Dörrens, Räucherns, Backens, Säuerns oder eben Einmachens, ermöglichte eine gewisse Absicherung und ein *Planen* der zukünftigen Nahrungsversorgung. Der Historiker Uwe Spiekermann begreift die Lebensmittelkonservierung auch als „Ausdruck menschlicher Herrschaft über die Natur" (Spiekermann 1997: 31). Es mag nicht zuletzt an den negativen Effekten dieses gescheiterten Unternehmens liegen, an Umweltverschmutzung und Klimawandel, dass das Einmachen in westlichen Gesellschaften der Gegenwart eine Renaissance als Alltagspraktik in urbanen Mittelschichtshaushalten und als Requisite in *Unverpackt*-Geschäften mit Tante-Emma-Laden-Flair erlebt. Einmachen liegt nicht nur aufgrund seiner nostalgisch-romantischen Anmutung im Trend, sondern auch, weil es für einen ökologisch nachhaltigen Umgang mit Lebensmitteln steht, der alltagspraktisch *Hoffnung* macht. Michaela Fenske bezeichnet derlei Alltagspraktiken mit Bezug auf Bernd Jürgen Warneken auch als historisch dimensionierte und gleichzeitig zukunftsorientierte „Wissens- und Material-Bricolagen" gegenwärtiger konsumkritischer *Do-It-Yourself*-Kulturen (Fenske 2017: 227).[1] Schließlich kann das Einmachen als Zukunftspraktik aber auch für eine dystopische Imagination der Zukunft stehen, für Zukunftsangst oder ein *Fürchten* vor der Zukunft. Wir treffen sie zum Beispiel in einer (teils rechts-)extremen und mit Verschwörungstheorien verknüpften Form bei zeitgenössischen sogenannten *Prepper*-Subkulturen an (siehe den Beitrag von Genner und Kuhn in diesem Band), in denen sich Menschen für den imaginierten Katastrophenfall eines Zusammenbruchs der staatlichen Ordnung durch Aufstände oder Pandemien vorbereiten.

Auch wenn uns das Einmachglas schon mal im volkskundlichen Freilichtmuseum als Dekoration vormoderner Bauernhäuser begegnet, ist Einmachen doch eine vergleichsweise junge Technik und Praktik der Lebensmittelkonservierung. Es ist grundlegend mit der Entwicklung der Industrialisierung verbunden und erlebte seinen entscheidenden Popularisierungsschub nicht in ländlichen, sondern in urbanen Alltagswelten. Eine wichtige technologische Neuerung stellte das Verfahren der Erhitzung dar, das zunächst auf die Erfindung des Dampfkochtopfs im späten 17. Jahrhundert durch Denis Papin in London datiert wird (Teuteberg/Wiegelmann 1972: 79). Die Zeitschrift *Courier d'Europe* feierte 1809 den Leibkoch von Herzog Christian IV von Pfalz-Zweibrücken, Nicolas-Francois Appert, als Entdecker der Konservierung durch Hitzesterilisation, wobei er seine Erkenntnisse 1810 in dem Werk *Le Livre de tous les ménages, ou l'art de conserve*[2] festhielt (ebd.: 80). Einen wichtigen Popularisierungsschritt, von der industriellen Konservierung zur alltagsweltlichen Haushaltspraktik, erlebte die Methode des Einmachens ab den 1890er Jahren. Insbesondere die Gründung des Unternehmens *J. Weck u. Co.* im Jahr 1900 trug durch die Produktion und aufwändige Vermarktung der technischen Gerätschaften dazu bei. Die Unternehmer Georg van Eyck und

1 Zur alltagspraktischen Zukunftsorientierung von DIY-Kulturen vgl. auch Kuhn 2019.

2 Auf Deutsch 1822 erschienen unter dem Titel *Das Buch für alle Haushaltungen, oder: Die Kunst alle thierische und vegetabilische Nahrungsmittel mehrere Jahre vollkommen genießbar zu erhalten.*

Johann Carl Weck bewarben das berühmte Einmachglas samt Zubehör wie Thermometern, Gummiringe und Einkochvorrichtungen in Inseraten, Rezeptbüchern, Haushaltsratgebern und auf Plakaten. Ebenso gründeten sie zu diesem Zweck 1901 die bis heute erscheinende Zeitschrift *Ratgeber Frau und Familie.* Spiekermann zufolge waren auch die in dieser Zeit an Bedeutung zunehmenden Hauswirtschaftskurse „systematischer Beeinflussung" ausgesetzt (Spiekermann 1997: 37). Der Erfolg dieser Unternehmungen zeigt sich nicht zuletzt darin, dass *Einwecken* heute ein stehender Begriff für das Verfahren der Lebensmittelkonservierung durch Hitzesterilisation in Privathaushalten ist. Dabei popularisierte sich das Einweck-Verfahren Spiekermann zufolge zunächst und aufgrund der kostenaufwändigen Apparaturen und Gläser in den städtischen und bürgerlichen Haushalten, bevor es ab den 1910er-Jahren auch in ländlichen und bäuerlichen Haushalten Verbreitung fand (vgl. auch Hopf-Droste 1988: 489). Den Grund dafür, dass sich das Verfahren als alltagsweltliche Haushaltspraktik zu Beginn des 20. Jahrhunderts trotz bereits vorhandener industriell konservierter Lebensmittel durchsetzen konnte, sieht Spiekermann unter anderem „in einer grundlegenden Unsicherheitserfahrung der Moderne, in einem Misstrauen gegenüber der Versorgungssicherheit einer arbeitsteiligen Gesellschaft" (Spiekermann 1997: 39). Im Grunde genommen könnte man sagen, dass die damaligen gesellschaftlich bedingten Beweggründe für die Nutzung des Weck-Glases den heutigen gar nicht so unähnlich sind, bilden doch auch gegenwärtige Formen der Zukunftsunsicherheit und gesellschaftliche Krisenerfahrungen den Hintergrund dieser Haushaltspraktik.

Die krisenhafte Gegenwart der Zukunft im Alltag

Es sind nicht zuletzt die Forschungen aus dem Fach, insbesondere von Katharina Eisch-Angus (2019; vgl. auch Eisch-Angus/Schwell 2018), zur gegenwärtigen Versicherheitlichung und damit auch Verunsicherung alltäglicher Lebenswelten, die uns einen Hinweis darauf geben, warum nicht nur das Einmachglas in den urbanen Haushalten, sondern auch das Thema Zukunft in den Sozial- und Kulturwissenschaften zunehmend Konjunktur haben.[3] So

3 Ein Sammelband, des damals noch Seminars für Volkskunde/Europäische Ethnologie in Münster fragt nach der „Kulturellen Matrix des Prognostischen", nach den „kulturellen Prämissen" und der sozialen Logik von „Zukunftswissen" (Hartmann/Murawska 2015). Die European Association of Social Anthropologists (EASA), in der es sogar ein eigenes Netzwerk zum Thema der *Future Anthropologies* gibt (https://www.easaonline.org/networks/fan), nahm im Titel ihrer Tagung von 2016 das Thema der *human futures* auf (https://www.easaonline.org/conferences/

zeigt Eisch-Angus entlang zahlreicher ethnografischer Beispiele, wie Angst und das Begehren nach Sicherheit die gegenwärtigen Alltage in westlichen Gesellschaften prägen. Darüber hinaus zeichnet sie historisch nach wie ein neoliberales Sicherheitsregime entstand. Vor dem Hintergrund des Abbaus fordistisch geprägter sozialer Sicherungssysteme, aber auch institutionalisierter Lebenslaufmuster, ist das Individuum in postfordistischen Gesellschaften zunehmend mit einer offenen und von Unsicherheit geprägten Zukunftsperspektive konfrontiert, die es individuell und selbstverantwortlich erarbeiten muss (Sutter 2013, Götz/Lemberger 2009). Gleichzeitig erleben wir seit mindestens zwanzig Jahren eine umfassende Versicherheitlichung und zunehmende Überwachung des alltäglichen Lebens. Sicherheit wird zum „Leitbegriff" der Gegenwartsgesellschaft (Eisch-Angus 2019: 17). Thomas Lemke hat bereits 2004 darauf hingewiesen, dass Instabilität und Ungewissheit ein liberales Verständnis von *Freiheit* grundlegend prägen, in dem „Freiheit und Angst aufeinander verweisen" (Lemke 2004: 93). Ständig müssen Risiken kalkuliert werden, und die „Angst vor dem eigenen Scheitern" (ebd.) wird zum Dauerzustand.

Zukunft, so Andreas Reckwitz, wird in der Gegenwartsgesellschaft zunehmend zu einem negativen Phänomen, zu einem „Raum von Ungewissheiten" (Reckwitz 2016: 130), einem unberechenbaren und risikobehafteten Prozess, den es zu bearbeiten gelte und in dem es darum gehe, negative Szenarien möglichst gut zu vermeiden.[4]

Dies wurde umso deutlicher, als sich während der Abschlussphase des vorliegenden Bandes zu Beginn des Jahres 2020 das Coronavirus zu einer globalen Pandemie ausbreitete und bis zum jetzigen Zeitpunkt im Dezember noch kein Impfstoff entwickelt wurde. Die damit verbundenen Einschränkungen haben einen grundlegenden Einbruch im Alltag vieler Menschen auf der Welt bewirkt, der alltägliche Gewohnheiten und Zukunftsgewissheiten ausgehebelt hat. Die Pandemie hat für eine gewisse Zeit eine alltagsweltliche Planungsunsicherheit bedeutet, insbesondere durch unbefristete Schließungen von Schulen und Kindergärten, die unter anderem geschlechtsspezifische

---

easa2016). 2018 fragte eine Tagung der dgv-Kommission *Frauen- und Geschlechterforschung* unter der Leitung von Silvy Chakkalakal nach *feminist futures* und einem intersektionalen Verständnis von Zeitlichkeit. (https://www.euroethno.hu-berlin.de/de/institut/personen/chakkalakal/Dokumente/archiving-feminist-futures-cfp.pdf). Und auch der 2021 veranstaltete dgv-Kongress nimmt die aktuellen Diskussionen um Zeit und Temporalität und damit auch um ein kulturwissenschaftliches Verständnis von Zukunft auf (https://www.d-g-v.de/wp-content/uploads/2020/06/Call-for-Papers-Zeit_ENG.pdf).

4 Vgl. zur historischen Ausbildung der zunehmenden Dominanz des Zukunftsszenarios „Risikozukunft" gegen Ende des 20. Jahrhunderts auch Graf/Herzog 2016.

Ungleichheiten in der Verteilung von Care-Arbeit verschärft haben. Ebenso bedeutet die gesundheitliche Bedrohung durch Ansteckung eine Einschränkung der Bewegungsfreiheit vor allem von Personen in sogenannten *Risikogruppen*. In weiterer Folge ist die soziale Verunsicherung darüber gewachsen, welche wirtschaftlichen Folgen die Pandemie haben würde. Während auf der einen Seite die Mund- und Nasenschutzmaske nach und nach zum gewohnten, wenngleich immer noch umkämpften, Alltagsgegenstand geworden ist und bestimmte alltägliche Verhaltensweisen des *social distancing* sich zu Routinen entwickelt haben, bringt die Gefahr der Verbreitung des Coronavirus nach wie vor einen krisenhaften Ausnahmezustand des Alltags mit sich. Immer noch besteht weit verbreitete Unsicherheit, zu welchen alltäglichen Gewohnheiten der Zeit vor der Pandemie wir wieder zurückkehren können werden.

Krisen, so Stefan Beck und Michi Knecht, sind Ereignisse und Situationen, in denen das Gegebene und die bis dato selbstverständlichen Wissensformen, Ideen über die Welt und sozialen Praktiken expliziert und zum Gegenstand einer kritischen performativ-reflexiven Befragung werden und neue soziale Imaginationen und Ordnungspraktiken entstehen können (Beck/Knecht 2012: 69). In Krisenerfahrungen verliert die Normalität ihre Selbstverständlichkeit und es wird unsicher, wie der Alltag in Zukunft weitergehen wird. Es entstehen Momente der Offenheit, denen mit Furcht und dem Wunsch nach Rückkehr zur verlorenen Normalität bis hin zu Hoffnung und Vorfreude auf eine ganz andere Zukunft begegnet werden kann. Kurz: Krisen sind Phasen, in denen Zukunft stärker als sonst zu einem expliziten Thema und Gegenstand der sozialen Verhandlung wird.

Tatsächlich ist die Corona-Pandemie nur die jüngste einer Reihe an sozialen, politischen, ökonomischen und ökologischen Krisensituationen, die auch die Gesellschaften des globalen Nordens erreicht und in den zurückliegenden Jahren den zeithistorischen Kontext des wissenschaftlichen Nachdenkens über Zukunft verändert, ja verstärkt haben mögen. Um nur einige Ereignisse der letzten zwanzig Jahre zu nennen: Die kriegerischen Ereignisse in der langen Folge des 11. September 2001, die den zeitlich und räumlich entgrenzten *War on Terror* eröffneten, hatten nicht nur militärische Interventionen in den vermeintlichen Herkunftsländern terroristischer Akteur*innen zur Folge. Sie führten auch zu sicherheitspolitischen Maßnahmen im Innern westlicher Staaten, die vom Zukunftsszenario eines terroristischen Anschlags als „handlungsaktivierendes Noch-Nicht-Ereignis" (Fischer/Masala 2016: 2, vgl. auch Beck 1986: 43) und der Figur des *männlichen* terroristischen *Gefährders* in den westlichen Metropolen geprägt waren (Kretschmann 2017). Die dabei eingesetzten Überwachungs- und Kontrolltechnologien sind weit in die Alltage vorgedrungen.

Die Finanzkrise ab 2007 beinhaltete für einen kurzen Zeitraum die Möglichkeit eines umfassenderen Zusammenbruchs des Finanzkapitalismus mit ungeahnten Folgen. Tatsächlich folgte auf die staatliche Rettung des Bankensektors eine Austeritätspolitik in Europa, die weite Teile der Gesellschaft existenziell traf und die ohnehin schon weit verbreitete soziale Prekarität durch den weiteren Abbau sozialer Sicherungssysteme verschärfte (Petrova/Prodomidou 2019, Hajek/Opratko 2015). Für große Teile der Bevölkerung in Europa bedeutete die Finanzkrise eine zunehmende existenzielle Verunsicherung ihrer ohnehin schon prekären sozialen Lage, den Verlust von Erwerbsarbeit, Ersparnissen und Renten, von Mietwohnung oder Eigenheim.

Die politische Debatte um die Migrationsbewegungen von 2015 – insbesondere nach den Ereignissen in der Silvesternacht 2015 in Köln – und das mediale Framing als *Flüchtlingskrise*, die eigentlich eine Krise des europäischen Grenzregimes war (De Genova 2016), beförderte migrationsfeindliche politische Strömungen. Diese konnten erfolgreich gesellschaftliche Ängste schüren, indem sie dystopische Szenarien der terroristischen Bedrohung durch offene Grenzen bis hin zu kulturalistisch-rassistischen Verschwörungsphantasien eines politisch geplanten *Großen Austausches* der *autochthonen* europäischen Bevölkerung entwarfen. Angesichts autoritärer und nationalistischer Regierungen in Europa und darüber hinaus verliert das Modell der liberalen Demokratien, wie wir sie aus den letzten Jahrzehnten kennen, an Selbstverständlichkeit und die Rückkehr autoritärer politischer Systeme ist längst im Gange, wenngleich umkämpft und mit nach wie vor offenem Ausgang.

Schließlich stellt die Klimakrise der fortschreitenden globalen Erwärmung, verursacht durch die kapitalistische Industrialisierung, nicht nur unsere westliche Lebensweise grundlegend in Frage. Der Punkt, an dem die folgenreiche und dauerhafte Erwärmung des Planeten verhindert werden kann, ist voraussichtlich überschritten. Und so stellt Bruno Latour in seinem Buch *Kampf um Gaia* in Bezug auf den Klimawandel die Rede von der Krise generell in Frage, denn: „Von ‚Krise' zu sprechen heißt aber leider, sich mit der Auskunft zu beruhigen, daß ‚sie vorübergeht', daß wir sie ‚bald hinter uns haben'" (Latour 2017: 21). Angesichts der Verdichtung gesellschaftlicher Krisen, des Wechsels von der einen in die andere und der Tatsache, dass bereits an den Rändern der Gesellschaften des Globalen Nordens, in den Flüchtlingscamps an den europäischen Außengrenzen und in jenen an der US-amerikanischen Grenze zu Mexiko, der universale Geltungsanspruch *unserer* offenbar verlorengehenden Normalität aufgehoben ist, wird offenbar: In der kapitalistischen Globalisierung ist Krisenlosigkeit eher der Ausnahmezustand, der für immer weniger Menschen gilt. Die Krisenhaftigkeit und damit die grundlegende Ungewissheit, was die Zukunft bringen mag, ist hingegen die prekäre und alltägliche Normalität der Vielen.

Und so scheint es auch nicht verwunderlich, dass Zukunft in den gegenwärtigen kapitalistischen Gesellschaften von staatlich-institutioneller Seite vor allem als Bedrohung imaginiert und bearbeitet wird. So identifiziert der Geograph Ben Anderson drei dominante gouvernementale Logiken der *precaution, preemption* und *preparedness*, denen die Imagination und Bearbeitung von Zukunft als Bedrohung – sei es durch Terrorismus, Klimawandel oder Epidemien – folgt. Entlang dieser Logiken, die als biopolitische Logiken zu begreifen sind, insofern sie unterschiedliche Formen des Lebens gegeneinander abwägen, werden Interventionen in der Gegenwart zur Bearbeitung der Zukunft legitimiert, angeleitet und ausgeführt (Anderson 2010: 788).

Angesichts dieses Normalzustands der Krise in der kapitalistischen Globalisierung und der dominanten Imagination von Zukunft als Bedrohung scheint es immer schwerer, eine gesellschaftliche Transformation in Richtung einer ganz anderen, hoffnungsvolleren Zukunft oder auch einer „Erwartungszukunft“ (Graf/Herzog 2016) zu imaginieren. Und dies, obwohl die täglichen Medienberichte von den Folgen der globalen Erwärmung – von Waldbränden und schmelzenden Permafrostböden – zunehmend nahelegen, dass nur ein grundlegender Bruch mit der dominanten Produktionsweise und damit auch mit unserer „imperialen Lebensweise“ (Brand/Wissen 2017) einen Ausweg bietet. Stattdessen ist es rechten und radikal marktliberalen Kräften gelungen, den Fakt des anthropogenen Klimawandels zu einer umstrittenen politischen Sichtweise neben anderen umzudeuten.[5] Der Alltag scheint sein Übriges als Komplize beizutragen, leistet er doch in seiner routinisierten Borniertheit und Bevorzugung des Gewohnten und Bekannten bei gleichzeitiger Zurückweisung des Neuen und Unbekannten seinen Dienst als „Entlastungsmedium“, wie es Hermann Bausinger (1991: 13) formuliert hat. Mehr noch: Der hegemoniale Commonsense des „Capitalist Realism“ scheint eine Sichtweise auf die Zukunft nahezulegen, die der Kulturtheoretiker Mark Fisher in einer weiteren Abwandlung des unter anderem auf Frederic Jameson zurückgehenden Zitats auf den Punkt gebracht hat: „... it is easier to imagine the end of the world than it is to imagine the end of capitalism“ (Fisher

5 Schon der Begriff *Klimawandel* ist Erfindung einer politischen Strategie der Relativierung der globalen Erwärmung von Seiten konservativer politischer Kräfte, die unter anderem auf den Politikberater Frank Luntz zurückgeht (Luntz 2007; vgl. auch Latour 2017: 50).

2009). Und wer in den letzten Monaten im Heimkino auf der Wohnzimmercouch über die gruselige Nähe des Blockbusters *Contagion* von 2011 zur Pandemie-Realität hinter den Wänden der eigenen Wohnung erschauderte, dem wurde in einer weiteren Hollywood-Variante verdeutlicht, dass etwas anderes als die kapitalistische Globalisierung – hier aufgrund von global zirkulierenden und mit einem tödlichen Virus kontaminierten Waren sowie infizierten Menschen – derzeit nur als katastrophisches Szenario vorstellbar ist (vgl. Beaumont 2014). Im Film wird der Protagonist, ein *weißer* Familienvater, von seiner beruflich erfolgreichen und global mobilen Frau betrogen, bevor diese dafür am Virus sterben muss. Ihm selbst bleibt die Möglichkeit, sich im Prepper-Style bewaffnet ins eigene Haus zurückzuziehen und zu hoffen, dass die marodierenden Banden auf ihrem Raubzug durch die *Suburbs* an ihm vorbeiziehen, bis ein Impfstoff und damit ein Weg *back to normal* gefunden worden ist. Oder wie es angeblich George Bush auf dem Klimagipfel 1992 in Rio de Janeiro formulierte: „The American Way of Life is not up for negotiations." Jedoch verdeutlicht spätestens der Wahlslogan *Make America Great Again!* eines Donald Trump, dass die Doktrin einer auf Wachstum ausgerichteten und auf fossilen Brennstoffen basierenden Produktionsweise mittlerweile nur noch Teil eines nostalgischen politischen Projekts ist. Im Angesicht gegenwärtiger Krisenerfahrungen imaginieren seine Apologet*innen die Parallelwelt einer idealisierten fordistischen Vergangenheit, die es so nie gegeben hat und die es auch in Zukunft niemals geben wird.

Zukunftspotenziale der Zivilgesellschaft

Und doch: In Krisen entstehen „spaces of hope", wie es der Geograph David Harvey (2000) genannt hat, in denen Menschen gemeinsam und gegen alle Widerstände praktisch Zukunft machen und utopisch imaginieren. So gingen schon dem *War on Terror*, der auf den 11. September 2001 folgte, die *Alterglobalisierungsbewegung* mit ihren Weltsozialforen voraus, auf denen Hunderttausende eine alternative und solidarische Ökonomie und Gesellschaft diskutierten (Byrd 2006, Funke 2008). In diesen zivilgesellschaftlichen Laboren entwickelten Menschen Zukunftsimaginationen und nahmen auf alternative Formen des Wirtschaftens Bezug, wie zum Beispiel auf das Konzept der *community-supported agriculture* auf dem ersten Weltsozialforum 2001 in der brasilianischen Stadt Porto Alegre.

Auch gegen die staatlichen Austeritätspolitiken nach der Finanzkrise gingen weltweit Menschen auf die Straße und besetzten die Zentren der Metropolen, um eine alternative Verteilung des gesellschaftlich produzierten Reichtums von *oben* nach *unten* zu fordern – von *Occupy Wallstreet* über die *Indignados* in Spanien bis hin zu den Protesten 2013 gegen die Austeritätspolitik der Europäischen Kommission in Griechenland. In den öffentlichen Versammlungen im New Yorker *Liberty Plaza Park*, auf den Plätzen spanischer Metropolen und schließlich auch im kollektiven *OXI!* auf dem Syntagma-Platz präfigurierten sich mögliche alternative soziale Formen, die bereits in der kapitalistischen Gegenwart eine Alternative probten, die in gewisser Weise als jene „Labore der Zivilgesellschaft" zu verstehen sind, die Wolfgang Kaschuba (2015) in den Metropolen der Welt verortet.

Welche Kräfte die Imagination einer besseren und weniger prekären Zukunft entfachen kann, zeigte sich auch im *langen Sommer der Migration* (Kasparek/Speer 2015) von 2015, als Hunderttausende Menschen auf ihrer strapaziösen Flucht nach Europa für einen kurzen Moment das europäische Grenzregime ins Wanken brachten. Und auch die sogenannte *Willkommenskultur* kann – bei aller berechtigten Kritik an den humanitaristischen und paternalistisch-karitativen Formen des Helfens – als eine Form des Zukunft-Machens verstanden werden, insofern die Beteiligten hier ihre Vorstellungen von einer wünschenswerten offenen Gesellschaft temporär an den Bahnhöfen und an anderen Orten entlang der Fluchtrouten und in den Ankunftsländern präfigurativ verwirklichten (vgl. Sutter 2020) – als praktischer Gegenentwurf zum humanitären und politischen Ausnahmezustand in Flüchtlingslagern an den europäischen Außengrenzen ebenso wie als in die Zukunft gerichteter Gegenentwurf zu migrationsfeindlichen rechten und rechtsextremen Strömungen in Europa.[6]

Am Freitag, den 20. August 2018, trat Greta Thunberg vor dem schwedischen Reichstag in Stockholm in einen *Schulstreik*, um gegen die Klimapolitik der Industriestaaten zu protestieren und rief auf diese Weise die globale *Fridays-for-Future*-Bewegung mit ins Leben, die seitdem jeden Freitag junge Menschen mit zunehmend radikalen Forderungen auf die Straße bringt. Dass gerade sehr junge Menschen zu den Träger*innen der Proteste wurden, mag zur positiven medialen Berichterstattung und zum Mobilisierungserfolg der Bewegung beigetragen haben. So ist die Figur des Kindes gerade im politischen Diskurs mit Bedeutungen wie Reinheit, Unschuld und Ehrlichkeit, aber eben auch Zukünftigkeit aufgeladen.

---

6 Bemerkenswert ist hier auch Angela Merkels Satz *Wir schaffen das!*, der als performativer Sprechakt und machtvolles Zukunftsversprechen in die zivilgesellschaftlichen Initiativen hineingewirkt haben mag.

Und schließlich ermöglichte der Blick in den kondensstreifenfreien Himmel oder auf die autofreieren Straßen in den zurückliegenden Monaten der Pandemie zumindest für einen kurzen Moment eine Vorstellung davon, wie eine andere Klimapolitik alltagspraktisch aussehen könnte. So zeigte sich andeutungsweise in den alltagsweltlichen Formen des Abstand-Haltens, dass ein solidarischeres Miteinander, das von Rücksicht auf die Schwächsten anstatt von Konkurrenz und dem Recht des Stärkeren geprägt ist, möglich ist.[7]

Auf der anderen Seite wird aber gerade mit Blick auf das *Global Climate Justice Movement*, auf die teils wütenden Auftritte von Greta Thunberg, deutlich, was Bruno Latour, angesichts der globalen Erwärmung und in Anlehnung an Clive Hamilton schreibt, nämlich, dass „der Feind des Handelns das *Hoffen* ist, die unmittelbare Hoffnung darauf, daß alles besser wird, daß das Schlimmste nicht immer eintrifft“ (Latour 2017: 130). Die Aktivist*innen von *Fridays for Future*, so könnte man zumindest aus der Distanz interpretieren, haben die Hoffnung aufgegeben, dass die Mächtigen der Welt von sich aus die Gefahr der globalen Erwärmung erkennen und entsprechende politische Maßnahmen durchsetzen.

Utopische und hoffnungsvolle Kulturanthropologien?

Wie steht es nun aber um das Thema Zukunft in der Kulturanthropologie? Ina-Maria Greverus formulierte 1991 andeutungsweise und in Umrissen Ansätze einer „Utopischen Anthropologie“, verstanden als praktische Wissenschaft, die Reflexionsprozesse über „Weltsichten“ in Gang setzt und damit auch zu einer poetischen Öffnung hin zur Zukunft beiträgt. Sie nahm damit gewissermaßen Gedanken vorweg, die Arjun Appadurai in seinen Überlegungen zu einer *Anthropology of the Future* formuliert hat. Er macht darauf aufmerksam, dass die Anthropologien sich vor allem auf negative Zukünfte, auf Zukunftsangst und zu verhindernde Zukunftsszenarien fokussiert haben. Weitaus seltener nehmen sie die gesellschaftliche Bedeutung positiver Vorstellungen von Zukunft im Sinne eines anzustrebenden *guten Lebens* in den Blick, Zukunft im Sinne von nun eben doch „horizons of hope“ und den „politics of hope“ zivilgesellschaftlicher Bewegungen (Appadurai 2013: 295).

---

7 Im Grunde müssen hier auch die antirassistischen *Black Lives Matter*-Proteste genannt werden, die sich von den USA ausgehend global ausbreiteten und auf ihre Weise unter anderem verdeutlichten, dass die „capacity to aspire“ (Appadurai 2013) sozial ungleich verteilt ist und dass ein Großteil der Menschheit strukturell und systematisch von der Möglichkeit ausgeschlossen wird, ein gutes Leben zu verwirklichen.

Silvy Chakkalakal (2018) hat in ihrem Plädoyer für eine „Antizipatorische Anthropologie" den kritischen Anspruch formuliert, zu gesellschaftlicher Transformation beizutragen, ohne „Verhaltensänderungen in der Gesellschaft anzuleiten" (ebd.: 22). Ihr geht es in Anlehnung an Arjun Appadurai um das Etablieren einer kollektiven Forschungshaltung, die die Fähigkeit zur Imagination, also einen gestaltenden und kreativen Ansatz mit den Vorzügen der ethnographischen Forschungsweise verbindet. Aus der Untersuchung gesellschaftlicher Strukturen und kultureller Praktiken erwachse gleichzeitig ein „Denk- und Möglichkeitsraum, dieselbigen anders zu begreifen" (ebd.).

Man kann sich solch ein Projekt im Sinne eines kollaborativen Forschungsprozesses vorstellen, das heißt als Form der transdisziplinären epistemischen Arbeit von institutionell-wissenschaftlichen Akteur*innen und Praktiker*innen oder Expert*innen aus anderen gesellschaftlichen Feldern.[8] Im Fall einer antizipativen oder utopischen Anthropologie könnte eine solche kollaborative Forschung aus dem experimentellen Entwickeln präfigurativer Praktiken und Imaginationen anderer Zukünfte, zum Beispiel im Sinne von effektiven *transition narratives*, bestehen. Ein Prozess, der auch einen Erkenntnisgewinn für die kulturanthropologische Forschung darstellen könnte. Tatsächlich würde eine derartige Form der kulturanthropologischen Zukunftsforschung mit Blick auf die weiter oben skizzierten zukünftigen gesellschaftlichen Herausforderungen und ihre politische Aushandlung eine politische Positionierung der Forschenden fordern. Jörg Niewöhner zufolge basiert kollaboratives Forschen zumeist auf einer „geteilten Problematisierung" (Niewöhner 2019: 32) eines bestimmten Gegenstandsbereichs beziehungsweise die Beteiligten entwickeln diese im Prozess der Kollaboration. Eine solche Problematisierung sei wiederum mit geteilten Vorstellungen von einer zukünftigen Welt verbunden und laufe auf einen „ähnlichen Prozess des *Worlding*" hinaus (ebd.). Hieraus erwachse unter anderem die Gefahr, bestimmte Akteur*innen, Logiken und Felder zu bevorzugen und andere, die ebenfalls zum Verständnis eines gesellschaftlichen Problembereichs notwendig sind, auszublenden (ebd.: 29). Damit verbunden ist es in der kollaborativen Forschung besonders geboten, „institutionelle und epistemische Machtasymmetrien" (ebd.: 30) und Wissenshierarchien mitzureflektieren. Dennoch und wiederum mit Bruno Latour gefragt: Was ist die Alternative? Weiterhin so zu tun, als beobachte man die Welt von einer Position aus, die „nicht am Spiel beteiligt" sei (Latour 2017: 61)? Oder muss es stattdessen darum gehen, offensiv zu

8 In der Europäischen Ethnologie wird sie zum Beispiel – nach eigener Aussage – im *Labor Migration* am Berliner Institut für Europäische Ethnologie praktiziert (Fontanari et al 2014). Zum Ansatz des kollaborativen Forschens im Fach vgl. ebenso Groth/Ritter 2019.

verdeutlichen, dass auch die eigene Wissensproduktion *situiert* und mit Interessen verbunden ist? Nämlich mit dem Interesse, durch die utopische oder antizipative kulturanthropologische Forschung nicht „bloß Wissenschaft“ zu betreiben, sondern präfigurativ oder imaginativ zur Komposition eines „anderen politischen Körpers“ (ebd.: 62), einer anderen möglichen Zukunft und eines guten Lebens für alle beitragen zu wollen.

Zu den Beiträgen in diesem Band

Auf die Zukunft gerichtetes Handeln schlägt sich in verschiedenen kulturellen Praktiken und Imaginationen nieder, die die Autor*innen des Bandes in den Blick nehmen. **Alexa Färber** spürt in ihrem Beitrag der Zukunft in der Gegenwart über den Begriff des Versprechens nach. In stadtplanerischen Versprechen zeigen sich *UnGleichzeitigkeiten* in der Vergegenwärtigung urbaner Zukünfte. Neben der zeitlichen und organisierenden Dimension wird das Versprechen auch als Objekt betrachtet. In der Stadtplanung entwickeln Versprechen dabei widersprüchliche Wirkungen: Sie bauen Nähe auf und führen gleichzeitig zu einem Aushalten von Ungleichheitsverhältnissen. Hoffen und Fürchten als emotionale Ausdrucksformen von Zukunft, sind daher in Versprechen der Stadtplanung eng verknüpft.

Dies wird auch am Beispiel des Wiener Stadtentwicklungsgebietes der Seestadt Aspern deutlich, anhand der **Cornelia Dlabaja** die Aushandlung von Stadtvorstellungen und deren visuelle Repräsentationen analysiert. Der Frage nach Imaginationen, Versprechen und Aushandlungen des entstehenden Stadtteils wird anhand von Interviews mit den am Planungsprozess Beteiligten inklusive Bewohner*innen und einer Analyse der medialen und visuellen Repräsentationen nachgegangen. Unterschiedliche Interessengruppen beanspruchen hier eine Deutungshoheit, wodurch ein allgemeiner gesellschaftlicher Diskurs um die Zukunft des Lebens in der Stadt sichtbar wird.

Andere Stadt- und Mobilitätsentwürfe untersucht **Johannes Müske** anhand der Konstanzer *Bürgergemeinschaft Paradies*, die in den 1970er Jahren den Bau der Bodensee-Autobahn infrage stellte und stattdessen alternative Zukunftsvisionen entwickelte. Für die diskursive Legitimierung dieser neuen Zukunftsentwürfe beschreibt Müske die Bedeutung von Technik als Dystopie-Chiffre in den Visualisierungen der Baupläne und die Verwissenschaftlichung der Argumentation in der Widerstandsbewegung. Seinem Beitrag liegen Interviews mit damals beteiligten Aktivist*innen und Akteur*innen sowie Archivmaterialien zugrunde, mit deren Hilfe er aufzeigt, dass die damaligen

Proteste als Ausdruck einer gesellschaftlichen Modernisierung und einer Neuformation sozialer Bewegungen in einem alternativen Milieu zu verstehen sind.

Sina Wohlgemuth analysiert in ihrem Beitrag, wie Bewohner*innen die Frage des Zugangs zu Gestaltungsprozessen von Zukunft im Rahmen des EU-weiten LEADER-Programms verhandeln. Sie diskutiert dafür zunächst das LEADER-Programm als formelle Rahmengebung für zukunftsorientiertes Handeln im ländlichen Raum, um anschließend ein theoretisches Verständnis von Zukunft als offenen Möglichkeitsraum zu entwickeln, in dem sich *agency* artikuliert. Am Beispiel der Zukunftspraktik des Ideen-Entwickelns untersucht Wohlgemuth das Potential von *agency* in drei verschiedenen Dimensionen. Durch die analytische Trennung in iterative, projizierende und praktisch-evaluative Dimensionen wird deutlich, dass der in dem gewählten Beispiel aufgezeigte Möglichkeitsraum für Akteur*innen, Zugang zur Zukunftsgestaltung im LEADER-Programm zu erhalten, von organisatorischen Umständen sowie formellen Vorgaben des LEADER-Programms begrenzt ist.

Verschiedene Zukunftsentwürfe von Esskulturen erkundet **Alexander Schwinghammer** und unternimmt erste Kartierungen für weiterführende kulturanthropologische Forschungen. Er analysiert, über welche Erzählungen und Gegenständlichkeiten neue Vorstellungen des Essens artikuliert und als Zukunftsvisionen formuliert werden. Schwinghammer schließt seinen Beitrag mit dem Plädoyer, weitere kulturanthropologische Forschungen zu materiellen, sozialen und kulturellen Eigenheiten der Ernährung folgen zu lassen und damit einen Beitrag zu den gestaltenden und entwerfenden Aufgabenfeldern für neue kulinarische Räume zu leisten.

Wie die Krise der Gegenwart als Ausgangpunkt unterschiedlicher Zukunftsentwürfe funktionieren kann, fragen **Julian Genner** und **Ina Kuhn** in ihrem Beitrag. Sie gehen unterschiedlichen, in vielerlei Hinsicht gegensätzlichen Praktiken der Zukunftsexploration nach und stellen mit Praktiken des Preppens und dem Entwerfen von Zukünften auf Utopie-Festivals zwei exemplarische Zukunftslaboratorien ins Zentrum ihrer Überlegungen. Während erstere sich auf den Weltuntergang vorbereiten, versuchen zweitere über ein gutes Leben für alle nachzudenken. In der Gegenwart wird so Gewissheit geschaffen, dass eine bessere Zukunft in einer solidarischen, nachhaltigen und verantwortungsvollen Gesellschaft möglich ist. Bei Preppern werden hingegen krisenhaft Zukünfte als neue Chance für sich selbst oder die eigene Familie imaginiert. Die hypothetische Zukunft wird durch vorbereitende Übungen in die Gegenwart geholt. Obwohl die entworfenen Zukünfte sich unterscheiden, konzentrieren sich die gegenwärtigen Praktiken beider Zukunftslaboratorien aus Furcht vor einer Krise auf das Planen und Einüben eines erhofften *einfacheren* und besseren Lebens.

Barbara Sieferle widmet sich unter Bezugnahme auf die Theorie des Übergangsrituals nach Arnold van Gennep und Victor Turner den Alltagskonstruktionen männlicher Haftentlassener. Anhand von Einblicken in deren soziale und wirtschaftliche Lebenssituationen sowie emotionale Gedankenwelten zeichnet Sieferle ein Bild der Gegenwartswahrnehmungen und Zukunftsvorstellungen ihrer Interviewpartner. Den Zustand, in dem sich die Befragten befinden, versteht die Autorin als dauerhafte Liminalität; von den Befragten wird dieser jedoch aufgrund ihrer Zukunftskonstruktionen allerdings mit nur als temporär wahrgenommen. Die Zukunftsimaginationen der Haftentlassenen gründen sich in der Hoffnung auf Veränderung der Situation und beinhalten demnach ein theoretisches Potenzial für diese. Im Beitrag wird Hoffnung dabei als die gesellschaftlich dominante Zukunftsstrategie verstanden.

Unsichere Zukünfte, hier von Geflüchteten ohne endgültige Bleibeperspektive, stehen auch bei **Jan Lange** und **Manuel Liebig** im Zentrum. Sie zeigen, wie jede Veränderung des rechtlichen Status zu individuellen Neuverhandlungen von Zukunftsperspektiven führt und die alltäglichen Handlungsspielräume und -möglichkeiten neu geordnet werden. Ein rechtssoziologischer beziehungsweise rechtsanthropologischer Zugang rückt ins Zentrum, wie Rechtsstatus und das zugrundeliegende Rechtssystem nicht nur enorme Auswirkungen auf die Lebensweise und die Zukunftsvorstellungen von Geflüchteten haben, sondern sich diese darin auch selbst als Rechtssubjekte produzieren. Ohne aktive Einflussnahme auf die rechtlichen Prozesse versuchen die geflüchteten Akteur*innen durch rechtliche Interventionen und politische Organisation Einfluss über ihre Situation zu gewinnen, um Zukunftsperspektiven entwickeln zu können.

Wie rumänische Saisonarbeitskräfte und ihre Arbeitgeber, landwirtschaftliche Betriebe in Deutschland, sich in Bezug auf diese temporären Beschäftigungsverhältnisse die Zukunft vorstellen, ist Thema des Beitrags von **Judith Schmidt**. Anhand der Analyse der biographischen Erzählungen ihrer Interviewpartner*innen arbeitet sie drei Zeitebenen heraus: unmittelbare, nahe und ferne Zukunftsvorstellungen. Mithilfe dieser Ebenen beschreibt sie den Möglichkeitsraum der befragten Personen. Während der Bau eines Eigenheims im Herkunftsland für die Saisonarbeitskräfte von größter Bedeutung ist, ist es für die Landwirte der Erhalt und die Weitergabe des Betriebs. Was die Zukunftsentwürfe verbindet, ist die Vorstellung, Planung und Hoffnung eines guten Lebens.

Maximilian Jablonowski überprüft im Hinblick auf die derzeitige Hegemonie von technisierten Zukunftsvorstellungen die sozialen und kulturellen Möglichkeiten und Zugänge zur Konzeption der nahen Zukunft. Im Vergleich der empirischen Kulturwissenschaft mit der vergangenen romantischen Volkskunde markiert er Veränderungen im Fokus auf Historizität beziehungsweise auf die damalige Geschichtslosigkeit der Volkskunde. Aus der Fachgeschichte ergibt sich ein spezifischer Blick der Forschenden auf die Zukunft, der „vorsichtig und verantwortungsbewusst" ist, nicht jedoch „verstohlen" (S. 184) sein soll. Diese Perspektive soll die aktuellen hegemonialen Vorstellungen einer technisierten, transhumanistischen Zukunft hinterfragen können und deren, in soziale Hierarchien eingebundenen, Wirkmächte aufdecken.

Denkweisen des Zukünftigen sind für **Martina Röthl** Praktiken wie Prognosen, Versprechen und Vorstellungen, die in einem größeren Kontext des foucaultschen Dispositivbegriffs verstanden werden müssen. Gleichzeitig sind Subjektivierungsprozesse, die sich mit ethnografischen Methoden auch empirisch festhalten lassen, eng mit diesen Denkweisen verknüpft. Die „Selbstentwürfe Einzelner orientieren sich an der Vorstellung eines möglichst idealen, zukünftigen Selbst" (S. 197), was Sichtweisen auf gleichermaßen individuelle wie gemeinsame Strategien und Zukunftsentwürfe ermöglicht, die Röthl empirisch anhand von (Gegen-)Diskursen des Feminismus veranschaulicht.

Stefan Groth versteht Antizipation als Umgang mit Ungewissheit und erläutert daran anschließend in seinem Beitrag das Konzept der kontingenten Praxen und der Antizipation als Zukunftsstrategie. Die Praktiken der Akteur*innen werden dabei als inhärent kontingent verstanden. Unter den Voraussetzungen einer komplexen Moderne verliert der Rückschluss von Erfahrung auf Erwartung seine Gültigkeit. Die Antizipation kann demzufolge als Praktik verstanden werden, die einen subjektiven und situativen Umgang mit Zukunft vor dem Hintergrund der jeweiligen Erfahrungskompetenzen ermöglicht und sich weniger auf Handlungen und Entscheidungen sowie deren rationale oder irrationale Grundlagen bezieht. Die Auslegung des Konzeptes wird an Beispielen aus Sport und Wirtschaft erläutert.

Vor dem Hintergrund der Digital Humanities, die eine systematische Nutzung computergestützter Verfahren und digitaler Ressourcen in den Geistes- und Kulturwissenschaften anstreben, prüft **Lina Franken** in ihrem Beitrag das Potenzial automatisierter Suchbewegungen und Annotationen durch Webcrawler, das Verfahren des Distant Reading oder der Koreferenz-Annotation als potentielle Instrumente für die Aufbereitung von Forschungsdaten und deren Analyse im Sinne einer möglichen Methodologie der Zukunft. Dabei diskutiert sie kritisch die Anwendung von computerunterstützten

Tools für eine genuin explorativ vorgehende Kulturanalyse im Fachkontext der Kulturanthropologie. Sie weist sowohl auf Chancen durch Umnutzung bestehender Tools im Sinne der Arbeitserleichterung im Umgang mit großen Quellenbeständen, als auch auf Risiken in Bezug auf eine Einschränkung des offenen Denkens und der Deutung durch spezifisch sensibilisierte Forschende hin.

Literatur

Anderson Ben: Preemption, precaution, preparedness: Anticipatory action and future geographies. In: Progress in Human Geography 34 (2010), 6, S. 777–798.

Appadurai Arjun: The Future as Cultural Fact. In: *Ders.*: The Future as Cultural Fact. Essays on the Global Condition. London, New York 2013, S. 285–315.

Bausinger Hermann: Alltag und Utopie. In: Kuckuck. Notizen zur Alltagskultur 1991, 2, S. 12–21.

Beaumont Matthew: Imagining the End Times: Ideology, the Contemporary Disaster Movie, Contagion. In: *Matthew Flisfeder, Louis-Paul Willis* (Hrsg.): Žižek and Media Studies. New York 2014, S. 79–89.

Beck Stefan, Knecht Michi: Jenseits des Dualismus von Wandel und Persistenz? Krisenbegriffe der Sozial- und Kulturanthropologie. In: *Thomas Mergel* (Hrsg.): Krisen verstehen. Historische und kulturwissenschaftliche Annäherungen. Frankfurt am Main 2012, S. 59–78.

Beck Ulrich: Risikogesellschaft. Auf dem Weg in eine andere Moderne. Frankfurt am Main 1986.

Brand Ulrich, Wissen Markus: Imperiale Lebensweise. Zur Ausbeutung von Mensch und Natur im globalen Kapitalismus. München 2017.

Byrd Scott C.: The Porto Alegre Consensus: Theorizing the forum movement. In: Globalizations 2 (2006), 1, S. 151–163.

Chakkalakal Silvy: „The World That Could Be". Gender, Bildung, Zukunft und das Projekt einer Anticipatory Anthropology. In: Zeitschrift für Volkskunde 114 (2018), 1, S. 3–28.

De Genova Nicholas Paul: The "Crisis" of the European Border Regime: Towards a Marxist Theory of Borders. In: International Socialism 150 (2016), S. 31–54.

Eisch-Angus Katharina: Absurde Angst. Narrationen der Sicherheitsgesellschaft. Wiesbaden 2019.

Fenske Michaela: Historisches Wissen als Ressource. Wie das urbane Kreativmilieu mit Vergangenheit Zukunft (selbst)macht. In: *Nikola Langreiter, Klara Löffler* (Hrsg.): Selber machen. Diskurse und Praktiken des „Do-it-yourself". Bielefeld 2017, S. 221–243.

Fischer Susanne, Masala Carlo: Die Politik der inneren Sicherheit nach 9/11. In: *Dies.* (Hrsg.): Innere Sicherheit nach 9/11 Sicherheitsbedrohungen und (immer) neue Sicherheitsmaßnahmen? Wiesbaden 2016, S. 1–8.

Fisher Mark: Capitalist Realism: Is there no alternative? Winchester 2009.

Fontanari Elena et al.: „Kollaboratives Forschen" als Methode im Handlungsfeld Flucht und Migration. In: Labor Migration (Hg.): Vom Rand ins Zentrum. Perspektiven einer kritischen Migrationsforschung. Berlin 2014, S. 111–129.

Funke Peter N.: The World Social Forum: Social Forums as Resistance Relays. In: New Political Science 30 (2008), 4, S. 449–474.

Götz Irene, Lemberger Barbara (Hg.): Prekär arbeiten, prekär leben. Kulturwissenschaftliche Perspektiven auf ein gesellschaftliches Phänomen. Frankfurt am Main/New York 2009.

Graf Rüdiger, Herzog Benjamin: Von der Geschichte der Zukunftsvorstellungen zur Geschichte ihrer Generierung. Probleme und Herausforderungen des Zukunftsbezugs im 20. Jahrhundert. In: Geschichte und Gesellschaft 42 (2016), S. 497–515.

Greverus Ina-Maria: Aphorismen zu einer „Utopie Collage" wie zu ihrer Verkehrung. In: Kuckuck. Notizen zur Alltagskultur 1991, 2, S. 4–9.

Groth, Stefan, Ritter Christian (Hg.): Zusammen arbeiten. Praktiken der Koordination und Kooperation in kollaborativen Prozessen. Bielefeld 2019.

Hajek Katharina, Opratko Benjamin: Crisis Management by Subjectivation: Toward a Feminist Neo-Gramscian Framework for the Analysis of Europe's Multiple Crisis. In: Globalizations 13 (2016), 2, S. 217–231.

Hartmann Andreas, Murawska Oliwia: Das Erdächtnis. Zur kulturellen Logik der Zukunft. In: *Dies.* (Hrsg.): Representing the Future: Zur kulturellen Logik der Zukunft. Bielefeld 2015, S. 7–15.

Harvey David: Spaces of Hope. Berkley, Los Angeles 2000.

Hopf-Droste Marie-Luise: Von Konservendosen und Einmachgläsern. In: *Nils-Arvid Bringéus, Uwe Meiners, Ruth-E. Mohrmann, Dietmar Sauermann, Hinrich Siuts* (Hrsg.): Wandel der Volkskultur in Europa. Festschrift für Günter Wiegelmann zum 60. Geburtstag, Bd. 1/2, Münster 1988, S. 483–491.

Kaschuba Wolfgang: Vom Wissen der Städte: Urbane Räume als Labore der Zivilgesellschaft. In: *Ders., Dominik Kleinen, Claudia Kühn* (Hrsg.): Urbane Aushandlungen. Die Stadt als Aktionsraum. Berlin 2015, S. 13–29.

Kasparek Bernd, Speer Marc: Of Hope. Ungarn und der lange Sommer der Migration. In: bordermonitoring.eu, 07.09.2015, verfügbar unter: https://bordermon itoring.eu/ ungarn/2015/09/of-hope [07.02.2020].

Koch Jochen, Krämer Hannes, Reckwitz Andreas, Wenzel Matthias: Zum Umgang mit Zukunft in Organisationen. Eine praxistheoretische Perspektive. In: Managementforschung 26 (2016), 1, S. 161–184.

Kretschmann Andrea: Soziale Tatsachen. Eine wissenssoziologische Perspektive auf den „Gefährder". In: Aus Politik und Zeitgeschichte 32–33 (2017), S. 11–16.

Kuhn Konrad: Fairer Handel und Do-it-Yourself als Zukunftspraxen. Perspektiven auf Bedeutungen und Praktiken „alternativen Wirtschaftens". In: *Karl Braun, Claus-Marco Dieterich, Johannes Moser, Christian Schönholz* (Hrsg.): Wirtschaften. Kulturwissenschaftliche Perspektiven. Marburg 2019, S. 223–233.

Latour Bruno: Kampf um Gaia. Acht Vorträge über das neue Klimaregime. Berlin 2017

Lemke Thomas: Dispositive der Unsicherheit im Neoliberalismus. In: Widerspruch 46 (2004), S. 89–98.

Luntz Frank: Words That Work: It's Not What You Say, It's What People Hear. New York 2007.

Niewöhner Jörg: Situierte Modellierung. Ethnografische Ko-Laboration in der Mensch-Umwelt-Forschung. In: *Groth Stefan, Ritter Christian* (Hrsg.): Zusammen Arbeiten. Praktiken der Koordination und Kooperation in kollaborativen Prozessen. Bielefeld 2019, S. 23–50.

Petrova Saska, Prodromidou Alexandra: Everyday politics of austerity: Infrastructure and vulnerability in times of crisis. In: Environment and Planning C: Politics and Space 37 (2019), 8, S. 1380–1399.

Reckwitz Andreas: Zukunftspraktiken. Die Zeitlichkeit des Sozialen und die Krise der modernen Rationalisierung der Zukunft. In: *Ders.* (Hrsg.): Kreativität und soziale Praxis. Studien zur Sozial- und Gesellschaftstheorie. Bielefeld 2016, S. 115–135.

Schwell Alexandra, Eisch-Angus Katharina: Perspektiven auf die Erforschung von (Un-)Sicherheit in der Alltagskultur. In: *Dies.* (Hrsg.): Der Alltag der (Un)sicherheit. Ethnographisch-kulturwissenschaftliche Perspektiven auf die Sicherheitsgesellschaft. Berlin 2018, S. 7–35.

Spiekermann Uwe: Zeitensprünge: Lebensmittelkonservierung zwischen Haushalt und Industrie 1880-1940. In: *Katalyse e.V., Buntstift e.V.* (Hrsg.): Ernährungskultur im Wandel der Zeiten. Köln 1997, S. 31–43.

Sutter Ove: Between prefigurative politics and collaborative governance. Vernacular humanitarianism in the migration movements of 2015. In: Ethnologia Europaea. Journal of European Ethnology 50 (2020), 2, (im Erscheinen).

Ders.: Erzählte Prekarität. Autobiografische Verhandlungen von Arbeit und Leben im Postfordismus. Frankfurt am Main/New York 2013.

Teuteberg Hans Jürgen, Wiegelmann Günter: Der Wandel der Nahrungsgewohnheiten unter dem Einfluß der Industrialisierung. Göttingen 1972.

Theodore Nik: Governing through austerity: (Il)logics of neoliberal urbanism after the global financial crisis. In: Journal of Urban Affairs 42 (2020), 1, S. 1–17.

Alexa Färber

Gegen UnGleichzeitigkeit? Das Versprechen als alltagskulturelle Vergegenwärtigung von (urbanen) Zukünften

Zukunft ist ein Gegenwartsphänomen und bringt deshalb eine spezifische Form der Gleichzeitigkeit mit sich: die Gleichzeitigkeit ungleicher Qualitäten von Zeit, der Zukunft und der Gegenwart – UnGleichzeitigkeit. Zukunft kann in diesem Sinne auf ganz unterschiedliche Weise vergegenwärtigt werden. Planen zählt beispielsweise zu den Praktiken, die Zukunft als handhabbare Arbeitsschritte in die Gegenwart von Berufsgruppen und Institutionen oder aber selbstverantwortlicher Individuen versetzt. Projektieren ist eine Aktivität, die in der Gegenwart Phasen und Produkte geplanter Zukünfte umreißt. Prognostizieren beruht auf gegenwärtig anerkannten wissenschaftlichen Modellen der Berechenbarkeit und Modellierung; in Form des Vorhersagens lassen sich darunter auch idiosynkratische Praktiken fassen. Vergegenwärtigung als Vorausschauen beruht so gesehen auf unterschiedlich legitimierten Wahrheitsregimen – und „Glaubensgrundsätzen".

Das Versprechen kann in jedem dieser Ansätze, der Zukunft vergegenwärtigt, auftauchen: Die Planung verspricht eine zukünftig neu gestaltete Stadtlandschaft; das Projekt beinhaltet Versprechen über dessen Anfang und Ende; die prognostizierte Zukunft beruht auf dem Versprechen, dass die Berechnungen richtig sind und dass die Modelle die zukünftige Gegenwart auch realistisch greifbar machen; wie die einen Blick in die Zukunft eröffnende Glaskugel versprechen diese vorausschauenden Praktiken, dass sie ihr Geld wert sind. In diesem Spektrum an möglichen Situationen des Vergegenwärtigens tritt das Versprechen jeweils unterschiedlich auf, es wird mal wortwörtlich ausgesprochen, mal materialisiert es sich in Verfahren oder Objekten.

Dieses Schillern der Figur des Versprechens möchte ich für die Kulturanalyse nutzen und ihre alltagskulturelle Gestalt, Wirkmacht und Wirkung untersuchen. Um die möglichen Forschungsfelder einzugrenzen, lenke ich die Perspektive auf Stadt und Versprechen sowie die Vergegenwärtigung „urbaner Zukünfte" unter dem Eindruck des Versprechens. Das Versprechen verstehe ich hier als Modus alltagskultureller Vergegenwärtigungen von Zukünften der Stadt oder des Städtischen. Als analytische Einheiten eröffnen die immer wieder unwahrscheinlichen Situationen der Gleichzeitigkeit von Ungleichzeitigem (hier als UnGleichzeitigkeit markiert), von denen die Vergegenwärtigung von Zukunft nur eine ist, auch die Erforschung von Erfahrung. Präsent sein, ohne da zu sein: Diese auf Erfahrung basierende Dimension von Vergegenwärtigung, die eine Verbindung von Affekt, Erinnerung und zukunftsgerichtetem Handeln herstellt, ist für einige der im Folgenden ausführlicher besprochenen Referenzen (vgl. Ahmed 2010; Berlant 2011) vor allem konzeptionell relevant. Die folgenden Überlegungen schließen an diese übergreifenden konzeptionellen Arbeiten sowie an empirische Forschungen zu Stadt an, die Interpretationen der kulturellen Wirkmacht des Versprechens zulassen.

Ich möchte zeigen, dass mit dem Versprechen eine paradoxe Situation und Stimmung der unverbindlichen Verbindlichkeit entsteht, die unter anderem auf die affektive Wirkung von Versprechen zurückgeht. In diese spezifische Form der Verbindung zwischen Menschen, wie auch zwischen Menschen und Dingen oder Vorstellungen, sind, so die These des Beitrags, gesellschaftliche Ungleichheits- und Abhängigkeitsverhältnisse eingeschrieben. Sosehr das Versprechen Verbindlichkeit herstellt und den gesellschaftlichen Wert des Vertrauens (in Menschen, Dinge, Verfahren, Institutionen) hervorbringt, sosehr führt das Versprechen als Verbindungsform auch zum Aushalten von Ungleichheitsverhältnissen, wenn eigentlich Wandel oder Umbruch notwendig wäre.

Im Folgenden werde ich zunächst knapp die Problematisierung von Ungleichzeitigkeit in der Alltagskulturforschung verorten und nach den damit verbundenen gesellschaftlichen und wissenschaftlichen Anliegen fragen. In einem zweiten Schritt zeige ich einige konzeptionelle Grundlagen der Figur des Versprechens auf, um die Vielzahl alltagskultureller Artikulationen von Versprechen unterscheidbar zu machen. Daran anschließend erlaubt es der Verweis auf zwei auf New York City bezogene Forschungen zu präzisieren, wie eng Hoffen und Fürchten im Versprechen miteinander verbunden sind und welche Praktiken, Imaginationen und Materialisierungen von Zukunft damit einhergehen. Versprechen als vergegenwärtigende Praxis und Objektivierung von Zukünften zu denken, ermöglicht es der Alltagskulturanalyse, erfahrene Ungleichzeitigkeit ins Zentrum der Aufmerksamkeit zu rücken. Es lohnt sich, deren soziale und kulturelle Konsistenz kritisch zu untersuchen.

1. Vergegenwärtigen: UnGleichzeitigkeit[1] in der Alltagskulturforschung

Mit welchen gesellschaftlichen und wissenschaftlichen Anliegen verknüpfen wir eine Beschäftigung mit Zeit und Zeitlichkeit heute? Im vergangenen Jahrzehnt waren die sozialen und kulturellen Ausdrucksformen von Zeit zumindest in den Kultur- und Sozialwissenschaften ein nicht zuletzt aufgrund von EU-Förderlinien vielfach aufgegriffenes Thema: So widmet sich eine Reihe von Forschungsprojekten erneut den unterschiedlichen Spielarten des kulturellen Erbes – also der Vergegenwärtigung von Vergangenheit –, ob mit künstlerischen Ansätzen in Klagenfurt[2] oder hinsichtlich ihrer Digitalisierbarkeit und deren Folgen in Hamburg.[3] Schon früher hat am Göttinger Institut für Kulturanthropologie/Europäische Ethnologie die Frage des kulturellen Erbes zu nachhaltigen Forschungsclustern geführt (vgl. DFG-Forschergruppe *Cultural Property*[4]; oder etwa Tauschek 2010, 2013).

„Erneut" deshalb, weil das hier untersuchte „Interesse an der Verfügbarkeit und Brauchbarkeit des Historischen in der Gegenwart" (Tschofen 2017: 269) als gut etablierte, auch voruniversitäre Haltung volkskundlichen Arbeitens bezeichnet werden kann, die sich seit langem zum Forschungsgegenstand einer empirisch-kulturwissenschaftlichen „UnGleichzeitigkeitsforschung" etabliert hat. So arbeitet Silke Göttsch in Bezug auf volkskundliches Wissen im Kontext der Heimatbewegung heraus, dass der Gegenwartswert historisch markierter Lebenswelten unter anderem aus einem spezifischen Zusammenspiel aus Vergangenheit und Zukunft hervorging: Der Heimatschutzbewegung ging „es immer um das In-Beziehung-Setzen einer enthistorisierten Vergangenheit mit einer als bedrohlich erlebten Gegenwart, um daraus Perspektiven für eine Zukunft zu gewinnen" (Göttsch 2016: 303). Hermann Bausinger (1987: 268) versteht die Volkskunde als „Agentur der Ungleichzeitigkeit". Wenn diese Zuständigkeit als Alltagspraxis in den Blick kommt, gilt das „Denken und Arbeiten in Begriffen der Gleichzeitigkeit" (Tschofen 2017: 262) als forschungsleitende Perspektive für die Alltagskulturanalyse.

---

1 Der von Ernst Bloch eingeführte Begriff der Ungleichzeitigkeit soll hier nicht unbedacht verandert werden, im Gegenteil: Hermann Bausinger (1987) verweist auf dessen Anknüpfbarkeit, indem er die Volkskunde als „Agentur für Ungleichzeitigkeit" (ebd.: 268) bezeichnet. Die hier vorgeschlagene Schreibweise soll die Gleichzeitigkeit betonen, die aus dem Zusammenführen von Vergangenheit, Zukunft und Gegenwart erfahrbar wird.

2 Vgl. http://www.traces.polimi.it, 2016–2018.

3 Vgl. https://www.poem-horizon.eu, 2018–2021.

4 Vgl. http://cultural-property.uni-goettingen.de/de, 2008–2014.

Aus dieser reflexiven Perspektive der UnGleichzeitigkeitsforschung wundert es dann auch nicht, dass „Zukunft" als kulturelle oder als soziale Tatsache (vgl. Appadurai 2013) ebenfalls kulturwissenschaftlich problematisiert wird. So hatte die *14. EASA Biennial Conference* in Mailand (2016) zu *Anthropological Legacies and Human Futures* das Thema in aller Breite auf die Agenda der europäischen Sozial- und Kulturanthropologie gesetzt; anders und zugespitzt hat sich die Tagung zu *Archiving Feminist Futures: Temporality and Gender in Cultural Analysis* (2018) am Institut für Europäische Ethnologie, Humboldt-Universität zu Berlin, mit dem Beziehungsgeflecht von Vergangenheit und Zukunft beschäftigt. Aus dem EASA-Tagungsprogramm lässt sich herauslesen, dass die auf Gleichzeitigkeit von Zukunft und Gegenwart gerichtete Perspektive unter dem Eindruck jüngst erfahrener Krisen steht. Der damalige Präsident der EASA, Thomas Hylland Eriksen, schreibt:

> „In confronting economic crises, refugee crises, climate crises and numerous other societal challenges, perspectives from social anthropology are essential for a full understanding of these issues and may even point to their mitigation. It is on this background that the theme of EASA 2016 is ‚Anthropological legacies and human futures' […]." (Hylland-Eriksen 2016: 5)

Kriegerische Konflikte im Nahen Osten und Afrika und ihr unmittelbarer Bezug zu Europa werden ebenso angesprochen wie die Bedrohungen durch den weltumspannenden Klimawandel und zugespitzte soziale Ungleichheit. Furcht vor der Zukunft mag deshalb eines der Motive für die heutige (wissenschaftliche) Beschäftigung mit Zeit und UnGleichzeitigkeit sein. Diese analytische Haltung zu Zeitlichkeit war meiner Einschätzung nach in anderen Momenten der alltagskulturwissenschaftlichen Beschäftigung mit Zeit anders. Als Bausinger (1961) Anfang der 1960er Jahre über die „Verzeitlichung" von Forschungsgegenständen nachdachte, durften Holocaust und Krieg zur Vergangenheit gezählt werden. Das Fürchterlichste hatte sozusagen schon stattgefunden und im Lichte dessen konnten Gegenwart und Zukunft nur besser werden oder waren es schon. Es ist möglicherweise mehr eine „Vergangenheitsfurcht" als eine Zukunftsangst, die sich in der damaligen Problematisierung von Zeit niederschlug und zu einem Argument für die kritische Analyse gegenwärtiger (oder vergangener) UnGleichzeitigkeiten führte.

Vor dem Hintergrund einer besonderen Sensibilität für die Gleichzeitigkeit von Gegenwart und Vergangenheit und eines mit Bausinger aus der Historisierung von Alltagskultur hergeleiteten Paradigmenwechsels stellt sich die Frage, ob die Europäische Ethnologie ausgehend von einer Zukunftsangst wiederum einen Paradigmenwechsel anstrebt, und wenn ja, welche Kategorien und Konzepte dafür geeignet sind. Hinweise darauf geben die in der Bonner Tagungsankündigung genannten Referenzpunkte, in denen die Form des Wissens sowie der Zeit- und Zukunftsregime angesprochen wird, die mit Zukunftsvergegenwärtigung einhergehen (vgl. Sutter/Hänel in diesem Band). Über diese analytische Perspektive hinausgehend formuliert Silvy Chakkalakal (2018) anschließend an aktuelle US-amerikanische Debatten das Anliegen einer antizipatorischen Anthropologie, die selbst Zukünfte vergegenwärtigt und damit explizit zu deren Gestaltung beiträgt.

Meinen Beitrag möchte ich in diese Diskussion und Suche nach zukunftsweisenden Formen der Vergegenwärtigung von Zukunft einschreiben. Ich habe mir die Frage gestellt, wie die UnGleichzeitigkeit von Gegenwart und Zukunft erfahren wird: Wie wird beispielsweise der Zusammenhang von kultureller Kontinuität und (zukünftigem) Wandel alltäglich erfahren und kulturell vermittelt? Das Versprechen ist dafür ein produktiver Zugang und betrifft *nicht* die Frage, ob es eingehalten wird oder nicht. Viel interessanter erscheint mir, was passiert, wenn ein Versprechen einmal im Raum „steht". Welche situationelle UnGleichzeitigkeit schafft das Versprechen als Sprechakt oder als Objektivierung (eine Unterscheidung, auf die weiter unten eingegangen wird)? Wie sich eine solche Situation von anderen UnGleichzeitigkeitssituationen unterscheidet, lässt sich selbstverständlich allein im Vergleich erarbeiten. Im nächsten Abschnitt möchte ich zunächst einige konzeptionelle Zugänge zum Versprechen diskutieren, die für eine Alltagskulturanalyse nützlich sind.

2. Konzeptionelle Dimensionen des Versprechens

Das Versprechen ist zwar eine schillernde rhetorische Figur. Sie eignet sich aber aus geisteswissenschaftlicher Sicht (beispielsweise in den Literaturwissenschaften und der Rechtsphilosophie) zur Problematisierung einer zentralen gesellschaftlichen Frage, nämlich der nach gesellschaftlicher Verbindlichkeit (vgl. Schneider 2005b). In den internationalen Kulturwissenschaften hat das Versprechen in den vergangenen Jahren zudem einen analytischen Zugriff auf Ungleichheitsverhältnisse in kapitalistischen Gesellschaften eröffnet. Dafür stehen vor allem die Arbeiten von Sara Ahmed (2010) und Lauren Berlant (2011), auf die ich unten näher eingehe. Beide haben sich mit Formen der Subjektivierung qua Versprechen beschäftigt und deren Potenziale zur Selbstermächtigung untersucht. Auch die Sozialanthropologinnen Penelope Harvey und Hanna Knox (2012) gehen in ihrer Infrastrukturforschung dem Versprechen als Modus der Verbindung zwischen Staat und marginalisierten Staatsbürger*innen nach. Sie zeigen, dass sich Infrastrukturierung (auch in der Spätmoderne) als moderne, dem Fortschritt verpflichtete Versprechenssituationen geriert. Dass es sich in Planungszusammenhängen um eher ungreifbare Versprechen handelt, ist die These der Sozialanthropologinnen Simone Abram und Gisa Weszkalnys (2013). In der Europäischen Ethnologie hat das Versprechen dagegen bisher wenig Beachtung gefunden. Vor diesem Hintergrund möchte ich vorschlagen, das Versprechen als Gegenstand der Alltagskulturforschung aus drei Perspektiven zu bearbeiten: aus der Perspektive seiner Zeitlichkeit, seiner performativen Wirkmacht als Sprechakt und seiner kulturellen Objektivierbarkeit. In diesen drei Perspektiven wird die grundlegende Qualität des Versprechens als unverbindlicher Verbindungsbegriff deutlich und greifbar.

2.1 Zeitliche Dimensionen des Versprechens

Versprechen schaffen eine Situation der UnGleichzeitigkeit, indem sie eine Verbindung zwischen Gegenwart und Zukunft herstellen. Diese besondere zeitliche Struktur des Versprechens kann unterschiedliche Haltungen oder Atmosphären mit sich bringen: Vorfreude, Vorahnung und Furcht; sie kann auch indifferent lassen. Und trotzdem steht das Versprechen „im Raum", das heißt, es hat einen Eindruck hinterlassen und eine gegenwärtige Situation geschaffen, die in der Zukunft erwartbar ist.[5]

Das Versprechen setzt eine spezifisch gegenwärtige Form des Zukünftigen um. Die Kulturalität dieser vergegenwärtigten Zukunft drückt sich in der besonderen Konstellation aus, die ein Versprechen mit sich bringt: Das Wahlversprechen als Vergegenwärtigung zukünftiger politischer Anliegen und ihrer Protagonist*innen braucht den Wahlkampf als Situation (auch wenn es ein imaginierter Wahlkampf ist), die Position der Politiker*in, die verspricht, und eine potenzielle Wähler*innenschaft, die vom Versprechen adressiert wird. Wenn es sich um einen realen, zeitlich begrenzten Wahlkampf handelt, werden die Akteur*innen in dieser Situation durch das Wahlversprechen miteinander in eine Verbindung versetzt, die über die Situation selbst hinausweist,

5 Bei allen Unterschieden, die es zwischen der Argumentationslinie eines systemtheoretischen Ansatzes und dem hier vorgeschlagenen gibt, sei doch darauf hingewiesen, dass das Versprechen und die damit einhergehende „erwartbare Zukunft" ein Echo in der systemtheoretischen Formel der „Erwartungserwartungen" (vgl. Luhmann 2008) beziehungsweise „sociology of expectations" haben. Letztere untersucht die Performativität von Erwartungen vor allem im Kontext von Wissenschafts- und Technikentwicklungen (vgl. Borup u.a. 2006).

nämlich auf die Zeit, in der sich das Wahlversprechen realisieren soll. Und nicht nur das. Die Gegenwart, in der sich diese vergegenwärtigte, erwartbare Zukunft – mit den neuen politischen Anliegen – artikuliert, wird spezifisch: Es ist Wahlkampfzeit. Sie steht unter dem Eindruck der widerstreitenden Versprechen und der Erwartung, dass etwas Spezifisches geschehen wird, oder besser: geschehen soll. Das ist die UnGleichzeitigkeit, die wir durch den Eindruck des Versprechens alltäglich – oder wie hier im außeralltäglichen Wahlkampf – erfahren.

So gesehen unterscheidet – und verbindet – das Versprechen die Sprechsituation in ein Davor und ein Danach: in eine Zeit *nach* dem Aussprechen des Versprechens, in der die Realisierung des Versprechens erwartbar ist, und eine Zeit *vor* dem Aussprechen des Versprechens, in der es weder das Versprechen noch die Erwartung gab. Das Versprechen ist demnach nicht allein eine spezifische Vergegenwärtigung der Zukunft, sondern gleichzeitig eine Artikulation von Vergangenheit. Vergangenheit, Gegenwart und Zukunft manifestieren sich in dem Moment, in dem das Versprechen ins Spiel kommt.

2.2 Organisierende Dimensionen des Versprechens

Versprechen sind nach Bruno Latour „organisierende Handlungen", die eine zeitliche Differenz hervorbringen und eine unbekannte „Reise" unternehmen „between an ensemble of antecedent and posterior conditions only a small part of which consists of words and all of which may fail to be chained together" (www.modesofexistence.org, Eintrag „Austin"). Mit dem Hinweis auf diese dennoch unbestimmte organisierenden Kraft des Versprechens bezieht sich Latour direkt auf John Austin (1962) und John Searle (2012 [1969]), die in ihrer Sprechakttheorie stets auf die Legitimationssituationen, Materialitäten und Formen der Aufmerksamkeit hingewiesen haben, mithilfe derer Sprechakte überhaupt erst Dinge machen.

Der Verweis auf die in den 1960er und 1970er Jahren entworfene Sprechakttheorie erlaubt ein Verständnis von Versprechen als einer performativen kulturellen Praxis. In seinem einschlägigen Buch *How to Do Things with Words* (1962) versammelt John Austin Vorlesungen, in denen sein Denken neben der systematischen Unterscheidung von Sprechakten vor allem um ihre Vielgestaltigkeit kreist. Das Versprechen ordnet Austin den illokutionären Sprechakten zu – und es ist erstaunlich, wie oft das Versprechen als Beispiel für diesen Typus von Sprechakten herangezogen wird, was ein Hinweis auf seine Eingängigkeit und Verankerung im Alltagsverstand sein mag. Ein illokutionärer Sprechakt ist die „performance of an act *in* saying something as opposed to performance of an act *of* saying something" (Austin 1962: 99). Als solcher zählt das Versprechen zu den „commissives", den verpflichtenden illokutionären Sprechakten (vgl. mit Verweis auf andere „commissives" ebd.: 156–157).

Das Versprechen geht also mit einer gewissen Verpflichtung und Seriosität, das heißt einer Form von Verbindlichkeit einher. Und gleichzeitig schreibt Austin in seinem unnachahmlich humorvollen Ton, dass eigentlich nur die Einfältigen daran glauben würden, dass das Versprechen eine tatsächliche – akkurate und moralische – Verpflichtung und damit Verbindung darstellen würde: „Accuracy and morality alike are on the side of the plain saying that *our word is our bond*" (ebd.: 10). Dennoch schreibt Austin dem Versprechen wie allen illokutionären Sprechakten eine performative Kraft zu – und die ist es, die auch Latour interessiert. Die „illocutionary force" von Versprechen ist eben diese Verbindlichkeit, die kaum und schon gar nicht juristisch nachzuverfolgen ist. Sie besagt einfach, dass jemand die Intention hat, in der Zukunft etwas zu tun, was übrigens auch eine Drohung sein kann. Die Praxis des Versprechens, so Austin, bezeichnet deshalb vor allem die Absicht, das Versprechen einzuhalten:

> „In the particular case of promising, as with many other performatives, it is appropriate that the person uttering the promise should have a certain intention, viz. here to keep his word: and perhaps of all concomitants this looks the most suitable to be that which ‚I promise' does describe or record." (Ebd.: 11)

Für eine Kulturanalyse der UnGleichzeitigkeit wird es aber noch interessanter, wenn Austin bei aller Ordnungslust feststellt, dass, obwohl ein Versprechen nicht in Erfüllung gegangen sein mag, trotzdem viel passiert sein kann: „‚without effect' does not here mean ‚without consequences, results, effects'" (ebd.: 17). Denn die Aufmerksamkeit für diese unter dem Eindruck des Versprechens geschaffene, eher offene Situation ist ein idealer Ausgangspunkt für eine kulturanalytische Sicht auf Alltag: Es ist weniger von Interesse, ob ein Versprechen eingehalten wird oder nicht.[6] Vielmehr eröffnet das Versprechen einen Zugang zu einer Realität, die durch das Versprechen neu geordnet ist.

6 Das wäre so, als würden wir die Erforschung von Repräsentationen auf ihre Übereinstimmung mit der Realität begrenzen. Viel interessanter ist es meiner Meinung nach, die analytische Perspektive der Europäischen Ethnologie auf die vielfältigen Formen der Repräsentationsarbeit zu richten (vgl. Färber 2006), in denen das Verhältnis zwischen Repräsentation und Realität in einer Vielzahl von Praktiken verankert ist und die Aufschluss über die unterschiedlichen, historisch gewachsenen gesellschaftlichen Wahrheitsregime geben (vgl. u.a. Rabinow 1986).

Egal, ob sich das Versprechen erfüllt, es besteht eine Situation, in der eine erwartbare Zukunft vergegenwärtigt und von einer Vergangenheit unterschieden worden ist. Von kulturanalytischem Interesse ist dann, wie sich die Relation zwischen einem Vorher und Nachher, die der Sprechakt in der Lage ist herzustellen, unter dem Eindruck des Versprechens ausgestaltet. In dieser Eigenschaft bleibt das Versprechen eine sehr schwer zu kontrollierende, aber produktive Praxis, worauf unter anderem die komplexen Maßnahmen zu seiner De-/Regulierung verweisen (vgl. Schneider 2005a).

Der Sprechakt belegt vor allem die ordnende Wirkung von Versprechen und betont eher die ‚Losigkeit' der Verbindlichkeit. Im Folgenden möchte ich auf die fast gegenteilige Wirkung von Versprechen eingehen, wenn sie nämlich als objektivierte Form auftreten und eine nahezu unausweichliche Bindungskraft mit sich bringen.

2.3 Versprechen als Objekt

Aktuelle Problematisierungen des Versprechens als kulturelle Bindungsform des Spätkapitalismus weisen vor allem auf seine ambivalente Qualität als Objekt des Begehrens hin. Die kulturwissenschaftliche Arbeit von Sara Ahmed zu kulturellen Repräsentationen spätmoderner Glücksversprechen und den damit verbundenen Verwerfungen beruhen auf der Konzentration auf „Versprechen von etwas" – „the promise of". Diese objektivierende Form lenkt das Interesse auf das begehrenswerte Objekt des Versprechens: „The promise of happiness directs us toward certain objects, as being necessary for good life. The good life, in other words, is imagined through the proximity of objects." (Ahmed 2010: 90) Ahmed stellt fest, dass die Erreichbarkeit dieses objektivierten Glücksversprechens für die einen unmittelbar verbunden ist mit der Unerreichbarkeit, für die anderen durch – beispielsweise – dessen Aufschub: „Happiness can involve a gesture of deferral, as a deferral that is imagined simultaneoulsy as a sacrifice and gift: for some, the happiness that is given up becomes what they give. To be given happiness is thus to stay proximate to the scene of giving up." (Ebd.: 33) Glück als Versprechen wird greifbar und unerreichbar zugleich; die Annäherung dieser beiden unterschiedlichen Verbindungen zum Versprechen bildet einen der von Ahmed herausgearbeiteten Widersprüche. Auch Zukunft kann auf diese Weise als ein Objekt des Begehrens verstanden werden. In ihrer weiter gehenden strukturellen Analyse zeigt Ahmed, dass das Versprechen soziale Differenz reproduziert und wie Menschen entlang gesellschaftlicher Klassifikationen unterschiedliche Bindungskräfte des Versprechens erfahren (vgl. ebd.: 27).

Lauren Berlant (2011), die sich wie Ahmed mit kulturellen Repräsentationen von Versprechen beschäftigt, kommt in ihren Literatur- und Filmanalysen ebenfalls zu einer interessanten Beobachtung, was die Verbindungsqualität von Versprechen betrifft: „Nähe" ist auch für sie ein ausschlaggebendes Merkmal für die Wirkung von Versprechen. Diese Nähe ist aber nur eine Annäherung an die Versprechen der Gesellschaft, beispielsweise an Arbeit sowie an Versorgung und Konsum teilhaben oder verbindliche und verlässliche soziale Beziehungen pflegen zu können. All dies wird von den jungen Protagonist*innen in den belgischen Filmen *Rosetta* (1999) und *La Promesse* (1996), die Berlant analysiert, begehrt: Die junge Frau, Rosetta, die einem Arbeitsmarkt ohne Zukunft und der Unzuverlässigkeit ihrer alkoholkranken Mutter ausgeliefert ist, entwickelt immer wieder Hoffnung auf Stabilität; der Jugendliche Igor, dessen moralisches Bewusstsein sich gegen die Ausbeutungsverhältnisse in den illegalen väterlichen Geschäften herausbildet, droht daran zu scheitern. Das Begehren nach Teilhabe an gesellschaftlicher Verbindlichkeit wird laut Berlant in der Schwebe gehalten, nur punktuell erfahren, und dies ausschließlich in Form der Annäherung: „They perform not the achieved materiality of a better life but the approximate feeling of belonging to a world that doesn't yet exist reliably." (Berlant 2011: 166) Aus dieser spezifischen, „noch nicht zuverlässigen" Näheerfahrung geht die Haltung des „cruel optimism" hervor – so der anschauliche Titel von Berlants vielzitiertem Buch.

> „All attachments are positive. When we talk about an object of desire, we are really talking about a cluster of promises we want someone or something to make to us and make possible for us. [...] To phrase ‚the object of desire' as a cluster of promises is to allow us to encounter what's incoherent or enigmatic in our attachments [...] as an explanation of our sense of our endurance in the object [...]." (Ebd.: 24)

Das Versprechen bringt bei Berlant „affective bonds" (Berlant 2007: 282) hervor, das heißt affektive Verbindungen, Verpflichtungen oder auch Versprechen.[7] Diese „affective bonds" sind Teil der Bedingungen dafür, dass Menschen sich versprechende Dinge wünschen, auch wenn sie nicht realisiert werden oder offensichtlich nicht zum Wohlbefinden beitragen, sondern, im

7 Die Vieldeutigkeit des englischen „bond" kann hier zwar nicht vertieft werden. Für die kulturanalytische Tiefe des Versprechens ist sie jedoch hochinteressant, schließt sie doch den Kredit und Schuldschein ein und hat entsprechend eine Nähe zur „promissory note", was in etwa dem Wechsel entspricht. (Vgl. Kemmer 2020)

Gegenteil, bekanntermaßen schädlich sind: „conditions under which certain attachments to what counts as life come to make sense or no longer make sense, yet remain powerful as they work against the flourishing of particular and collective beings“ (ebd.: 13).

Berlants Analyse ist dabei keineswegs unhistorisch, sondern sie versteht die beobachtete Inkohärenz, die Widersprüchlichkeit von Aushalten und Ausdauern (*endurance*) als Ausdruck des Postfordismus. *Endurance* kann hier einerseits als Gegenbegriff zur ‚Losigkeit‘ von Versprechen gelten. Andererseits entspringen das Aushalten und Ausdauern der ‚Losigkeit‘ der Verbindung, weil die Versprechen in den beschriebenen Fällen vor allem unverbindlich sind. In beiden Auslegungen wäre *endurance* eine Stimmung, die sich in der vom Versprechen hervorgebrachten Situation „ansiedelt“ und ausbreitet.

Bis hierhin sind drei Perspektiven auf Versprechen als Verbindungsbegriff unterscheidbar geworden: Versprechen als UnGleichzeitigkeit im Modus erwartbarer Zukunft, Versprechen als ordnende Praxis mit ungewissem Ausgang und Versprechen als affektiv wirkende Objektivierung, die unausweichliche Bindungskraft hervorruft. Dabei ist wichtig, dass Berlant im damit verbundenen Ausdauern einen Aktionsradius erkennt. An diese Forschungsperspektiven anschließend, möchte ich abschließend den Wirkungszusammenhang „Stadt und Versprechen“ umreißen, den ich an anderer Stelle konzeptionell als „promissory assemblage“ zu fassen versuche (vgl. Färber 2019).

3. Versprechen *in* und *über* die Stadt: Das Ineinandergreifen von Ungleichzeitigkeit, Sprechakten und Objektivierungen

Die Figur des Versprechens produziert UnGleichzeitigkeiten in Form loser Verbindlichkeit *und* unhintergehbarer Bindung. Simone Abram und Gisa Weszkalnys interessieren sich für diese widersprüchlichen Wirkungen des Versprechens im Zusammenhang von Stadtplanung. Dabei überprüfen sie nicht, ob Versprechen von der Planung eingehalten werden. Sie interessieren sich vielmehr für den Zeit-Raum, der durch das Versprechen eröffnet wird: „The ‚gaps‘ between ideal, ideology and practice fill themselves with things unplanned, unexpected and inexplicable, and with things that get overlooked and forgotten.“ (Abram/Weszkalnys 2013: 23)

Die in Planung befindliche Stadt scheint in dieser Leerstelle als ein Gefüge aus vielen unterschiedlichen Entitäten auf, die durch die Wirkmacht des Planungsversprechens aufeinander bezogen und damit miteinander verbunden werden. Diese Perspektive auf Stadtentwicklung erschließt sowohl einzelne Planungsvorhaben als Versprechen *in* der Stadt als auch Versprechen *der* Stadt, indem die in geplanter Entwicklung befindliche Stadt als Ganzes identifizierbar und objektivierbar wird (z.B. in Szenarien, Plänen, Berichten etc.). Als solche kann eine Stadt als Ganzes dann beispielsweise zu einer wünschenswerten Destination für Migration werden, oder ein einzelner Bereich in der Stadt verdichtet sich zum „promised land". Was empirisch am Beispiel des Versprechens untersuchbar wird, ist als stadtanthropologische Unterscheidung von distinkten Forschungsperspektiven „in the city" und „of the city" von Ulf Hannerz bereits in den 1980er Jahren benannt worden. Das forschende Interesse an Versprechen *in* der Stadt und Versprechen *des Städtischen*, ergänzt durch Versprechen *der spezifischen Stadt*, eröffnet die Möglichkeit, diese oft getrennt behandelten Perspektiven zusammenzuführen.

Für die Stadt New York City sind diese einzelnen Dimensionen der Stadtforschung und des Versprechens vielfach bearbeitet worden. Um nur die explizit mit dem Begriff „promise" arbeitenden Studien zu nennen: Paula Massood zeigt in einer Analyse fotografischer und filmischer Repräsentationen von Harlem in New York, wie dieser Stadtteil Versprechen des Ankommens, der Hoffnung und des Aufstrebens *in* der Stadt bündelt, sodass sie von der Repräsentation eines „promised land" spricht (vgl. Massood 2013). Der Politikwissenschaftler Kian Tajbakhsh spricht von einem generellen „promise of the city" und leitet sein viel abstrakteres Forschungsinteresse am Städtischen als kosmopolitischer Freiraum aus seiner widersprüchlichen Erfahrung von Aktivismus und marxistischer Theorie im New York der 1980er Jahre her (Tajbakhsh 2001: xi ff.). Moses Rischin wiederum hat schon 1962 unter dem Titel *The Promised City: New York's Jews, 1870–1914* nicht nur die stadtspezifische Geschichte dieser Migration geschrieben, sondern, wie seine Laudator*innen zu seinem siebzigsten Geburtstag schreiben, ein „standard work not only of American Jewish history but also of the larger immigrant/ethnic history fields" veröffentlicht (Gurock 1995: X). Die Festschrift versammelt entsprechend ein „inventory of promises", das wiederum die alltäglich wirksamen Versprechen von Ankommen und sozialem Aufstieg sowie Wohlstand, Gemeinschaft und Sicherheit (in New York City) verdeutlicht.

Als „promissory assemblage" (Färber 2019) wirkt New York City im globalen Norden emblematisch und erzählgenerierend. Dies zeigt Massood beispielsweise an „*Gangster's Paradise*-Filmen" der 1970er bis 1990er Jahre. Harlem bietet sich als ein Terrain für die fotografische und filmische Imagination von Vergegenwärtigungen urbaner Zukünfte an, die durch polarisierte Erfahrungen – „striving and hopelessness" – geprägt sind. Der Spielfilm *Jungle Fe-*

ver von Spike Lee (1991) ist laut Massood eine „compelling meditation on the promise and perils of the black city". Der Film ist ein Kommentar

> „[…] on the ways in which two seemingly disparate situations, striving and hopelessness, can coexist within one storied space, a recurring theme of narratives set in the neighbourhood. [...] [I]t asserts […] that Harlem's contemporary problems may have roots in its glorious past or, at least, in the striver's turn from the area's problems earlier in the neighborhood's history […]." (Massood 2013: 148ff.)

Der Zusammenhang von Aufstreben und Hoffnungslosigkeit innerhalb der segregierten städtischen Gesellschaft rückt gesellschaftliche Aufstiegsmarker, wie Bildung und Mobilität, in greifbare Nähe. Dass sie dennoch nur temporär und auf Kosten räumlicher Distanzierung und familiärer Entfremdung zu erfahren sind, stellt die Tragik dieser filmischen Dystopie dar.

Stadtplanung ist zum Teil dafür verantwortlich, diese Versprechen in Form von Versorgungsinfrastrukturen zu gestalten und zu vermitteln. Wie instabil diese städtischen Versprechen sind, lässt sich (bei weitem nicht nur in New York City) ganz besonders am Wohnen zeigen – sei es in der Problematisierung von Gentrifizierung (vgl. Susser 2012, Zukin 1982), der Finanzialisierung (vgl. Madden/Marcuse 2016) oder *austerity urbanism* (vgl. Newman 2018). Yuca Meubrink (2018) beschäftigt sich vor diesem Hintergrund mit aktueller staatlicher beziehungsweise kommunaler Wohnraumversorgung und der lokalspezifischen Genese von Wohnpolitikinstrumenten in New York und London. Das zwischen beiden Städten „gereiste" Konzept des *inclusionary housing* (IH) zielt darauf ab, die Art und Weise zu ändern, wie erschwinglicher Wohnraum in einem zunehmend finanzialisierten Markt angeboten wird. Für Meubrink ist dieses wohnungspolitische Instrument eine Artikulation der globalen Neoliberalisierung urbaner Gemeingüter wie öffentlicher oder sozialer Wohnungsbau.[8] Ausgangspunkt von Meubrinks Forschung war die Skandalisierung einer Reihe von Neubauten, in die sogenannte „poor doors" eingebaut worden waren, das heißt Eingänge für Bewohner*innen von Sozialwohnungen neben denjenigen, die für Bewohner*innen von Eigentumswohnungen vorgesehen sind. Der Skandal: die unmittelbare Klassentrennung auf nächster Nähe – in einem Haus – durch ein Türregime.[9] In New York findet die Vergabe von im IH-Programm gebauten „bezahlbaren Wohnungen" in

---

8 Als Beispiel für eine kulturanthropologische Perspektive auf Stadt als sozialer Raum ist die Forschung von Yuca Meubrink Gegenstand eines Animationsfilms auf der digitalen Lehr- und Lernplattform http://stadtkulturen.net.

9 Zur Unterscheidung der Implementierungen von IH in London und New York siehe Meubrink 2016.

einer Wohnungslotterie statt. Wie prägt das Lotterieverfahren nun jene Spannung des unverbindlichen Verbindens eines Versprechens? Die verbindliche Umsetzung des Planungs- und Politik-Versprechens, bezahlbaren Wohnraum zur Verfügung zu stellen, wird zunächst durch das Zufallsprinzip der Lotterie konterkariert. Die Betonung des Begriffs „Glück", die mit dem Verfahren der Lotterie einhergeht, trägt dazu bei, dass die offensichtlich dem Zufall überlassene Chance auf Wohnraum und damit die ‚Losigkeit' des Versprechens positiv überformt wird. Die genaue Analyse von Meubrink zeigt zudem, dass die zutiefst diskriminierenden Kriterien, die eine Teilnahme an der Lotterie überhaupt erst erlauben, vollends das Versprechen untergraben, dass durch dieses Planungsinstrument allen, die auf bezahlbaren Wohnraum angewiesen sind, dieser gleichermaßen zur Verfügung gestellt werden würde. Schließlich konzentriert der Fall der Lotterie ganz unterschiedliche Haltungen, die gleichzeitig als „striving" und „hopelessness" erfahren werden und in der zeitlichen Dimension des Versprechens zum Tragen kommen:

> „Dass viele Menschen noch nach dem Bescheid, dass sie die Wohnungslotterie ‚gewonnen' haben, im weiteren Verlauf des Prozesses abgelehnt werden – sei es, weil sie die Dokumente nicht rechtzeitig zusammenbekommen, sie in einen anderen Stadtteil gezogen sind oder sich das Einkommen in der Zeit verändert hat – verdeutlicht, dass die Chancengleichheit für alle, die sowohl das Lotterieverfahren als auch die Rhetorik des amerikanischen Traums suggerieren, nicht gegeben ist." (Meubrink 2019: 15)

Die Stimmen der beteiligten Wohnungssuchenden wie Wohnungsvermittelnden drücken aus, wie sie sich diesem Verfahren mit hoffnungsvollen Erwartungen und gleichzeitig resignierten, der geringen Chancen bewussten Gefühlen unterwerfen. Die Wohnungssuchenden strengen sich zwar an – die Kriterien beinhalten neben finanziellen Voraussetzungen auch Aspekte von Sozialverhalten und wirken auf diese Weise disziplinierend; gleichzeitig sind sie (aufgrund der Erfahrung voriger Verfahren) hoffnungslos. Bemühen und Hoffnungslosigkeit sind hier über das Versprechen und im durchschaubar exklusiven und exkludierenden Verfahren der Lotterie aufs Engste miteinander verzahnt.

4. Schluss

Im Kontext einer empirisch-kulturwissenschaftlichen UnGleichzeitigkeitsforschung ermöglicht das Versprechen als Forschungsperspektive, den Widersprüchen von Vergegenwärtigungen der Zukunft nachzugehen und die Wirkmacht vergegenwärtigter Zukunft kritisch zu beleuchten. Das Augenmerk auf die ordnende Wirkung von Versprechen belegt in dieser Perspektive eher die ‚Losigkeit' der Versprechensverbindung, während die Analyse der objektivierten Form des Versprechens dessen nahezu unausweichliche Bindungskraft offenlegt. ‚Losigkeit' und ausdauerndes Daranfesthalten, die uns zunächst einmal als sich ausschließende Qualitäten sozialer Verbindung erscheinen mögen, sind im Versprechen miteinander verbunden. Die Aufmerksamkeit für diese widersprüchliche Wirkung von Versprechen macht deren gesellschaftliche Dimension erforschbar. Trotz unterschiedlicher Argumentationslinien bearbeiten aktuellere Zeitdiagnosen wie jene von Ahmed und Berlant die unausweichliche Bindungskraft kapitalistischer Beziehungsformen (zwischen Menschen oder zwischen Menschen und Konsum-/Gütern). Im Falle der von ihnen beschriebenen Unterschichten kommt das Versprechen in Form von Annäherung zum Vorschein und trägt ausschließlich zur Reproduktion ihrer Klassenlage bei. Sosehr das Versprechen auch in der Annäherung Nähe und Verbindlichkeit herstellt und den gesellschaftlichen Wert des Vertrauens erfahrbar macht, sosehr führt es als Verbindungsform auch zum Aushalten von Ungleichheitsverhältnissen. Hoffen zu überleben und Fürchten ums Überleben sind aufs Engste miteinander verknüpft und verhindern so gesehen Wandel oder Umbruch. Gegenüber dieser Zukunftsvision erlauben die genannten kulturanalytischen Zugriffe auf Versprechen zwei Gedanken: Wenn Versprechen vor allem lose und wenig kontrollierbar sind, dann könnte es möglich sein, sich weniger von ihnen beeindrucken zu lassen oder effektiver von ihnen abzuwenden (anstatt sie einfach nur auszutauschen).

Literatur

Abram Simone, Weszkalnys Gisa (Hrsg.): Elusive Promises. Planning in the Contemporary World. New York 2013.

Ahmed Sara: The Promise of Happiness. Durham, London 2010.

Austin John L.: How to Do Things with Words. Oxford 1962.

Bausinger Hermann: Ungleichzeitigkeiten. Von der Volkskunde zur empirischen Kulturwissenschaft. In: *Helmut Berking, Richard Faber* (Hrsg.): Kultursoziologie – Symptom des Zeitgeistes. Würzburg 1989, S. 267–285.

Ders.: Volkskultur in der technischen Welt. Stuttgart 1961.

Berlant Lauren G.: Cruel Optimism. Durham 2011.

Ders.: Nearly Utopian, Nearly Normal. Post-Fordist Affect in La Promesse and Rosetta. In: Public Culture 19 (2007), 2, S. 273–301.

Borup Mads, Brown Nik, Konrad Kornelia, van Lente Harro: The Sociology of Expectations in Science and Technology. In: Technology Analysis & Strategic Management 18 (2006), 3–4, S. 285–298.

Chakkalakal Silvy: „The World That Could Be". Gender, Bildung, Zukunft und das Projekt einer Anticipatory Anthropology. In: Zeitschrift für Volkskunde 114 (2018), 1, S. 3–28.

Färber Alexa: How Does ANT Help Us to Rethink the City and Its Promises? In: *Anders Blok, Ignacio Farias, Celia Roberts* (Hrsg.): The Routledge Companion to Actor-network Theory. London 2019, S. 264–272.

Dies.: Weltausstellung als Wissensmodus. Ethnographie einer Repräsentationsarbeit. Münster 2006.

Göttsch [Göttsch-Elten] Silke: UnGleichzeitigkeiten. Neue Perspektiven auf die ländliche Gesellschaft. In: *Ira Spieker, Elke Schlenkrich, Johannes Moser, Martina Schattkowsky* (Hrsg.): UnGleichzeitigkeiten. Transformationsprozesse in der ländlichen Gesellschaft der (Vor-)Moderne. Dresden 2008, S. 17–20.

Dies.: Vom Ende der geordneten Welt – Kulturkritik und Krisenerfahrung um 1900. In: *Andreas Bihrer, Anja Franke-Schwenk, Tine Stein* (Hrsg.): Endlichkeit. Zur Vergänglichkeit und Begrenztheit von Mensch, Natur und Gesellschaft (Edition Kulturwissenschaft 59). Bielefeld 2006, S. 291–309.

Gurock Jeffrey S., Raphael Marc Lee: An Inventory of Promises: Essays on American Jewish History. In Honor of Moses Rischin. Brooklyn 1995.

Harvey Penny, Knox Hannah: The Enchantments of Infrastructure. In: Mobilities 7 (2012), 4, S. 521–536.

Hylland Erkisen Thomas: Welcome from the EASA President. In: EASA Anthropological legacies and human futures. 14th EASA Biennial Conference. 20.–23.7.2016. Milan 2016, S. 5–6.

Kemmer Laura: Free Riding Rio: Protest, Publlic Transport and the Politics of a Footboard. In: City & Society 2020, 32/1, S. 157–181.

Luhmann Niklas: Die Moral der Gesellschaft, hrsg. von *Detlef Horster*. Frankfurt am Main 2008.

Madden David, Marcuse Peter: In Defense of Housing. The Politics of Housing. London, New York 2016.

Massood Paula: Making a Promised Land. Harlem in Twentieth-Century Photography and Film. New Brunswick, NJ 2013.

Meubrink Yuca: Hitting the Jackpot. Die New Yorker Wohnungslotterie als Erfüllung des Amerikanischen Traums? In: Kuckuck. Notizen zur Alltagskultur 2018, 2, S. 12–16.

Dies.: Segregation durch Architektur als Produkt Londoner Wohnungspolitik. In: Jahrbuch StadtRegion. Planbarkeiten. Herausforderungen und Dynamiken räumlicher Planung (2015/2016), hrsg. von *Frank Othengrafen, Brigitta Schmidt-Lauber, Christine Hannemann, Jörg Pohlan, Frank Roost*. Opladen 2016, S. 152–166.

Newman Kathe: Urban Governance and Inclusionary Housing in New York City. In: *Mark Davidson, Kevin Ward* (Hrsg.): Cities Under Austerity. Restructuring the US Metropolis. New York 2018, S. 127–142.

Rabinow Paul: Representations are Social Facts. Modernity and Post-Modernity in Anthropology. In: *James Clifford, George E. Marcus* (Hrsg.): Writing Culture. The Poetics and Politics of Ethnography. Berkeley 1986, S. 234–261.
Rischin, Moses: The Promised City: New York's Jews, 1870–1914. Cambridge 1962.
Schneider Manfred: Dem Versprechen ent-sprechen. Kontraktuelle Sprachmanöver. In: *Ders.* (Hrsg.): Die Ordnung des Versprechens. München 2005a, S. 395–419.
Ders. (Hrsg.): Die Ordnung des Versprechens. München 2005b.
Searle John R.: Speech Acts. An Essay in the Philosophy of Language. Cambridge 2012 [1969].
Susser Ida: Normanstreet. Poverty and Politics in an Urban Neighborhood. Updated Edition Oxford 2012.
Tajbakhsh, Kian: The Promise of the City. Berkeley, CA 2001.
Tauschek Markus: Kulturerbe. Eine Einführung. Berlin 2013.
Ders.: Wertschöpfung aus Tradition. Der Karneval von Binche und die Konstituierung kulturellen Erbes (Studien zur Kulturanthropologie/Europäischen Ethnologie 3). Berlin 2010.
Tschofen Bernhard: Lots Weib in der Welt der Gleichzeitigkeiten. Über Blickrichtungen der populären Geschichtskultur. In: *Markus Tauschek* (Hrsg.): Handlungsmacht, Widerständigkeit und kulturelle Ordnungen. Potenziale kulturwissenschaftlichen Denkens. Festschrift für Silke Göttsch. Münster 2017, S. 261–274.
Zukin Sharon: Loft Living. Culture and Capital in Urban Change. Baltimore 1982.

Cornelia Dlabaja

Imaginationen urbaner Zukünfte und Ausverhandlung von Stadtvorstellungen. Das Stadtentwicklungsgebiet Seestadt Aspern

1. Einleitung

Urbane Imaginationen nehmen Einfluss darauf was mit einer Stadt oder einem Stadtteil verbunden wird. Neu errichtete Stadtentwicklungsgebiete sind oftmals Austragungsorte von Symbolisierungen.

Der Beitrag beleuchtet die Aushandlung von Stadtvorstellungen und visuelle Repräsentationen urbaner Zukünfte am Beispiel eines Wiener Stadtentwicklungsgebiets. Untersucht wird die Seestadt Aspern, welche als neuer Stadtteil bis 2028 entsteht. Basierend auf Erhebungen, die seit der ersten Besiedelungswelle 2015 stattfanden, wird eine akteur*innenzentrierte Analyse des Stadtteils „im Werden", seiner Imaginationen und der Ausverhandlung von Vorstellungen zwischen den involvierten Akteur*innen vorgenommen. Der Forschungsprozess folgt den Prinzipien der Grounded Theory (vgl. Glaser/Strauß 1998) und ordnet sich damit im Feld der Empirie-basierten Theoriebildung ein. Die empirische Grundlage bilden qualitative Interviews mit Akteur*innen der Planung, Verwaltung, lokaler Initiativen und Bewohner*innen, eine Online-Bewohner*innen-Befragung, die Analyse visueller Repräsentationen auf *Facebook* und *Instagram* sowie von Renderings[1] aus dem Bereich der Planung. Die Erhebungen entstanden im Kontext eines Besiedelungsmonitorings im Zeitraum von 2015 bis 2019 (Reinprecht et al. 2016) und im Rahmen meines Dissertationsvorhabens[2]; sie wurden während eines mehrmonatigen Feldforschungsaufenthalts 2017 im Stadtteil durchgeführt.

Anknüpfend an das Thema der Tagung, nimmt der Beitrag empirisch fundiert Imaginationen, Narrationen und Visualisierungen der Zukunft in den Blick: Wie wird Zukunft in unterschiedlichen Bereichen alltäglicher Lebenswelten imaginiert? Welche Imaginationen der Zukunft prägen in welcher

---

1 Als Renderings werden visuelle Repräsentationen von Räumen bezeichnet, die von Grafiker*innen mittels computergenerierter Darstellungen für Architekturwettbewerbe sowie Marketing- und Werbezwecke entworfen werden.

2 Die empirischen Daten bilden die Grundlage meines Dissertationsprojektes „Urbane Raumproduktionen: Imaginationen, Praktiken und (An)Ordnungen"

Weise alltägliche Lebensweisen? Wie werden auf der Ebene alltäglicher Lebenswelten Auseinandersetzungen um die Deutungshoheit über die Zukunft geführt? Welche Vorstellungen von Stadt haben die handelnden Akteur*innen und wie schreiben sich diese Vorstellungen in den Stadtraum ein?

Im Beitrag werden eingangs kurz die Akteur*innenkonstellation und die Rahmenbedingungen der Produktion der Seestadt skizziert. Daran anknüpfend werden empirisch fundiert die auf diskursiver Ebene von den involvierten Akteur*innengruppen und Medien produzierten konkurrierenden Stadtvorstellungen und Imaginationen analysiert. Es werden drei Aspekte aus diesem Forschungsfeld herausgegriffen und aufgearbeitet: der Blick in die Zukunft und damit verknüpfte imaginierte Urbanitätsversprechen; Zukunftspraktiken des Bauens und Planens; und die Ausverhandlung von Vorstellungen von Stadt.

1.1 Die Seestadt – eine Stadt im Werden

Die Seestadt Aspern, welche seit 2012 am ehemaligen Flugfeld im Osten der Stadt entsteht, wird errichtet, um in der wachsenden Metropole dem von der Stadt Wien prognostizierten (vgl. MA 23 2014) erhöhten Wohnbedarf nachzukommen. Sie wird seitens der Stadtverwaltung als „Stadt der kurzen Wege“[3] im Diskurs der „Smart City“[4] positioniert, letzteres bezieht sich auf die Digitalisierung der Stadt und knüpft damit an Konzepte von Nachhaltigkeit im Bereich erneuerbarer Energien sowie von Kommunikationstechnologien an. Diesen Konzepten geschuldet, bilden die öffentlichen Verkehrsmittel und der Radverkehr den Kern des Mobilitätskonzepts des Stadtteils, welcher schon vor seiner Besiedelung an das U-Bahn-Netz angebunden wurde und mittels öffentlicher Busse erreichbar ist. Darüber hinaus gibt es ein Leihfahrradsystem, welches von der Entwicklungsgesellschaft finanziert wurde. Pro Wohneinheit gibt es 0,7 PKW-Stellplätze, welche vorrangig mittels entgeltlicher Tiefgaragenplätze gewährleistet werden. Der Stadtteil wird in Form eines PPP-Modells[5] geplant, seine Umsetzung wird von der *Wien 3420 aspern*

3 *Wien 3420 aspern Development AG:* Aspern Fortschreibung Masterplan. *Wien 2018*, verfügbar unter: https://www.aspern-seestadt.at/wirtschaftsstandort/planung_wirklichkeit/der_masterplan [29.10.2019].

4 *Wien 3420 aspern Development AG, Urban Lab, verfügbar unter:* https://www.aspern-seestadt.at/wirtschaftsstandort/innovation__qualitaet/urban_lab [29.10.2019].

5 PPP: Public Private Partnership, bezeichnet Projekte die im Zusammenspiel privater und öffentlicher Institutionen realisiert werden. In diesem Fall handelt es sich um die gemeinsame Realisierung eines Stadtentwicklungsprojekts.

Development AG, welche zur Inwertsetzung des Stadtteils gegründet wurde, koordiniert. Das städtebauliche Großprojekt wird mittels eines Masterplans in vier Etappen bis 2028 im 22. Wiener Gemeindebezirk realisiert. Es sollen 20.000 Bewohner*innen im Stadtteil angesiedelt und 20.000 Arbeitsplätze geschaffen werden, so der Plan. Der Stadtteil wird mit dem Slogan „Die Stadt fürs ganze Leben" beworben und möchte Wohnen und Arbeiten für die Bewohner*innen verbinden. Bei der Konzeption des Masterplans wurde der Fokus auf den öffentlichen Raum sowie auf eine Mischnutzung gelegt. Die gewerbliche Nutzung von Erdgeschosszonen und die erste gemanagte Einkaufsstraße Österreichs sollen die Ansiedlung von Gewerbe und Einzelhandel im Stadtteil fördern. Gemanagt bedeutet im Falle der Seestadt, dass die Entwicklungsgesellschaft *Wien 3420 aspern Development AG* in Kooperation mit *SES Spar European Shopping Centers* die Vergabe der Geschäftslokale in der Einkaufsstraße der Seestadt verwaltet.

Die Bebauungsflächen in der Seestadt wurden von der Stadt Wien gekauft und gingen in weiterer Folge in den Besitz der *Wien 3420 aspern Development AG* über, diese hat die Aufgabe, jedes Baufeld in Wert zu setzen. Im ersten Abschnitt wurden die Baufelder vorrangig an gemeinnützige Bauträger verkauft, welche geförderten Wohnraum errichteten. Ein Spezifikum sind jene fünf Baugruppen in der Seestadt, die im ersten Abschnitt errichtet wurden. Baugruppen sind Wohnformen, bei denen zukünftige Bewohner*innen gemeinsam mit Planer*innen ihre Wohnbauten gestalten und planen. Die Wohnbauten des nächsten Abschnitts im Stadtteil, dem Seeparkquartier, welcher bis 2020 fertig gestellt werden soll, sind großteils freifinanziert und teilen sich auf in Vorsorgewohnungen und jene für den Eigenbedarf.

1.2 Raumtheoretisch fundierte Analyse der Stadtteilproduktion

> „Jede Stadt ist das Ergebnis einer endlosen Zahl von Entscheidungen, die im Verlauf der Zeit getroffen wurden; Entscheidungen, die an jeder Gabelung ihrer Geschichte eine andere Richtung hätten weisen können. Aus diesem Grund sind in jeder Stadt noch weitere enthalten: Städte, die sie einmal gewesen sind und die mehr oder weniger deutliche Spuren hinterlassen haben, aber auch die potenziellen Städte, jene, die sie hätten sein können, aber nicht waren, und die man zuweilen aufgrund von Ähnlichkeit oder Affinität in anderen Städten verkörpert sieht." (Settis 2015: 11)

Die Entstehung eines Stadtteils wird entlang der Prozesse der Entscheidungsfindung und Ausverhandlung von Stadt untersucht. Ich zitiere eingangs Salvatore Settis, weil er diesen Aspekt präzisiert und auch auf jenen der Kontingenz von Städten verweist. Ein zentraler theoretischer Bezugspunkt ist die raumtheoretisch fundierte Gesellschaftsanalyse von Henri Lefebvre, insbesondere seine Überlegungen zu den drei gleichzeitig wirkenden Momenten des Raums (vgl. Lefebvre 1991). Gegenstand der Untersuchung sind die jeweiligen Perspektiven und Vorstellungen von Stadt der in den Prozess der Planung und Realisierung involvierten Akteur*innen sowie der medial vermittelten Imaginationen und Bildproduktionen, ebenso die Auswirkungen der Imaginationen auf die Alltagspraxis der Nutzer*innen und Planer*innen. Die raumtheoretisch fundierte Analyse urbaner Raumproduktionen im Zuge der Dissertation nimmt diese relational in den Blick: Urbane Räume werden, dem raumtheoretisch fundierten Ansatz folgend, „von individuellen und kollektiven AkteurInnen im Rückgriff auf relevante Ressourcen" (Dlabaja 2016: 140) produziert und von Menschen konstituiert und angeeignet, in Form relationaler Platzierungen von sozialen Gütern an Orten zu Zeitpunkten (vgl. Löw 2001: 212). Diese Produktion von Raum findet eingebettet in konkrete gesellschaftliche Rahmenbedingungen und Regulationsmechanismen statt, wie beispielsweise die Bauordnung. Diese Regulationsmechanismen formen und bestimmen den Planungs- und Konstruktionsprozess von Gebäuden und Stadtteilen.

Einige Akteur*innengruppen können sich Stadträume ausschließlich mittels ihrer Nutzung temporär aneignen, während andere an Entscheidungsprozessen bei der Gestaltung von Räumen im Zuge von Planungsprozessen beteiligt sind; somit ist die Möglichkeit, Räume zu gestalten, ungleich verteilt.

2. Der Blick in die Zukunft – Urbanitätsversprechen

Das Spezifikum des Forschungsgegenstands, eines Stadtteils, der gerade entsteht, ist der Umgang mit der allgegenwärtigen Zukunft und dem Wissen, dass sich der Stadtteil weiter fortschreibt und damit ständigen Veränderungen und Erweiterungen unterworfen ist. Das betrifft auch die Bewertungen und Ausverhandlungen des Stadtteils in der medialen Öffentlichkeit. Ein großer Teil der Bewohner*innenschaft zog in den Stadtteil, um mit Ausblick ins Grüne zu wohnen, und folgte dem Wunsch, Teil eines neuen Stadtentwicklungsgebiets zu sein (Reinprecht et al. 2016: 82). Ein kleiner Teil der Seestädter*innen zog dorthin, weil die Renderings Urbanität am Stadtrand versprachen. Renderings sind visuelle Repräsentationen von Räumen, die von Grafiker*innen mittels computergenerierter Darstellungen für Architekturwettbewerbe sowie Marketing- und Werbezwecke entworfen werden. Auf den Bildern der Entwicklungsgesellschaft wurden belebte Plätze gezeigt. Teil des Zukunftsversprechens in der Seestadt ist der Verweis auf die nächsten Bauabschnitte, mit denen es im Stadtteil noch urbaner werden soll. Das Wissen darum, dass in ein bis zwei Jahren vieles anders sein kann, stellt den eigenen Blick auf den Gegenstand stetig infrage. Im Gegensatz zum historischen Stadtkern Wiens steht im Zentrum der Seestadt die Zukunft, deren Imagination. Sie ist allgegenwärtig. Im Alltag begegnet sie einem in Form von Renderings, welche entlang der Baustelle den Weg von der U-Bahn zur Wohnung zieren. Die Renderings sind wie das nächste Kapitel eines Buches, welches im Stadtteil aufgeschlagen wird. Sie evozieren auf der Ebene der Alltagswahrnehmung Zukunftshoffnungen und Ängste bei den Bewohner*innen der Seestadt.

Ein Teil der Anwohner*innen hat Angst davor, dass die Seestadt ihren Dorfcharakter und ihre Überschaubarkeit in Zukunft, mit dem fortschreitenden Bau des Stadtteils, verliert. Aus den Gesprächen mit den Bewohner*innen im Zuge von Go-alongs ging hervor, dass sich insbesondere Eltern mit kleinen Kindern sorgen. Als Angst benennen sie, dass sich ihre Kinder später als Jugendliche in Banden organisieren könnten. Demgegenüber stehen die Urbanitätsversprechen der Renderings und die Erwartungen der Bewohner*innen, die sich mehr städtische Infrastruktur, Vielfalt sowie belebtere Straßen und Plätze wünschen.

Betrachten wir nun die Auseinandersetzungen um eine Deutungshoheit über die Zukunft mit Blick auf alltägliche Lebenswelten. Diese wird in der Seestadt auf zwei Ebenen geführt: auf der visuellen Ebene mittels der Renderings, die sich in den Stadtraum einschreiben, und in Form von Stadtvorstellungen und Vorstellungen vom guten Leben.

2.1 Imaginationen des Urbanen

Die Analyse der Imagebildung mittels Renderings seitens der Entwicklungsgesellschaft und der Bauträger ist an dieser Stelle wichtig, weil das hier diskutierte Rendering im Vorfeld der Besiedelung vielfach in den Medien gezeigt und vor allem von Bauträgern und dem Wohnservice bei der Vergabe als Visualisierung genutzt wurde. Vor der Errichtung der ersten Wohnbau-Etappe wurde diese Visualisierung der Seepromenade im Auftrag der *Wien 3420 aspern Development AG* erstellt. Für die Analyse der Stadtteilproduktion ist die Auseinandersetzung mit den von der Entwicklungsgesellschaft kolportierten Stadt- und Menschenbildern relevant. Dabei geht es nicht nur um die Frage, welche Zielgruppen damit adressiert werden, sondern auch um die Analyse der Imaginationen des Stadtteils und seiner potenziellen Bewohner*innen in

Abbildung 1: Rendering Seepromenade, Quelle: Wien 3420, © schreinerkastler.at

den Medien. Der Wohnservice und eine Reihe von Bauträgern zeigten potenziellen Bewohner*innen am Online-Portal ähnliche bauplatzspezifische Renderings als Visualisierung, dabei waren immer belebte Straßen und Freiräume zu sehen.

Relevant ist in diesem Zusammenhang, welche Zielgruppen auf der Visualisierung der Seepromenade zu sehen sind und wer nicht sichtbar ist. Auf Abbildung 1 gezeigt werden kommerzielle Nutzungen des Raums, Mobilkommunikation, Fahrradmobilität und Spaziergänger*innen. Die Menschen, die im Bild zu sehen sind, sind tendenziell jüngere Erwachsene und Kinder. Das gesamte Bild wirkt in seiner Komposition sehr dynamisch und belebt, es vermittelt Urbanität. Aus der Perspektive der Bewohner*innen wird hier eine spezifische Form der Urbanität imaginiert, auf die ich im Weiteren noch genauer eingehen werde. Das Corporate Design der „Seestadt" schreibt sich im Bild in Form von grünen Ballons, der Seestadt-Flagge und der grünen Schirme ein. Relevant ist auch, wer auf dem Bild *nicht* dargestellt wird: Menschen mit Mobilitätseinschränkungen, ältere Menschen oder kulturelle Vielfalt. Zusammenfassend lässt sich sagen, dass die Seestadt in dem Rendering als jung, farbenfroh, technikaffin, mobil und konsumorientiert dargestellt wird.[6]

In diesem Zusammenhang ist relevant, dass die Imageproduktion über den Stadtteil nicht nur von den Planer*innen und dem Stadtmarketing der Entwicklungsgesellschaft ausgeht, sondern auch von Bewohner*innen via *Instagram* forciert wird. Die Bewohner*innen setzen vor allem das Urlaubsgefühl, Zweisamkeit sowie den „Seestadt Livestyle" (Reinprecht et al. 2016: 46) mit Pool am Dach und dem demonstrativen Konsum von Sushi ins Bild.

2.2 Visuelle Repräsentationen stadtplanerischer Diskurse im Stadtraum

Abbildung 2: Der Blick in die Zukunft der Seestadt, Quelle: Cornelia Dlabaja

Auf den Plakaten, welche den Bauabschnitt des Seeparkquartiers umschließen, schreiben sich unterschiedliche Diskurse der Stadtplanung, -politik und des -marketings ein. Auf der Abbildung 2 zu sehen sind die sogenannten „Seestadt-Pionier*innen", die in der ersten Etappe in das Stadtquartier gezo-

6 Das Rendering wurde mittels der Bildsegmentanalyse nach Roswita Breckner (2008; 2010) analysiert. Eine detailliertere Analyse und Beschreibung der Methode findet sich in dem Beitrag *Die Stadt im Bild – Imaginationen des Urbanen* (Dlabaja 2021).

gen sind. Auf den Plakaten werden einzelne Persönlichkeiten dargestellt, welche wiedererkennbar sind und mit denen sich die Bewohner*innen identifizieren, beispielsweise der Betreiber der Buchhandlung *Seeseiten*, der in der Seestadt populär ist, eine Verkäuferin der im Stadtteil beliebten Bäckerei *Leo* oder Planer*innen des Stadtteilmanagements. Diese visuellen Narrationen fundieren auf dem Marketingkonzept der Entwicklungsgesellschaft der *Wien 3420 aspern Development AG*, in der von Pionier*innen geschrieben wird, die ab der ersten Besiedlungsphase den Stadtteil, in Initiativen wie den Gemeinschaftsgärten oder als Mitglieder der Baugruppen, mitgestalten. Es bedient die vielfach kommunizierte Narration der Entwicklungsgesellschaft: „die Seestadt ist das, was wir daraus machen“ – eine Aussage, welche 2019 auf die für die neuen Bewohner*innen produzierten Jutetaschen gedruckt wurde.

In den Materialien der Öffentlichkeitsarbeit werden immer wieder die Pionier*innen als jene Akteur*innen bezeichnet, denen eine integrative Kraft für das soziale Gefüge zukommt und welche die Träger*innen der Innovation sein sollen.

3. Praktiken des Zukünftigen

> „Das physische Gewebe der Stadt und die Morphologie ihres Standortes bilden ein Ganzes mit dem Netz ihrer Institutionen, der Ereignisse, deren Schauplatz sie war und ist, der Pläne und Hoffnungen, denen sie Raum geboten hat und die sie immer noch hervorzubringen vermag.“ (Settis 2015: 11)

In diesem Abschnitt werden Praktiken des Planens, Bauens und Hoffens diskutiert. Es wird der Frage nachgegangen, wie Menschen in ihrem Alltag die Gegenwart im Hinblick auf eine erstrebenswerte oder zu verhindernde zukünftige Entwicklung bearbeiten. Ein Spezifikum der Seestadt sind die Baugruppen und ihre Mitglieder: jene Menschen, die sich Jahre, bevor der Stadtteil errichtet wurde, um ein sogenanntes Baufeld (Grundstück) beworben und in weiterer Folge um eine Finanzierung gekümmert hatten sowie einen Bauträger und ein Architekturbüro für die Realisierung ihres Projekts gesucht hatten. Je nach Baugruppe variierte die Intensität der gemeinschaftlichen Planungssitzungen. In der Baugruppe *Seesterne* folgte man dem soziokratischen Prinzip, was über einen konsensualen Entscheidungsprozess weit hinausgeht und mit intensiven Planungssitzungen und langen Diskussionen verknüpft war. Anders verhielt es sich bei der Baugruppe *Pegasus*, wo man den Architekt*innen in weiten Teilen freie Hand ließ und nur einige Grundsatzentscheidungen gemeinschaftlich traf. Egal, welcher Modus Operandi in den Baugruppen vorherrschte, eines haben sie alle gemein: Sie sind in den Prozess der Planung und Entscheidungsfindung aktiv involviert und somit Akteur*innen der Herstellung des Stadtteils.

Interessant ist im Kontext der Gestaltung und Ausstattung der Seestadt die Analyse von Konfliktfeldern und Aushandlungsprozessen. Vor allem Mitglieder der Baugruppen involvieren sich und bringen sich aktiv in den stadtpolitischen Diskurs ein. Sie verfügen über das nötige soziale und kulturelle Kapital, um ihre Positionen sowohl in medialen als auch stadtpolitischen Debatten sichtbar zu machen und darüber hinaus Einfluss auf Entscheidungsfindungsprozesse zu nehmen. Wolfgang Kaschuba spricht in diesem Zusammenhang von Citizen Science (Kaschuba 2015: 20). In Bezug auf die Seestadt bedeutet dies, dass sich einzelne Akteur*innen vermehrt als Expert*innen in Aushandlungsprozesse einbringen und Einfluss auf Entscheidungsprozesse nehmen.

Ein konkretes Beispiel dafür ist der konfliktbehaftete öffentliche Nahverkehr. Aufgrund des hohen Anteils an Familien mit Kindern kommt es vor allem in den Morgen- und Abendstunden zu Wartezeiten, da die Busse maximal drei Kinderwagen mitnehmen können. Einer der Mitglieder der Baugruppen, welcher im Bereich des Journalismus tätig ist, erstellte 2015 eine Bewohner*innen-Befragung zum Thema Mobilität und zur Taktung der Busse, er wurde daraufhin von den planenden Institutionen in unterschiedlichen Kontexten immer wieder zu Gesprächen eingeladen. Ein Stein des Anstoßes waren für ihn unteranderem fehlende Wartehäuschen an den Busstationen. Nach einer langen Reihe von medialen Interventionen hat dieser Bewohner mittlerweile die Errichtung eines Wartehäuschens durchgesetzt. Diese herausragende Rolle Einzelner im Prozess der Raumproduktion ist gerade in Relation zu vergleichbaren aktuellen Stadtentwicklungsgebieten wie dem Nordbahnhof interessant. Dort gibt es eine sehr aktive Gruppe von Akteur*innen, die *IG Nordbahnhof*, die sich in städtebauliche Entscheidungsprozesse durchweg einmischt, aber eben als Interessengruppe und mittels unterschiedlicher daran beteiligter Mitglieder.

4. Stadtvorstellungen

Über den Stadtteil im Werden gibt es mannigfaltige Vorstellungen, die je nach Akteur*innengruppe differieren. Gegenstand der Betrachtung sind in diesem Zusammenhang sowohl Alltagsperspektiven auf den Stadtteil und Vorstellungen, mit denen Bewohner*innen in die Seestadt gezogen sind, als auch die

Perspektiven der involvierten Planer*innen auf potenzielle Bewohner*innen und ihre Vorstellungen darüber, was der zukünftige Stadtteil leisten soll. Diese wurden mittels qualitativer leitfadengestützter Interviews mit Akteur*innen des Stadtteils zu Beginn der Besiedelung 2015 thematisiert und waren im Zuge meiner Feldforschung stetiger Gegenstand von Alltagsgesprächen.

In der Stadtforschung hat die theoriegeleitete Auseinandersetzung mit der Stadt in Form von Stadtkonzepten eine lange Tradition (vgl. Rink/Haase 2018; Frey 2009). Dabei wird durch diese Stadtkonzepte die Empirie wie durch eine theoretische Brille betrachtet, um unterschiedliche Aspekte von Stadt analysieren zu können. Die theoretische Auseinandersetzung mit Stadt hat viele Namen, so ist in der wissenschaftlichen Debatte auch die Rede von einem sogenannten Stadtmodell als „vereinfachende, auf Annäherung beruhende Betrachtung einer Anordnung mit dem Ziel der Veranschaulichung" (Löw/Steets/Stoetzer 2008: 93) von spezifischen Aspekten. „Das Modell ist perspektivisch. Es systematisiert die Wirklichkeit nach festgelegten Kriterien" (ebd.: 94), schreiben Martina Löw, Silke Steets und Sergej Stoetzer in ihrem Band *Einführung in die Stadt- und Raumsoziologie* (ebd.), wobei hier unterschiedliche Traditionen ins Feld der Argumentation geführt werden.

Die hier in weiterer Folge skizzierten Vorstellungen von Stadt schreiben sich in den Stadtteil auf unterschiedlicher Ebene ein. Es handelt sich hier um Empirie geleitete Theoriebildung.

Die politischen Akteur*innen aus der Verwaltung und Planung agieren bei der Konzeption des Stadtteils mit unterschiedlichen Wertehaltungen. Jene, die eher der Sozialdemokratie zuzuordnen sind, möchten einen Stadtteil für alle errichten, wie aus den qualitativen Interviews hervorging. Sie sehen leistbaren und qualitativ hochwertigen Wohnraum als wichtigen Ankerpunkt für soziale Gerechtigkeit, ebenso wie die Unternehmen der Sozialwirtschaft, etwa *Wien Work*[7], ein gemeinnütziges Unternehmen der Stadt Wien, in dem Menschen, die am ersten Arbeitsmarkt keine Arbeit finden, Ausbildung und Arbeit angeboten wird. Seitens der Entwicklungsgesellschaft werden dagegen junge, kreative und kaufkräftige Personengruppen als zukünftige Bewohner*innen imaginiert. Sie sollen dem neuen Stadtteil mit ihren Ideen Leben einhauchen und sich als Gründer*innen innovativer Start-ups einbringen. Interessant ist in diesem Zusammenhang die Debatte um die sogenannte „Just City" (Großmann 2018: 169), in der Konzeptionen der gerechten Stadt diskutiert werden. Die Debatte darüber reicht in der Stadtforschung bis zu den Anfängen der kritischen Stadtforschung zurück und basiert auf den Arbeiten von Henri Lefebvre (1968) und David Harvey (2013). Im Kontext der Seestadt gilt es die

7 Vgl. https://www.wienwork.at/de/ueber-uns.

Frage zu stellen, wer das Recht auf Stadt einfordern kann, da nur bestimmte Akteur*innen wie Planer*innen oder Mitglieder der Baugruppen in Entscheidungsprozesse über die Gestaltung der gebauten Umwelt involviert werden. Die Wohnungen im Stadtteil sind aufgrund der Eigenmittelanteile nicht für alle leistbar, das gilt auch für viele, die in die Seestadt zum Arbeiten pendeln.

4.1 Urbanes Dorf – rurale Stadt?

Die Seestadt wird von ihren Bewohner*innen weder eindeutig als städtisch noch eindeutig als ländlich wahrgenommen. Ein Teil der Bewohner*innenschaft versteht sie als urbanes Dorf, der andere wiederum betrachtet sie als Stadtteil in Randlage.

Etwa ein Viertel der Bewohner*innenschaft, 26 Prozent der ersten Besiedelungswelle 2015, kommt aus den umgrenzenden Bezirken (vgl. Reinprecht et al. 2016: 83) und hat sich für einen Stadtteil in Randlage entschieden, der umgeben von landwirtschaftlichen Flächen im Grünen entsteht. Weitere 28 Prozent kommen aus den dicht bebauten Stadtteilen in zentraler Lage, diese Bewohner*innen sind aufgrund der Renderings der Entwicklungsgesellschaft, die einen belebten Stadtteil zeigen, dorthin gezogen; sie sind enttäuscht von dem dörflichen, suburbanen Charakter, den die Seestadt gegenwärtig hat, und vermissen städtische Infrastrukturen wie Lokale, Pubs, Ausgehmöglichkeiten und Vielfältigkeit. Für sie ist die Hoffnung auf zukünftige Entwicklungen im Stadtteil von zentraler Bedeutung, da sie an das Urbanitätsversprechen geknüpft ist.

„Was bringt zwei junge urbane Menschen an den äußersten Rand der Donaustadt", wurde der Seestadtbewohner Phillip Nader 2016 in einem *Falter*-Interview gefragt. „Die Baugruppen und die Renderings", lautete seine Antwort.[8] Diese und ähnliche Gründe der Wohnungswahl wurden im Zuge der Feldforschung immer wieder benannt. Für jene, die es aus den zentralen Lagen der Stadt hierherzog und die sich Urbanität erwartet haben, ist es nicht das Lebensgefühl, das sie sich erhofft haben: „Das Wien-Gefühl fehlt mir hier völlig", so Nader weiter. Die Bewohner*innen sprechen in dem Zusammenhang von der Beobachtung, dass ab 19 Uhr „die Gehsteige hochgeklappt" werden. Ganz anders empfinden es jene Seestädter*innen, die aus dem 22.Bezirk oder vom Stadtrand herzogen sind. Sie haben sich ein Quartier mit guter Infrastruktur und grünem Umfeld gewünscht und schätzen die Überschaubarkeit,

8 Birgit Wittstock: Der Aspern-Blues. In: Falter. Stadtleben, 27.9.2016, verfügbar unter: https://www.falter.at/archiv/wp/der-aspern-blues [1.4.2019].

das Gefühl, dass sich jeder kenne, und die Gemeinschaft. Auch an dieser Stelle kommt der Blick in die Zukunft ins Spiel, da diese Bewohner*innengruppe mit dem Fortschreiten des Ausbaus des Stadtquartiers Angst vor dem Verlust der Überschaubarkeit und des Gemeinschaftsgefühls sowie vor der zunehmenden Anonymität hat. Im Gegensatz dazu hoffen jene, die aus den zentralen Lagen hergezogen sind, dass der Stadtteil noch urbaner wird. Diese Hoffnung wird mittels der Renderings, welche das 2019 im Entstehen befindliche Seeparkquartier (der nächste Bauabschnitt) umranden, befeuert. Dort sind neben einer Reihe von Hochhäusern und Bürogebäuden auch Plätze und eine erweiterte städtische Infrastruktur zu sehen.

4.2 Das Fortschrittsnarrativ – die innovative Stadt

Für die Stadtplaner*innen, die in den Prozess der Herstellung des Stadtteils involviert sind, sind die bereits erwähnten Vorstellungen einer „Smart City" und einer „Stadt der kurzen Wege" von großer Bedeutung. In diesem Zusammenhang wird auch die Wichtigkeit von alternativen Mobilitäts- und neuen Energiekonzepten hervorgehoben, die hier erprobt werden, ebenso wie der Genderaspekt. Die Seestadt ist für bestimmte Themenfelder der Wiener Stadtplanung ein Ort, an dem neue Ansätze erprobt werden, und wird damit zum urbanen Labor. So gibt es einen eigenen „Mobilitätsfond"[9], welcher alternative Mobilitätsformen fördert und sich aus den Einnahmen der Sammelgaragen der PKW finanziert. Es gibt ein eigenes Fahrradverleihsystem im Stadtteil, die sogenannte Seestadtflotte, die aus diesem Mobilitätsfond hervorgeht und mittels welcher die Fahrradnutzung gefördert werden soll. Auch im Bereich des sogenannten „Gender-Mainstreaming" kommt dem Stadtteil eine spezifische Bedeutung zu, da alle Straßen in der Seestadt nach Frauen benannt sind. Im Rest der Stadt machte der Anteil von ‚weiblichen Straßennamen' bislang 5 Prozent aus, durch die Namensgebungen in der Seestadt wurde der Anteil auf 7 Prozent[10] erhöht. Die Seestadt ist darüber hinaus Teil eines von der EU geförderten Forschungsprojekts, bei dem Firmen wie *Siemens* mit stadtnahen Unternehmen der *Wien Energie* ein *Smart City Research Lab*[11] gegründet ha-

---

9 *Wien 3420 aspern Development AG, Mobilität, verfügbar unter:* https://www.aspern-seestadt.at/lebenswelt/mobilitaet [29.10.2019].

10 Stadt Wien, Die Seestadt ist weiblich – Straßennamen zeigen starke Frauen, verfügbar unter: https://www.wien.gv.at/stadtentwicklung/projekte/aspern-seestadt/strassennamen.html [29.1.2020].

11 ASCR, verfügbar unter: https://www.ascr.at/ [29.10.2019].

ben, bei dem mittels des sogenannten „smart meter“ der Energieverbrauch haushaltsbezogen gemessen wird, was zu dessen Senkung beitragen soll.

4.3 Die digitale Spaltungslinien: offene versus geschlossene Stadt

Ein wesentlicher Aspekt des sozialen Gefüges der Seestadt war von Anbeginn der rege Austausch der Bewohner*innen auf digitaler Ebene in den internen Bewohner*innenforen auf *Facebook*. Dabei treffen unterschiedliche Vorstellungen von Stadt und dem richtigen und guten Leben aufeinander. Konfliktlinien konstituieren sich etwa um die Vorstellung der „offenen“ versus „geschlossenen“ Stadt für „alle“ versus für die „Seestädter*innen“. Weitere Konflikte konstituieren sich um die Frage nach Mobilität, Xenophobie und sozialer Kontrolle.

Die Ausverhandlung der offenen versus der geschlossenen Stadt zeigt sich auch bei der Vorstellung darüber, für wen der öffentliche Raum im Stadtteil mit seinen Parks, Spielplätzen und insbesondere seinem See gedacht sei. Ein Teil der Bewohner*innenschaft meint, der See sei den Seestädter*innen vorbehalten; der andere Teil meint, die Seestadt insgesamt – und damit auch der See – sei für alle da. In diesem Zusammenhang spielt auch die Vorstellung darüber eine Rolle, ob man die Vision eines urbanen Dorfs oder eines Stadtteils in Randlage einer Großstadt im Kopf hat: Jene, die sich das Leben im Dorf wünschen, möchten tendenziell lieber unter sich bleiben.

Aber auch politische Spaltungslinien werden in den Bewohner*innenforen sichtbar. 2015 wurde nicht nur der neue Stadtteil besiedelt, sondern es fanden auch die Wien-Wahlen statt. Es kam zum Affront, weil der neue Stadtteil von der Stadt errichtet wurde, aber es zu diesem Zeitpunkt eine Mehrheit an FPÖ-Wähler*innen im Stadtteil gab. In den Bewohner*innenforen entbrannten heftige Debatten, die nach der Wahl nicht abebbten, sondern in andere Themenbereiche übertragen wurden. Eine Folge von politischen Unstimmigkeiten und rassistischen wie sexistischen Statements führte dazu, dass es zuerst zu Ausschlüssen von Mittgliedern aus dem Bewohner*innenforum durch eine Moderatorin der *Facebook* Seite kam. In weiterer Folge bildeten sich neue Bewohner*innenforen auf *Facebook*.

Um die Dimension der Digitalisierung der Stadtgemeinschaft sichtbar zu machen, muss an dieser Stelle angemerkt werden, dass zum Zeitpunkt der ersten Besiedelungswelle mehr als die Hälfte der Bewohner*innen Teil des Bewohner*innenforums sind. Dieses hohe Maß an Digitalisierung ist ein Novum im Vergleich zu Wiener Stadtentwicklungsgebieten der Vergangenheit wie Alterlaa oder Wienerberg City (vgl. Seiß 2007), zeichnet sich aber in den aktuellen Neubaugebieten der Stadt generell zunehmend ab. Interessant im Falle der Seestadt ist, dass es in den Bewohner*innenforen immer wieder zu Abspaltungen und damit verknüpften Ausdifferenzierungen kommt.

5. Fazit

Visualisierungen von Stadt in Form von Renderings sind im Fall der Seestadt an Urbanitätsversprechen geknüpft, die sich entlang der Baustellen auf Plakaten in den Stadtraum einschreiben. Sie symbolisieren die Hoffnung auf mehr Urbanität auf der einen Seite und die Angst vor mehr Anonymität, vor Verlust der Überschaubarkeit, des Dorfcharakters und damit des Zusammenhalts auf der anderen Seite. Entlang der Praktiken des Zukünftigen wie dem gemeinschaftlichen Planen und Bauen werden Visionen vom guten und richtigen Leben realisiert, die nur für bestimmte Gruppen zugänglich sind, nämlich jene, die es sich leisten können, einer Baugruppe beizutreten. Die Imagination des Pioniergeists wird in der Seestadt sowohl mit den Mitgliedern der Baugruppen identifiziert als auch mit den Kleinunternehmer*innen, die dem Stadtteil mit ihren Ideen und Projekten Leben einhauchen sollen. Die Akteur*innen der Herstellung von Stadt agieren mit divergierenden Vorstellungen von Innovation, sozialer Gerechtigkeit und Inwertsetzung.

Zusammenfassend lässt sich sagen, dass urbane Imaginationen in Form von Praktiken, aber auch auf der Ebene der Materialität des Raums sichtbar und im Alltag des Stadtteils ausverhandelt werden. Diese visuellen Repräsentationen sind nicht nur ein Werkzeug des Stadtmarketings, sondern auch ein Tool der Stadtplanung, geht es um die kulturelle Produktion und das Framing des Stadtteils. Der Beitrag macht die Stadtvorstellungen der handelnden Akteur*innen sichtbar, die im Prozess der Konzeption wirksam sind und sich in Form von Renderings in den medialen und analogen Stadtraum einschreiben. Sie sind Mittel zum Zweck, geht es um die Ausverhandlung von Stadtvorstellungen. Es zeigt sich, dass visuelle Raumproduktionen unterschiedliche Wirkmächtigkeit haben. Während die Imaginationen der Bewohner*innen in den sozialen Medien sichtbar sind, sind jene der Planer*innen im Prozess der Wohnungsvergabe und der Vermarktung wirkmächtig. Die Möglichkeit der Stadtbildproduktion ist also ungleich verteilt. Interessant ist der visuelle Blick in die Zukunft im Stadtteil in Form von Renderings – hier werden Urbanitätsversprechen sichtbar.

Diese Ausverhandlungen von Stadt sind ein Spiegelbild aktueller gesellschaftlicher Entwicklungen, sowohl was die Vorstellung einer offenen Stadt für alle im Gegensatz zu einer unternehmerischen Stadt anbelangt, als auch was Prozesse sozialer Schließung, Milieuausdifferenzierung und Digitalisierungstendenzen anbelangt.

Literatur

Adam Jens, Vonderau Asta (Hrsg.): Formationen des Politischen. Anthropologie politischer Felder. Bielefeld 2014.

Dlabaja Cornelia: Stadt(-Raum) im Bild – Imaginationen des Urbanen in Renderings. In: *Jeannine Wintzer, Raphaela Kogler:* Raum und Bild. Wiesbaden 2021 (im Erscheinen), S. 255–267.

Dies.: Das Wiener Brunnenviertel. Urbane Raumproduktionen. Eine Analyse des Wandels von Stadträumen. Wien 2016.

Eckert Anna, Schmidt-Lauber Brigitta, Wolfmayr Georg: Aushandlungen städtischer Größe. Mittelstadt leben, erzählen, vermarkten. Wien 2019.

Four.agency, Aspern. Die Seestadt Wiens. Imagefilm. Auftraggeber: *Wien 3420 aspern Development AG, Wien 2013*, verfügbar unter: https://four.agency/aspern-die-seestadt-wiens-imagefilm [1.4.2019].

Frey Oliver: Die amalgame Stadt. Orte. Netze. Milieus. Wiesbaden 2009.

Glaser Barney, Strauss Anselm: Grounded Theory. Strategien qualitativer Forschung. Göttingen 1998.

Großmann Katrin: Just City. In: *Dieter Rink, Annegret Haase* (Hrsg.): Handbuch Stadtkonzepte: Analysen, Diagnosen, Kritiken und Visionen. Opladen: Toronto 2018, S. 169–193.

Harvey David: Rebellische Städte: Vom Recht auf Stadt zur urbanen Revolution. Berlin 2013.

Häußermann Hartmut, Siebel Walter: Stadtsoziologie. Eine Einführung. Frankfurt am Main 2008.

Kaschuba Wolfgang (Hrsg.): Urbane Aushandlungen. Die Stadt als Aktionsraum. Berlin 2015.

Lange Jan, Müller Jonas (Hrsg.): Wie plant die Planung? Kultur- und planungswissenschaftliche Perspektiven auf die Praxis räumlicher Planungen. Berlin 2016.

Lefebvre Henri: The Production of Space. Oxford 1991.

Ders.: Le droit à la ville. Collection Société et Urbanisme. Paris 1968.

Löw Martina: Raumsoziologie. Frankfurt am Main 2001.

Dies., Steets Silke, Stoetzer Sergej (Hrsg.): Einführung in die Stadt- und Raumsoziologie. Opladen 2008.

MA 23: Statistisches Jahrbuch der Stadt Wien 2018. Teil 3: Menschen in Wien. Wien 2018, verfügbar unter: https://www.wien.gv.at/statistik/pdf/jb-2018-0512-menschen.pdf [5.4.2019].

MA 23: Wien wächst. Bevölkerungsentwicklung in Wien und den 23 Gemeinde- und 250 Zählbezirken (Statistik Journal Wien 1), Wien 2014, verfügbar unter: https://www.wien.gv.at/statistik/pdf/wien-waechst.pdf [2.4.2019].

Reinprecht et al.: Besiedelungsmonitoring Seestadt Aspern. Eine Studie zu Wohnkultur und Wohnqualität in der Seestadt. Forschungsbericht MA 50. Stadt Wien 2016, verfügbar unter: https://www.wohnbauforschung.at/index.php?id=457 [29.4.2019].

Rink Dieter, Haase Annegret (Hrsg.): Handbuch Stadtkonzepte: Analysen, Diagnosen, Kritiken und Visionen. Opladen, Toronto 2018.

Schmidt-Lauber Brigitta (Hrsg.): Andere Urbanitäten. Zur Pluralität des Städtischen. Wien 2018.

Seiß Reinhard: Wer baut Wien? Hintergründe und Motive der Stadtentwicklung Wiens seit 1989. Salzburg 2007.

Sennett Richard: Die offene Stadt. Eine Ethik des Bauens und Bewohnens. Berlin 2018.

Settis Salvatore: Wenn Venedig stirbt. Eine Streitschrift gegen den Ausverkauf der Städte. Berlin 2015.

Stadt Wien: Die Seestadt ist weiblich – Straßennamen zeigen starke Frauen, verfügbar unter: https://www.wien.gv.at/stadtentwicklung/projekte/aspern-seestadt/strassennamen.html [29.1.2020].

Wien 3420 aspern Development AG: Aspern Fortschreibung Masterplan. *Wien 2018,* verfügbar unter: https://www.aspern-seestadt.at/jart/prj3/aspern/data/downloads/aspern_Fortschreibung_Masterplan_2018-02-01_1602399.pdf [29.10.2019].

Wittstock Birgit: Der Aspern-Blues. In: Falter. Stadtleben, 27.9.2016, verfügbar unter: https://www.falter.at/archiv/wp/der-aspern-blues [1.4.2019].

Johannes Müske

Als die Zukunft alt aussah. Neue soziale Bewegungen, Lebensstil und Technikdystopien in der „Provinz"

„Die Stadt ist nicht die Angelegenheit der Städtebauer, sondern der Städtebewohner. Es ist nicht nur statthaft, sondern Zeitgenossenpflicht, dass sie sich zu Wort melden."
Max Frisch, Schriftsteller und Architekt[1]

Das Zitat Max Frischs findet sich, neben weiteren Zitaten, etwa von Walter Gropius und Perikles, in einer Zeitung der *Bürgergemeinschaft Paradies*. Die Bürger*innen wollten damit ihr Engagement gegen eine geplante Autobahn legitimieren. Die Bodensee-Autobahn wurde seit den 1950er Jahren behördlicherseits entwickelt, in den 1970er Jahren wurde das Projekt konkret: Die Autobahn sollte mitten durch verschiedene Konstanzer Wohnviertel führen. Doch betroffene Konstanzer*innen, insbesondere im Stadtteil Paradies, engagierten sich gegen die „städtebauliche Viecherei"[2] einer zweistöckigen sechsspurigen Autobahntrasse. Nachdem die Versuche einiger Paradieser*innen, die Pläne durch Protestschreiben an Oberbürgermeister und Stadtverwaltung zu stoppen, gescheitert waren, gründeten 72 Bürger*innen am 10. September 1974 die *Bürgergemeinschaft Paradies*, um ihr Anliegen gemeinsam politisch umzusetzen.[3] Während ein Kernstück der Planungen, eine Autobahnbrücke über den Rhein, vor genau vierzig Jahren eröffnet wurde, konnte die Bürgergemeinschaft die geplante Trasse weitgehend verhindern.

Dieser Beitrag[4] untersucht einen Konflikt zwischen staatlichen Akteur*innen und Bürger*innen, der sich am Aufeinanderprallen unter-

---

1 Das Zitat findet sich auf Seite 1 der *Paradieser Blätter*, Nr. 2, 1974.

2 Die Einschätzung der städtebaulichen Viecherei stammte vom Konstanzer Baubürgermeister, doch befand dieser sich nicht an der Seite der Gegner, sondern war ein Befürworter der Autobahn – die Stadtführung handelte offenbar wider besseres Wissen.

3 72 der 97 Mitglieder der Bürgerinitiative gegen Schänzletrasse (gegr. 19.3.1973) waren anwesend; Mitteilung in den *Paradieser Blättern*, Nr. 1 (Oktober 1974), unpag. [S. 5]; im *Südkurier* (13.9.1974) erscheint eine Notiz, in der von über hundert Personen die Rede ist; offenbar besuchten auch weitere Gäste und Anwohner*innen die Gründungsversammlung.

4 Die Forschung ist Teil eines Projekts zu neuen sozialen Bewegungen in Baden, das ich im Rahmen eines DFG-Netzwerks zu Konkurrenz und Wettbewerb (Leitung: Markus Tauschek) und eines Lehrforschungs- und Ausstellungsprojekts zu „Freiburg in den langen 70ern", beides an der Universität Freiburg, durchgeführt habe.

schiedlicher Zukunftsvorstellungen entzündete, die wiederum ihre Ursache in unterschiedlichen Lebensstilen und Wertesystemen hatten, so die These. Untersucht werden die Proteste gegen eine Autobahn in Konstanz. Insbesondere wird auf den Aspekt der Verwissenschaftlichung des Konflikts eingegangen[5] – diese Verwissenschaftlichung von Streitfragen ist kennzeichnend für zahlreiche Proteste, die von den neuen sozialen Bewegungen in der Folge von „68" ausgingen – auch in Konstanz.[6] Die Mitglieder der Frauen-, Umwelt- und anderer neuer sozialer Bewegungen der 1970er Jahre generierten sich aus einem neuen alternativen Milieu, das aufgrund seines kulturellen und sozialen Kapitals über eine große Artikulationsfähigkeit verfügte (worauf schon der bildungsbürgerliche Habitus der Zitate in den Schriften hinweist); exemplarisch lässt sich das am Konstanzer Konflikt zeigen, der letztendlich mithilfe eines Bürgerentscheides für die Gegner*innen des Autobahnbaus entschieden wurde.

Im Folgenden wird nach einer kurzen begrifflichen Einordung zunächst auf die Ideologie der Moderne eingegangen, die in der Folge von „68" vom entstehenden alternativen Milieu infrage gestellt wurde. Im Anschluss daran wird die Strategie der – den Protest anführenden – Konstanzer *Bürgergemeinschaft Paradies* untersucht, den Konflikt zu verwissenschaftlichen. Dabei entwickelten die Bürger*innen kontrastierende Argumente mit idealisierenden und dystopischen Zukunftsvisionen. Die Proteste werden schließlich als Ausdruck einer gesellschaftlichen Modernisierung gedeutet, einem Amalgam von Bildungsexpansion und Wiederentdeckung der Provinz, in der die Zukunftsentwürfe der 1950er und 60er Jahre plötzlich veraltet erschienen. Die Studie basiert auf Interviews mit damals beteiligten Aktivist*innen und Archivmaterialien, in denen der Stolz auf das damals Erreichte deutlich durchscheint.

1. Das Alltägliche ist politisch

Mit dem Tagungsthema *Planen* ist ein originäres Thema von Politik (*politiká*) angesprochen, die sich der griechisch-lateinischen Wortbedeutung nach mit den Dingen befasst, die die Planung des Gemeinwesens betreffen. Die-

Ich danke Dagmar Hänel für die kritische Lektüre und weiterführende Anmerkungen zum Text.

5 Zu den technischen Details siehe Müske 2018; zu medialen Aspekten rund um die politische Konkurrenzsituation siehe Müske 2019.

6 Vgl. zur 68er-Bewegung in Konstanz und am See (mit einem Vergleich zur Region Touraine) die Ausstellung und den Ausstellungsband *Protest in der Provinz* (Feucht 2019).

ser Politikbegriff deckt sich weitgehend mit einer kulturanthropologischen Lesart, die lieber vom „Politischen“ als von der „Politik“ spricht, womit der Fokus sich von politischen Institutionen hin zu genuinen Fachgegenständen wie gesellschaftlichen Ungleichheiten und Aushandlungsprozessen erweitert (vgl. Rolshoven 2018: 17–25). Asta Vonderau und Jens Adam schlagen in ihren „Überlegungen zu einer Anthropologie politischer Felder“ vor, die Interaktionen der beteiligten Gruppen und das komplexe Zusammenwirken unterschiedlicher Prozesse ethnografisch zu erforschen (vgl. Vonderau/Adam 2014: 9). Denn gerade die Kulturanthropologie verfüge über das „analytische und methodische Instrumentarium“ zu untersuchen, wie sich politische Felder „konstituieren und verändern, […] sich überlappen, verflechten oder wieder an Bedeutung verlieren“ (ebd.: 17). Da Planungen auf der Grundlage ganz unterschiedlicher Ziele von unterschiedlichen Akteur*innen erfolgen, geht es bei Planungsentscheidungen immer auch um Macht- und Wertefragen. Insofern berührt das Thema Planung grundlegende Forschungsinteressen der empirischen Kulturwissenschaft, die soziale Antagonismen (Gender, Milieus, Schichten usw.), Strategien zur Herstellung von Hegemonie, emanzipatorische Potenziale und die Veränderbarkeit von Gesellschaft untersuchen will, wie Klaus Schönberger (2018: 46–48) jüngst hervorgehoben hat. Alltag hat als kulturanalytische Forschungsperspektive immer auch eine politische Dimension: Hier „wird ausgehandelt, was als ‚normal‘, als ‚natürlich‘ oder als ‚selbstverständlich‘ angesehen wird“ (ebd.: 47).

Was als „normal“ gelten sollte – dies betrifft die Frage, an wessen Interessen sich das politische Handeln orientiert. Gerade im Hinblick auf „großtechnische Systeme“ (Hughes 1987) ist der Blick auf die „Ordnungs-, Orientierungs- und Machthorizonte, vor denen Technisches entsteht, verhandelt, oktroyiert oder auch verhindert […] wird“ (Hengartner 2012: 126), zu richten – denn Großtechnik, dies zeigt die Geschichte der neuen sozialen Bewegungen, betrifft viele Menschen und hat überdies durch ihre symbolische Dimension ein hohes Konflikt- und Aktivierungspotenzial. Die Hoffnungen und Befürchtungen in Bezug auf die geplante Autobahn gingen weit auseinander. Zur Fortschrittseuphorie gesellten sich seit den späten 1960er Jahren, vor allem aber seit den 1970er Jahren, kritische Töne. Es entstand eine neue politische Gemengelage, die heute mit der Chiffre „68“ zusammengefasst wird und die in vielen westlichen Ländern dazu führte, dass neue Formen des Zusammenlebens und der politischen Gestaltung erprobt wurden und althergebrachte und scheinbare Selbstverständlichkeiten neu ausgehandelt wurden.

Das Politische wird zudem nicht nur als Perspektive, sondern auch als Thema im Fach zunehmend entdeckt. Insbesondere Mittelstädte und die

„Provinz" haben in den letzten Jahren vermehrt kulturwissenschaftliches Interesse gefunden (z.B. Schmidt-Lauber 2010; Paulus 2018).[7] In der Provinz, wo die Mehrheit der Bevölkerung in Deutschland lebt,[8] ereignen sich die großen gesellschaftlichen Konflikte im kleineren Maßstab – wie jüngst etwa von Bernd Jürgen Warneken (2018) in seinem autobiografischen Buch zu „seinem" Tübinger „68" dargestellt. Diese und andere Studien[9] untersuchen, wie Machtverhältnisse sich Stück für Stück wandelten, wie neue Akteur*innen das politische Feld betraten und ihre Interessen mithilfe alternativer Protestformen artikulierten und durchsetzten.

Der Provinzbegriff wurde in den 1970er und 80er Jahren theoretisch breit diskutiert (z.B. Kursbuch 1975; Zang 1978) und soll hier daher als selbstbeschreibender Begriff aus dem Feld genutzt werden, da ihn die neuen sozialen Bewegungen verwendeten, um damit selbstbewusst ihren Protest gegen die Metropolen und die dort entstandenen Zukunftsentwürfe auszudrücken. Denn Provinz wurde von der Linken nicht mehr (nur) mit Rückständigkeit und überkommenen patriarchalen Strukturen in der Peripherie assoziiert, sondern als von den politischen Zentren entmachtete (und erst zur „Provinz" gemachte) Landstriche, die sich in Unruhe befinden und gegen gewisse Entwicklungen in der kapitalistischen Moderne um Autonomie kämpfen (vgl. Bellmann u.a. im Kursbuch 1975). Auch wenn diese theoretische Dimension des „Provinzproblems" ganz sicher nur in kleinen Aktivistenkreisen geteilt wurde, so hallt sie doch in den breiten Protesten gegen Autobahnen oder Kernkraftwerke, die damals den Südwesten und andere Regionen in Europa und der BRD in Aufruhr versetzten, nach.

7 Bis in die 1970er Jahre untersuchte die klassische Volkskunde vor allem ländlich-bäuerliche Themen, was sich mit dem „Abschied vom Volksleben" in den 1970ern änderte. Seitdem ist die „Provinz" in der volkskundlich-kulturwissenschaftlichen Forschung mit ihrem Fokus auf kleinräumige Fallstudien nur vereinzelt implizites Thema, manchmal aber auch explizit (vgl. z.B. Kaschuba/Lipp 1979), und wird jüngst breiter wiederentdeckt, vgl. etwa die Forschungen zur Entwicklung ländlicher Räume an der Universität Bonn (Leitung: Ove Sutter); dieses Interesse spiegelt sich auch in der dgv-Kommission *Kulturanalyse des Ländlichen* (gegr. 2017).

8 In Deutschland leben circa 74 Prozent der Bevölkerung im ländlichen Raum und in Städten mit bis zu 200.000 Einwohner*innen (Deutscher Städtetag 2016).

9 Vgl. z.B. Schönberger/Sutter 2009 oder die Studienprojekte zu studentischen Protesten an der Universität Kiel (Tauschek 2016) und neuen sozialen Bewegungen und ihren Protestformen in Tübingen (Ingendahl/Ratzeburg 2015).

2. „Autobahn" – zum Lebensstil der Moderne

1974, vor 45 Jahren, veröffentlichte die Band *Kraftwerk* ihr Album *Autobahn*. Der Sound des Albums nimmt einen gewissen Zeitgeist von Fortschritt und gleichzeitigem Unbehagen an der technischen Moderne auf, der hier kurz rekapituliert werden soll. In den 1970er Jahren wurden die Autobahnen in der Bundesrepublik breit ausgebaut. Das verkehrspolitische „Programm zur Gesundung des deutschen Verkehrswesens", umgangssprachlich nach dem damaligen Bundesverkehrsminister Georg Leber (SPD) auch „Leber-Plan" genannt, sah eine Neuordnung und Instandsetzung der Verkehrswege der Bundesrepublik vor.[10] Von den geplanten Investitionen in die defizitäre Bundesbahn, der Verlagerung von Transportverkehr auf die Schiene und dem Programm „Freie Fahrt dem PKW" blieb im politischen Kompromiss mit der CDU nur das Ziel der Autobahnen übrig: Kein Bürger sollte es weiter als 25 Kilometer bis zum nächsten Autobahnanschluss haben.[11]

Martin Scharfe hat eindrücklich die moderne Ideologie der Erfüllung einst utopischer Wünsche gekennzeichnet, die sich in diesem Fortschrittsoptimismus zeigt: Die Physik erfüllt die kühnsten Träume –

> „[...] auf eine Art und Weise, die denjenigen, welche die wissenschaftlichen, technischen, organisatorischen Details der Wunscherfüllung nicht zu durchschauen vermögen, als durchaus märchenhaft, also eigentlich unerklärlich erscheinen muß, und doch sind die Wunscherfüllungen Lebenswirklichkeit." (Scharfe 1993: 76)

Elektrizität, fließendes Wasser und andere Infrastrukturen und Annehmlichkeiten sind innerhalb weniger Jahrzehnte – zumindest im „globalen Norden", wie man einschränkend ergänzen muss – unhinterfragte Bestandteile des modernen „Schlaraffenlebens" (ebd.: 74) geworden. Wenige warnende zeitgenös-

---

10 Die verkehrspolitischen Maßnahmen waren notwendig geworden, da die Zahl der PKW in der BRD allein in den 1960er Jahren von circa 4,5 (1960) auf 13,9 Millionen (1970) Fahrzeuge gestiegen war (heute sind es über 47 Millionen); die Zahl der Verkehrstoten erreichte in den 1970er Jahren Höchststände mit über 20.000 Toten pro Jahr. Quellen: Kraftfahrtbundesamt, verfügbar unter: https://www.kba.de/DE/Statistik/Fahrzeuge/Bestand/FahrzeugklassenAufbauarten/b_fzkl_zeitreihe.html [7.5.2019]; Der Spiegel, 24.2.2004, verfügbar unter: https://www.spiegel.de/auto/aktuell/statistik-zahl-der-verkehrstoten-sinkt-auf-rekordtief-a-287748.html [7.5.2019].

11 Der Spiegel: Leber-Plan. Grob zugerichtet. 18.11.1968, S. 32, verfügbar unter: https://www.spiegel.de/spiegel/print/d-45922096.html [15.5.2019]; Der Spiegel: Verkehrsminister Leber: Mit Tempo 100 aufs Abstellgleis [Titel-Geschichte], 20.9.1971, S. 32–47, verfügbar unter: https://www.spiegel.de/spiegel/print/d-43078625.html [15.5.2019].

sische Rufe, die auf Umweltzerstörung oder den drohenden Menschheitstod durch atomare Selbstzerstörung hinwiesen, verhallten ungehört.[12]

Im Konstanz der 1950er und 60er Jahre zeigte sich der moderne Fortschritt bis dato nur auf Papier. Mit der einsetzenden Massenmotorisierung benötigte Konstanz eine zweite Brücke, worüber in der Stadt Einigkeit bestand.[13] Das Bedürfnis nach einer zweiten Autobrücke über den Rhein traf mit utopischen Plänen von Hängebrücken und Tunneln, die die Stadt mit dem Umland und dem europäischen Fernstraßennetz verbinden sollten,[14] und mit konkreten Autobahnplanungen im Bund und in Baden-Württemberg zusammen. Da die Stadt über geringe Mittel verfügte, fielen die Autobahnpläne auf fruchtbaren Boden, denn eine Autobahnbrücke würde der Bund finanzieren. Der Plan einer Autobahn durch Konstanz mit zweiter Rheinbrücke war geboren.[15] Die Autobahn sollte durch einen stadtnahen Wald und verschiedene Stadtviertel geführt werden. Im Stadtteil Paradies sollte die Brücke zweistöckig weitergeführt werden – oben eine sechsspurige Trasse von der Rheinbrücke kommend, Teil der internationalen Autobahn Mailand – Stockholm, und unten würde der lokale Verkehr fahren: die „Schänzletrasse", ein zweistöckiges „Monster"[16] mitten durchs „Paradies".

In den Plänen zeigte sich ein Konzept des technischen Fortschritts, das sich selbst als sachorientiert sah – sicher bedurfte es in den Boomjahren seit den späten 1950er Jahren neuer Verkehrskonzepte. Doch spiegelte sich auch eine ideologische Seite der Moderne: Die Planungen geschahen technokratisch in den Verwaltungszentren fern der betroffenen Landstriche, die we-

12 Vor allem in den Fortschrittsjahren bis in die 1960er Jahre, wohl, „weil die neutönerische Musik im *Nebenzimmer* gespielt wurde, während im Hauptsaal der dröhnende Aufbau der Bundesrepublik vonstatten ging" (Scharfe 1993: 82; Herv. i. O.).

13 Die grundlegende Verkehrsstruktur der Stadt war seit dem Mittelalter unverändert geblieben, als letzte große Neuerung trat 1863 neben die einzige Rheinbrücke eine Eisenbahnverbindung.

14 Lanciert wurden etwa im Umfeld der Industrie- und Handelskammer (IHK) in den 1960er und frühen 1970er Jahren in verschiedenen „Studien" Pläne für Brücken und Tunnel, besorgt vom Stadtrat und IHK-Geschäftsführer Josef Hund (FDP) und anderen bürgerlich-wirtschaftsnahen Interessenvertretungen wie der Konstanzer Interessengemeinschaft (heute Freie Wähler). 1970 beschloss der Konstanzer Gemeinderat, entsprechende Planungen auf Stadtgebiet zu unterstützen, und begrub diese Pläne 1982 wieder. Vgl. Konstanzer Almanach (1984: 2–3) sowie Industrie- und Handelskammer Konstanz (1964) und Studiengesellschaft Seebrücke – Seetunnel e.V. (1971; beides nachgewiesen in der Bodenseesammlung der Universitätsbibliothek Konstanz).

15 Die „Geschichte einer Straßenplanung" ist detailliert nachzulesen bei Guldin (undat. [ca. 1988]).

16 „Der Monster-Plan. Das Selbstmordprogramm der Stadt Konstanz" (beschriftete Grafik). Paradieser Blätter, Nr. 8 (1976), unpag. [Mittelbogen].

nig Mitspracherechte hatten; die Infrastrukturen waren auf die Zentren hin ausgerichtet und ihr Nutzen vor Ort war fraglich – so wurde „Provinzialisierung“ gemacht (Zang 1978). In den späten 1960er und frühen 1970er Jahren zeigten sich erste Risse im Fortschrittsbild, einflussreiche Veröffentlichungen dokumentierten die unübersehbaren und unüberhörbaren Umweltzerstörungen. Die „Grenzen des Wachstums“ schienen auf (Meadows u.a. 1972) und die Fauna verstummte (*Silent Spring*, Carson 1962). Leitfossile der Moderne wie das Automobil wandelten sich in populären Medientexten der Zeit, etwa Hörspielen, in ihrer Bedeutung: von Fortschrittssymbolen zu todbringenden Gefahren (vgl. Müske 2014: 205–213). Der erste autofreie Sonntag am 25. November 1973 produzierte Bilder, in denen die leeren Lebensadern der automobilen Moderne wie Zeugnisse einer untergegangenen Zivilisation wirkten.

3. „Autobahn Nein!“ – Unbehagen, Technikdystopien und Verwissenschaftlichung des Konflikts

Die Autobahntrasse im Wohngebiet als Symbol einer rücksichtslosen Wachstumsideologie passt in den 1970er Jahren buchstäblich nicht mehr in die Landschaft. Sobald erste Informationen über das Projekt und seine Dimensionen bekannt werden, protestieren Anwohner*innen gegenüber dem Oberbürgermeister und dem Baubürgermeister. Ihre Schreiben bringen jedoch kein Einlenken,[17] sodass sie 1974 die *Bürgergemeinschaft Paradies* gründen, um als Verein gegen die Planungen vorzugehen. Noch während laufender Gerichtsverfahren[18] rollen am 8. August 1975 die Bagger an, und per einstweiliger Verfügung beginnen die Bauarbeiten an der neuen Rheinbrücke – unter Polizeischutz, da die politisch Verantwortlichen Sitzblockaden, Bauplatzbeset-

17 Briefwechsel Einwohnergemeinschaft Paradies und Oberbürgermeister Bruno Helmle vom 25.9., 14.10., 23.10.1970; Stadtarchiv Konstanz (Best. SIIa, Neuere Registraturen, Hauptamt, Fasz.-Nr. 484).

18 Ein gutes Jahr später, am 10.11.1976, urteilte das Verwaltungsgericht Freiburg, dass die Planfeststellung rechtswidrig war: Das Planfeststellungsverfahren bezog sich auf eine vierspurige Bundesstraße, die Planungen in Wirklichkeit jedoch auf eine Autobahn. Das Land Baden-Württemberg ging gegen das Urteil in Berufung; der Verwaltungsgerichtshof Mannheim bestätigte das Urteil jedoch am 25.2.1980 (Kopie des Urteils des Verwaltungsgerichtshofs im Privatarchiv des Autors). Zwei weitere Gerichtsverfahren gegen das Planfeststellungsverfahren strengte die Bürgergemeinschaft im Jahr 1976 an. Vgl. Kein Ende der Prozesse gegen die Autobahn abzusehen! In: Paradieser Blätter, Nr. 8 (1976), unpag.

zungen und andere Aktionen zivilen Ungehorsams befürchtet hatten, die jedoch ausbleiben.[19]

Die Protagonist*innen der Bürgerinitiative sehen sich politisch nicht repräsentiert und suchen nach neuen Wegen der direkten Partizipation, um die Stadtpolitik zu verändern. Verschiedene Taktiken und Strategien der Politisierung können ausgemacht werden: öffentlicher Protest, um Aufmerksamkeit zu generieren, aber auch der Rechtsweg, um durch Klagen und einstweilige Verfügungen Zeit zu gewinnen, sowie der strategische Aufbau einer alternativen Öffentlichkeit, um mit eigenen Argumenten langfristig die gesamte Konstanzer Bevölkerung zu überzeugen und durch die Herstellung einer politischen Konkurrenzsituation einen Politikwechsel zu ermöglichen (vgl. Müske 2019). Die Akteur*innen bringen in ihren Informationen verschiedene, auch mit Zahlen unterlegte, Werte und Zukunftsalternativen gegeneinander in Stellung, sodass die Entscheidung für oder gegen die Autobahn zu einer Entscheidung für eine blühende oder eine dystopische Zukunft wird, die jeder rational und moralisch denkende Mensch nur auf eine Weise beantworten kann: „Autobahn Nein!"

Den Protestierenden gelingt es, durch eine Strategie der Verwissenschaftlichung den Konflikt zu dramatisieren und moralisch aufzuladen. In ihren Medien und Veranstaltungen stellen sie mit grundsätzlichen Argumenten, die sich dem Alltagsdenken sofort erschließen, die Autobahn infrage: gesunde Luft statt Abgase, Verkehrskonzepte statt kopfloser Planungen, so die Forderungen. Dadurch erreichen sie, dass ganz Konstanz über die Brücke spricht und sich Lokalpresse und Gemeinderat regelmäßig mit dem Thema beschäftigen.

Ihre Argumente für Lärm- und Umweltschutz belegen sie mit wissenschaftlichen Studien, die sie in den *Paradieser Blättern* zitieren und in Vortragsveranstaltungen vermitteln.[20] Im Laufe der Jahre entwickeln die Bürger*innen aus ihren Protesten Planungsalternativen, die in eigenen Medien vorgestellt werden. Die *Paradieser Blätter* präsentieren sich von Anfang an als unterhaltsam aufgemachte, meist achtseitige Zeitungen im Format A4 (zwei Bögen, meist Schwarz-Weiß-Druck), in denen Texte, Karikaturen und Fotomontagen zur Lektüre einladen und die behandelten Themen veranschaulichen.

---

19 Erst im Februar hatten Demonstrant*innen in Wyhl am Kaiserstuhl den Bauplatz eines geplanten Kernkraftwerks besetzt, was ein bundesweites Medienecho ausgelöst hatte.

20 Z.B. die Artikel *Einweihung der ersten Konstanzer ALLWETTER-ABGAS-SPORTANLAGE*, *Gift mit jedem Atemzug* und *Lärm macht krank* in: Paradieser Blätter, Nr. 7 (1976), unpag.

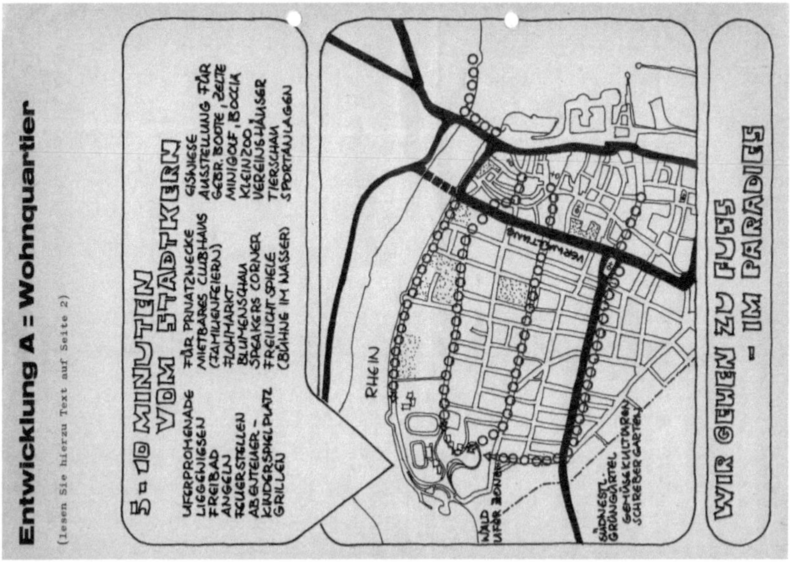

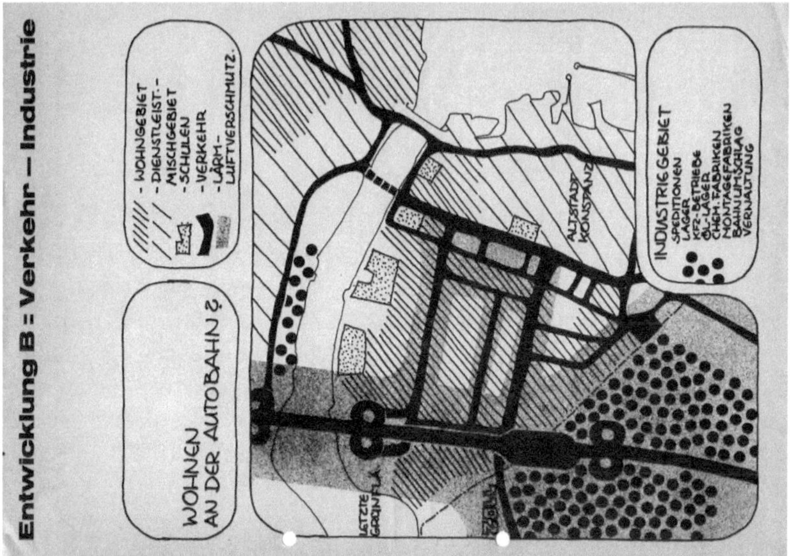

Abbildung 1 (oben) und 2: Ideale und dystopische Entwicklung des Stadtteils Paradies als grafische Gegenüberstellung. 1974 hatten die Bauarbeiten zur Schänzlebrücke (erbaut 1975–79) noch nicht begonnen, sodass die Planungsalternativen hier noch eine kleinere Lösung („Mittelbrücke", gestrichelt) vorsahen. Ab den 1980er Jahren konzentrierten sich die Planungen auf eine möglichst reduzierte Abbindung der – unterdessen fertiggestellten – sechsspurigen Schänzlebrücke. Quelle: Paradieser Blätter, Nr. 2 (1974), unpag. (Mittelbogen) [Ende BU]

Eine wichtige Rolle spielen Grafiken, in denen die angenommene Entwicklung, die gebaute Autobahn, dargestellt und mit der gewünschten Zukunftsperspektive ohne Autobahn verglichen wird: Einer Uferpromenade, Grillstellen oder Spielplätzen werden Öl-Lager, chemische Fabriken und eine erhebliche Lärm- und Luftverschmutzung gegenübergestellt.

In den Grafiken äußert sich ein profundes Detailwissen über die Pläne, das zugleich mit dystopischen Botschaften über eine Industrialisierung der Stadt visuell vermischt wird. Die auf einen Blick erfassbare Botschaft weist auf ein hohes gestalterisches Können hin. Die von der *Bürgergemeinschaft Paradies* erstellten Konzepte – Wohnquartier versus Verkehr und Industrie – sollen die Irrationalität der bisherigen Planungen belegen und Alternativen[21] aufzeigen.

Durch den anhaltenden Protest und verschiedene Gerichtsurteile[22] wird der Druck auf Stadt und Land immer größer, die Verkehrsplanungen auf eine verlässliche Zahlenbasis zu stellen, um aus den wissenschaftlich generierten Daten „objektive" Handlungsempfehlungen abzuleiten. 1976 bestellt die Stadt Konstanz ein erstes Sachverständigengutachten bei einem ETH-Verkehrswissenschaftler, um zu prüfen, ob auch schonendere und immissionsärmere Planungsvarianten für die B 33 bestünden. Er kommt zu dem Schluss, dass eine abschließende Beurteilung der Konzepte wegen fehlender Verkehrsdaten nicht möglich sei, deutet aber an, dass ein reduziertes Konzept der Bürgerinitiative „das Gebiet Paradies verkehrs- und somit auch lärmmässig im Vergleich zu den übrigen Varianten weniger belastet."[23] Dies alles verhindert nicht den Bau der sechsspurigen Schänzlebrücke, die Ende 1979 fertiggestellt wird, aber nur zum Teil an den innerstädtischen Verkehr angeschlossen ist und sonst einfach „so da" steht, was dem Bauwerk einige Häme einbringt („So-da-Brücke").

Erst nach mehreren verlorenen Gerichtsprozessen kommt in den frühen 1980er Jahren wieder Bewegung in die Planung. Stadt und Land (beziehungsweise das Regierungspräsidium Freiburg) als Planungsbehörden beauftragen ein Verkehrsbüro, um weitere Daten zu erheben und Verkehrsflüsse bei unterschiedlichen Planungsvarianten, die unterdessen immer detaillierter vorliegen, zu prognostizieren. Ziel des Gutachtens ist festzulegen, wie die Brü-

21 Die reduzierten Pläne der Bürgergemeinschaft sehen 1974 z.B. eine Lösung vor, bei der eine kleinere Brücke an einem innenstadtnahen Standort gebaut wird (Mittelbrücke), die ans bestehende Straßennetz angeschlossen werden kann und keine neuen Trassen benötigt (an einer ähnlichen Stelle befindet sich heute eine Fahrradbrücke).

22 Rechtswidrigkeit des Planfeststellungsverfahrens, vgl. Anm. 18.

23 Sachverständigengutachten Stadt Konstanz. Prof. Dr. K. Dietrich, Dipl. Ing. ETH. Zürich, 11.2.1976, hier S. 40. Stadtarchiv Konstanz (Bestand Bürgergemeinschaft Paradies).

Abbildung 3:
Auto- oder Fahrradaufkleber (vermutlich um 1985; das Logo findet sich spätestens seit 1976 auf den Paradieser Blättern)

cke ans innerstädtische und überregionale Straßennetz angeschlossen werden soll. Es kommt zu dem Ergebnis, dass die zweistöckige Trassenvariante „den städtebaulichen Maßstab des Stadtteils völlig sprengen und einen städtebaulichen Fremdkörper darstellen" würde (Dornier-Gutachten 1985: 46). Auf der Grundlage des prognostizierten Verkehrs wird eine Tunnellösung als emissionsärmste Variante mit dem „größten städtebaulichen Entfaltungsspielraum" (ebd.: 47) genannt.

Tom Sieverts, einer der damals beteiligten Stadtplaner, betonte im Telefonat, wie wichtig diese Zahlen gewesen seien, weil man nur damit die bisherigen Planungen mit ihren eigenen Mitteln habe schlagen können. Schließlich wurde, statt eines Tunnels, eine abgesenkte Trassenvariante gebaut. Über diese „humanisierte" Planung entschieden die Konstanzer*innen 1985 in einem Bürgerentscheid, in dem sie die Autobahnpläne ablehnten – die Autobahn war nach über zehn Jahren politisch erledigt.

4. Neue soziale Bewegungen, alternatives Milieu und Wiederentdeckung der „Provinz"

Der Slogan der Autobahngegner*innen lautete „Brücke ja – Autobahn nein!". Damit wurde klar: Einen Preis würde man zahlen müssen – selbst mit einer „humanisierten" Planung war die technische Moderne ganz ohne Folgen für Mensch und Umwelt nicht zu haben. Diese Perspektive auf die sozialen Folgen und Umweltkosten von Infrastrukturprojekten war neu. Seit Mitte der 1960er Jahre wurden die bis dahin bestehenden Orientierungs- und Machthorizonte zunehmend von der jüngeren Generation infrage gestellt. Wie abschließend untersucht wird, formierten sich die Protagonist*innen in neuen sozialen Bewegungen („neu" in Abgrenzung zu den sozialen Bewegungen des 19. und der ersten Hälfte des 20. Jahrhunderts, vgl. Rucht 1982: 174–178) und vertraten post-traditionelle Werte, die aus der Moderne selbst resultieren: Die Prioritäten verschoben sich von der materiellen Wunscherfüllung hin zu eher sinnsuchenden ästhetischen und intellektuellen Bedürfnissen (vgl. Inglehart 1971). Hinterfragt wurden die gesellschaftlichen Leitideen und ihre Durchsetzung in Hinterzimmern und mithilfe der Polizei. Es bildete sich die Überzeugung, dass Planung kein „neutrales" Verwaltungshandeln sei, sondern durch politische Entscheidungen entsteht, die veränderbar seien. Anhänger*innen der neuen sozialen Bewegungen teilten Ideen von Selbstbestimmung, Solidarität und Umweltschutz, die sie über fremde Gewinninteressen stellten. (Eigene Interessen spielten indes durchaus eine Rolle, denn die befürchteten Wertverluste der eigenen Immobilien bildeten einen Grund für die Autobahngegnerschaft.)

Die Entstehung des alternativen Milieus hängt eng mit dem Wandel der Sozialstruktur seit den 1960er Jahren zusammen und ist Ausdruck des Wandels der Klassengesellschaft insgesamt, wie empirische soziologische Untersuchungen feststellen (vgl. Vester 2010). Der Milieubegriff lenkt den Blick auf Lebensstilaspekte und damit verbundene Wertorientierungen. Der „moralische Habitus" dieses Milieus richtete sich „gegen die Normen der klassischen Moderne" und „umfasste politische Ziele und philosophische Ideen ebenso wie Geschmack, Lebensstil, Sprache, das Verhältnis zu Leib und Seele und einen bestimmten politischen Stil" (Reichhardt/Siegfried 2010: 11). Obwohl das engere alternative Milieu zahlenmäßig nicht sehr groß war und sich auf Groß- und Universitätsstädte konzentrierte,[24] war es politisch sehr wirkmächtig. Dies ging auf verschiedene Faktoren zurück, aus denen politische Projek-

24 Vester (2010: 48) schätzt es auf circa 1,4 Mio. Personen beziehungsweise 2,3 Prozent der westdeutschen Bevölkerung.

te auch ihre Schlagkraft entwickelten, darunter ein hoher Bildungsgrad vieler Angehöriger dieses Milieus, eine breite alternative Medienlandschaft[25] und vielfältige Verflechtungen mit der umgebenden Gesellschaft (vgl. Reichardt/Siegfried 2010: 12).

Arbeitssoziologie, subjektorientierte Soziologie und auch unser Fach haben in empirischen Studien herausgearbeitet, dass gerade die Arbeit eine gesellschaftliche Institution ist, die zwischen Individuum und Gesellschaft vermittelt (vgl. Honneth 2017, 429–39; Voß 1997). Empirisch zeigt sich dies darin, dass „die Positionen, die die Milieus in der ökonomischen Arbeitsteilung einnehmen, [...] einer ähnlichen sozio-kulturellen Arbeitsteilung [entsprechen]“ (Vester 2010: 41). Die „neuen sozialen Milieus in ihrer Mehrheit [sind] nichts anderes [...] als die modernsten Fraktionen der arbeitenden Klassen“, sie sind auf „emanzipatorische Selbst- und Mitbestimmung ausgerichtet“ (ebd.: 59). Das avantgardistische Milieu war überparteilich und schichtenübergreifend zusammengesetzt, doch die meisten Vertreter*innen waren in Berufen im Bildungs- und Dienstleistungssektor zu finden. Für die hier untersuchten Proteste trifft dies idealtypisch zu: Im Vorstand der Bürgergemeinschaft saßen der Leiter eines katholischen Studentenwohnheims, ein Verlagsleiter, ein Handwerksmeister und später auch eine selbstständige Buchhändlerin.[26] In diesem Umfeld wurden nicht nur inspirierende Max-Frisch-Zitate ausgetauscht, sondern konnten praktischerweise auch Versammlungen im Studentenwohnheim und in der Buchhandlung stattfinden. Die Bürger*innen agierten selbstbewusst und scheuten nicht den Konflikt mit den politisch Oberen, weil sie die Spielregeln des Systems kannten. Voraussetzung dafür waren zum einen eine gewisse Ausstattung mit kulturellem, sozialem und Bildungskapital und auch Vertrauen in die eigenen Gestaltungsmöglichkeiten – wie die Sozialpsychologie, aufbauend auf Bourdieu, herausgearbeitet hat, hängt dieses Selbstvertrauen eng mit dem sozio-ökonomischen Status zusammen (vgl. Manstead 2018).[27] Zum anderen wurde auch etwas ökonomi-

---

25 1980 erschienen 390 unterschiedliche Alternativzeitungen mit einer Auflage von insgesamt 1,6 Mio. Exemplaren pro Monat, zeitgenössische Zählung der *Arbeits-Gruppe AlternativPresse* (Reichardt/Siegfried 2010: 12).

26 Mein Panel von bisher acht Interviews und weiteren informellen Gesprächen mit lokalpolitisch engagierten Alltagsakteur*innen setzt sich ähnlich zusammen: Es befinden sich darunter ein Gymnasiallehrer, ein Uni-Fachbereichsreferent, ein Uni-Hausmeister (Personalrat und Gewerkschafter, zeitweise im Bundesvorstand des Mieterbunds), eine promovierte Romanistin (Professorengattin und Ortvorsteherin), die erwähnte Buchhändlerin, eine Kulturmanagerin, zwei Architekten. Kritisch zu hinterfragen ist allerdings, ob die soziale Verortung des Autors im selben Milieu hier einen gewissen methodischen Bias produziert hat.

27 Für den Hinweis danke ich David Weiss, Leipzig.

sches Kapital benötigt sowie eine gewisse Risikobereitschaft, was die finanziellen Auslagen betraf. Schließlich ermöglichten die freieren Berufe eine höhere zeitliche Flexibilität und damit Möglichkeiten der politischen Partizipation: Es ist kein Zufall, dass auch die Mitarbeitenden und Professoren der neuen Universität (gegr. 1966) sich mit Artikeln in der *Zeit* meldeten und lokalpolitisch engagierten.[28] Regional passende Protestformen – hier etwa das Wortspiel mit dem Stadtteilnamen „Paradies", aus dem man vertrieben werden sollte – waren wichtig, ebenso die Abgrenzung gegen linksradikale Aktivist*innen in der eigenen Zeitung und in Leserbriefen an den *Südkurier*.[29]

5. Resümee und Ausblick

Die *capacity to aspire* ist kulturell, und damit an Bedingungen wie Klasse, *race* und Gender, gebunden (vgl. Appadurai 2004). Wie hier versucht wurde herauszuarbeiten, verfügten die Vertreter*innen der neuen sozialen Bewegungen über ein hohes Maß an Artikulationsfähigkeit und klare Vorstellungen über die Gestaltung der Zukunft ihrer Region oder Heimat. Gerade die selbstbewusste Wiederentdeckung der Region beziehungsweise „Provinz" war wichtig für die neuen sozialen Bewegungen. Sogar das *Kursbuch* (1975) widmete der Provinz eine eigene Ausgabe. Das Engagement der Bürgerinitiativen bedeutete eine Erweiterung des politischen Feldes, in dem nun nicht mehr nur gewählte Vertreter*innen agierten. Durch diese Öffnung konnten bessere Kompromisse erzielt werden, die auch heute noch der Stadt (und dem Land, denkt man etwa an die Anti-Atomkraft- oder die Friedensbewegung) zugutekommen. Umweltschutz, Pflege und Wiederbelebung von Mundart und Brauchtum (was weitergehend zu untersuchen wäre) sowie die Umwertung der „Provinz" als lebenswerte Welt, die nicht den Industrialisierungsplänen aus fernen Regierungszentren geopfert werden sollte, waren untrennbar miteinander ver-

28 Der renommierte Biochemiker Peter Hemmerich z.B. publizierte regelmäßig in regionalen und überregionalen Medien (z.B. Hemmerich 1976; Hemmerich/Hermann 1980).

29 Z.B. Leserbrief des Vorsitzenden der *Bürgergemeinschaft Paradies* an den *Südkurier*, in dem darauf hingewiesen wird, dass die Bürgergemeinschaft nichts mit der Verteilung von „kommunistischen" Flugblättern zu tun habe, wie in einem Artikel zwar nicht behauptet, aber insinuiert wird (Berichterstattung Aktionstag 15.11.1975, Unterlagen der BG Paradies im Privatarchiv des Autors). Dies gilt für die Protestinitiativen allgemein: Der Aktivist, Journalist und Musiker Walter Moßmann berichtet ausführlich in der „Provinz"-Ausgabe des *Kursbuchs* über den Widerstand gegen das geplante Atomkraftwerk in Wyhl und die eigenen regional entwickelten Protestformen der Landbevölkerung, die sich nicht von externen K-Gruppen hineinreden lassen wollten (vgl. Moßmann 1975).

bunden. Dank der direkten Partizipationsmöglichkeiten, welche die neuen sozialen Bewegungen einforderten und einübten, ist die Politik heute diverser und demokratischer, aber auch komplizierter geworden. Komplexität ist aber gerade das Prinzip der Demokratie, der es um die „Erhaltung eines möglichst weiten Selektionsbereichs für immer wieder neue und andere Entscheidungen" geht (Luhmann 1975: 39).

Gerade das Automobil mit seinem Versprechen individueller Freiheit und der alltäglichen Möglichkeit raum-zeitlicher Entgrenzungen ist eines der Symbole des modernen Schlaraffenlebensstils, an dem sich das Unbehagen an der Moderne emotional entzündete und bis heute entlädt. Anders als bei den meisten großtechnischen Systemen sind die Alltagsakteur*innen nicht nur Konsumierende der Automobilität, sondern aktiv Teilnehmende: „Jeder Einzelne trägt und beeinflusst Bewegung, Funktionieren und Ausgestaltung des Verkehrssystems mit" (Rosenfeld 1998: 143) – nicht nur im Straßenverkehr, sondern auch bei der Herstellung der Infrastrukturen, die langjähriger und komplexer Planungen bedürfen. Während der jahrelangen Proteste hatte sich die Stimmung in der Stadt geändert – die Ideen des alternativen Milieus drangen durch Wahlen immer weiter in die Stadtpolitik ein und materialisierten sich schließlich als gebauter Kompromiss.

Weiter zu untersuchen wären auch kreative Protestformen, mit denen eine alternative Öffentlichkeit hergestellt wurde, zum Beispiel die Simulation einer sechsspurigen Trasse mit zahlreichen PKW auf der grünen Wiese an einem Aktionstag 1975. Ebenso nur genannt seien hier die transnationalen Solidarisierungsaktivitäten in der Region, mit weiteren Bürgerinitiativen und dem Gesamtelternbeirat in der Stadt, sodass es der *Bürgergemeinschaft Paradies* gelang, ein breit abgestütztes Bündnis zu schaffen, das verschiedene Milieus und Stadtteile umfasste und über den eigenen Horizont hinausdachte. Angedeutet bleiben müssen auch die Tricks der Mächtigen, die mit irreführenden Begriffen, beschönigenden Bildern und ohne Bebauungspläne arbeiteten und sich damit, wie schließlich in mehreren Instanzen gerichtlich festgestellt wurde, über das geltende Recht hinweggesetzt hatten.

Heute werden die Leistungen von „68" und des linksalternativen Milieus zunehmend hinterfragt, die direkten Partizipationsformen gar als Vorboten der Auflösung der repräsentativen Demokratie und der Individualismus als gesellschaftszersetzend gebrandmarkt. Doch die Rede vom angeblichen „linken Mainstream" verkennt, dass hier Praktiken demokratischer Aushandlungsprozesse ausprobiert und von breiten Bevölkerungskreisen eingeübt wurden. Der ganzen Gesellschaft kam zugute, dass ein neuer Grad der Gewaltenteilung und der Freiheit erreicht wurde – auch heute sollte die Macht der dagegen arbeitenden Interessengruppen wieder offensiver reduziert werden, wie Warneken (2018: 208) resümiert. Möglicherweise stehen wir heute wieder am Beginn einer Phase breiter gesellschaftlicher Bewegungen. Die Gelbwesten in Frankreich, die *Fridays for Future*-Demonstrationen, aber auch sogenannte Alternativparteien weisen auf gesellschaftliches Unbehagen und Suchbewegungen hin, worauf die aktuelle Regierungspolitik mit Fragezeichen reagiert.

Die exemplarische Studie zum Protest gegen die Konstanzer Autobahnbrücke zeigt, dass die spezifische Perspektive unseres Faches in der Lage ist, die komplexe Gemengelage solcher Konflikt- und Protestkulturen zu beschreiben und zu erfassen. Städtebauliche Planungen erweisen sich hier als Kristallisationspunkte breiter und kontroverser Diskurse über die Zukunft. Wir müssen unsere Rolle als empirische Kulturwissenschaftler*innen nicht überschätzen, aber auch wir können einen politischen Beitrag leisten, indem wir gesellschaftliche Konfliktlinien und Interessen hinter den medialen Nebelschwaden analysieren. Themen wie beispielsweise Armut, prekäre Arbeit oder ethische Fragen zur Technik liegen auf der Hand. Noch sind die Stimmen leise, die ein Umdenken in der Umwelt- oder Sozialpolitik fordern. Und doch, „die Stimme des Intellekts […] ruht nicht, ehe sie sich Gehör geschafft hat. Am Ende, nach unzählig oft wiederholten Abweisungen, findet sie es doch. Dies ist einer der wenigen Punkte, in denen man für die Zukunft der Menschheit optimistisch sein darf, aber er bedeutet an sich nicht wenig.“[30]

Literatur

Adam Jens, Vonderau Asta: Formationen des Politischen. Überlegungen zu einer Anthropologie politischer Felder. In: *Dies.* (Hrsg.): Formationen des Politischen. Anthropologie politischer Felder. Bielefeld 2014, S. 7–32.

Appadurai Arjun: The Capacity to Aspire. Culture and the Terms of Recognition. In: *Vijayendra Rao, Michael Walton* (Hrsg.): Culture and Public Action. Stanford 2004, S. 59–84.

Bellmann Dieter, Hein Wolfgang, Trapp Werner, Zang Gert: „Provinz“ als politisches Problem. In: Kursbuch 39 (1975), hrsg. von *Hans Magnus Enzensberger, Karl Markus Michel, Harald Wieser*, S. 81–127.

Carson Rachel: Der stumme Frühling. München 1968 [Boston 1962].

Deutscher Städtetag: Statistik der Städte, Bevölkerung nach Ländern und Gemeindegrößeklassen, 2016, verfügbar unter: http://www.staedtetag.de/fachinformationen/statistik [11.1.2018].

30 So der Analytiker der Moderne Sigmund Freud (in: Die Zukunft einer Illusion [1927], zit. nach Scharfe 1993: 84).

Feucht Stefan, Kulturamt Bodenseekreis: Protest in der Provinz: 68 Bodensee-Oberschwaben und Touraine [Katalog zur gleichnamigen Ausstellung in Meersburg und Tours, 2018]. Salem 2019.

Guldin Dierk: Streit ums Paradies. Die Geschichte einer Straßenplanung. Konstanz o.J. [ca. 1988].

Hemmerich Peter: Den Eidgenossen vor den Latz geknallt. Die verplante Autobahn oder Nachruf auf eine historische Landschaft. In: Die Zeit, 8.10.1976, verfügbar unter: https://www.zeit.de/1976/42/den-eidgenossen-vor-den-latz-geknallt/komplettansicht [28.5.2019].

Ders., Hermann Manfred: Wahnsinn mit Methode. Wer stoppt endlich den unsinnigen Ausbau der Autobahnen? In: Die Zeit, 7.11.1980, verfügbar unter: https://www.zeit.de/1980/46/wahnsinn-mit-methode/komplettansicht [28.5.2019].

Hengartner Thomas: Technik – Kultur – Alltag: Technikforschung als Alltagsforschung. In: Schweizerisches Archiv für Volkskunde 108 (2012), 2, S. 117–139.

Honneth Axel: Arbeit und Anerkennung. Versuch einer theoretischen Neubestimmung. In: *Michael Aßländer, Bernd Wagner* (Hrsg.): Philosophie der Arbeit. Texte von der Antike bis zur Gegenwart. Frankfurt am Main 2017 [2010], S. 418–442.

Hughes Thomas P.: The Evolution of Large Technological Systems. In: *Wiebe E. Bijker, Thomas P. Hughes, Trevor Pinch* (Hrsg.): The Social Construction of Technological Systems. New Directions in the Sociology and History of Technology. Cambridge 2012 [1987], S. 51–82.

Ingendahl Gesa, Ratzeburg Wiebke, Tübinger Stadtmuseum (Hrsg.): Protest! Stricken, Besetzen, Blockieren in den 1970/80er Jahren. Eine Interventionsausstellung im Stadtmuseum Tübingen. Tübingen 2015.

Inglehart Ronald: The Silent Revolution in Europe. Intergenerational Change in Postindustrial Societies. In: American Political Science Review 65 (1971), Dezember, S. 991–1017.

Kaschuba Wolfgang, Lipp Carola: 1848. Provinz und Revolution. Kultureller Wandel und soziale Bewegung im Königreich Württemberg. Tübingen 1979.

Luhmann Niklas: Komplexität und Demokratie. In: Politische Planung. Aufsätze zur Soziologie von Politik und Verwaltung. Opladen 1975 [1969], S. 35–45.

Manstead Anthony S. R.: The Psychology of Social Class. How Socioeconomic Status Impacts Thought, Feelings, and Behaviour. In: British Journal of Social Psychology 57 (2018), S. 267–291.

Meadows Dennis L., Meadows Donella, Randers Jørgen: Club of Rome, Project on the Predicament of Mankind: The Limits to Growth. A Report for the Club of Rome's Project on the Predicament of Mankind. New York 1972.

Moßmann Walter: „Die Bevölkerung ist hellwach!" Erfahrungen aus dem Kampf der badisch-elsässischen Bevölkerung gegen ein Atomkraftwerk in Wyhl und ein Bleichemiewerk in Marckolsheim. In: Kursbuch 39 (1975), hrsg. von *Hans Magnus Enzensberger, Karl Markus Michel, Harald Wieser*, S. 139–153.

Müske Johannes: Kampf ums Paradies. Bürgerschaftlicher Protest und Herstellung von politischer Konkurrenz in einer Mittelstadt (Konstanz, 1970er-/80er-Jahre). In: *Karin Bürkert, Alexander Engel, Timo Heimerdinger, Markus Tauschek,*

Tobias Werron (Hrsg.): Auf den Spuren der Konkurrenz. Kultur- und sozialwissenschaftliche Perspektiven. Münster, New York, München 2019, S. 239–258.

Ders.: Die Schänzlebrücke – nach zwei Jahrzehnten mit Anschluss an die Schweiz. In: Harald Derschka, Jürgen Klöckler (Hrsg.): Der Bodensee. Natur und Geschichte aus 150 Perspektiven 1868–2018 (Jubiläumsband des Internationalen Vereins für die Geschichte des Bodensees und seiner Umgebung 136). Ostfildern: Thorbecke 2018, S. 302–303.

Ders.: Klangchiffren. Klänge und Medienarchivalien als Bedeutungsträger und Quellen für die kulturwissenschaftliche Untersuchung der Klangwelt. In: *Katharina Hoins, Thomas Kühn* (Hrsg.): Schnittstellen: Die Gegenwart des Abwesenden. Berlin 2014, S. 195–219.

Paulus Julia (Hrsg.): „Bewegte Dörfer". Neue soziale Bewegungen in der Provinz 1970–1990. Paderborn 2018.

Reichardt Sven, Siegfried Detlef (Hrsg.): Das Alternative Milieu. Konturen einer Lebensform. In: *Dies.* (Hrsg.): Das Alternative Milieu. Antibürgerlicher Lebensstil und linke Politik in der Bundesrepublik Deutschland und Europa 1968–1983. Göttingen 2010, S. 9–24.

Rolshoven Johanna: Dimensionen des Politischen. Eine Rückholaktion. In: *Dies., Ingo Schneider* (Hrsg.): Dimensionen des Politischen. Ansprüche und Herausforderungen der Empirischen Kulturwissenschaft. Berlin 2018, S. 14–34.

Rosenfeld Uta: „Auto, Leben und mehr …" Alltäglichkeit und Genuss von Automobilität. In: *Thomas Hengartner, Johanna Rolshoven* (Hrsg.): Technik – Kultur. Formen der Veralltäglichung von Technik – Technisches als Alltag. Zürich 1998, S. 143–181.

Rucht Dieter: Neue soziale Bewegungen oder: Die Grenzen bürokratischer Modernisierung. In: *Joachim Jens Hesse* (Hrsg.): Politikwissenschaft und Verwaltungswissenschaft. Opladen 1982, S. 272–292.

Scharfe Martin: Utopie und Physik. Zum Lebensstil der Moderne. In: *Michael Dauskardt, Helge Gerndt, Deutsche Gesellschaft für Volkskunde* (Hrsg.): Der industrialisierte Mensch. Vorträge des 28. Deutschen Volkskunde-Kongresses in Hagen vom 7. bis 11.10.1991. Münster 1993, S. 73–90.

Schmidt-Lauber Brigitta: Urbanes Leben in der Mittelstadt: Kulturwissenschaftliche Annäherungen an ein interdisziplinäres Forschungsfeld. In: *Dies.* (Hrsg.): Mittelstadt. Urbanes Leben jenseits der Metropole. Frankfurt am Main 2010, S. 11–36.

Schönberger Klaus: Zur Spezifik des Politischen in der Empirischen Kulturwissenschaft. In: *Johanna Rolshoven, Ingo Schneider* (Hrsg.): Dimensionen des Politischen. Ansprüche und Herausforderungen der Empirischen Kulturwissenschaft. Berlin 2018, S. 35–50.

Ders., Sutter Ove (Hrsg.): Kommt herunter, reiht euch ein … Eine kleine Geschichte der Protestformen sozialer Bewegungen. Berlin 2009.

Tauschek Markus (Hrsg.): Macht, Politische Kultur, Widerstand. Studentischer Protest an der Universität Kiel. Münster, New York 2016.

Vester Michael: Alternativbewegungen und neue soziale Milieus. Ihre soziale Zusammensetzung und ihr Zusammenhang mit dem Wandel der Sozialstruktur.

In: *Sven Reichardt, Detlef Siegfried* (Hrsg.): Das Alternative Milieu. Antibürgerlicher Lebensstil und linke Politik in der Bundesrepublik Deutschland und Europa 1968–1983. Göttingen 2010, S. 27–60.

Voß G. Günter: Beruf und alltägliche Lebensführung. Zwei subjektnahe Instanzen der Vermittlung von Individuum und Gesellschaft. In: *Ders., Hans J. Pongratz* (Hrsg.): Subjektorientierte Soziologie. Karl Martin Bolte zum siebzigsten Geburtstag. Opladen 1997, S. 201–222.

Warneken Bernd Jürgen: Mein 68 begann 65. Eine Tübinger Retrospektive. Tübingen 2018.

Zang Gert (Hrsg.): Provinzialisierung einer Region. Regionale Unterentwicklung und liberale Politik in der Stadt und im Kreis Konstanz im 19. Jahrhundert. Untersuchungen zur Entstehung der bürgerlichen Gesellschaft in der Provinz. Frankfurt am Main 1978.

Quellen

Themenzentrierte qualitative Interviews mit bisher acht Zeitzeug*innen, ehemalige Mitglieder der Bürgergemeinschaft Paradies und teilweise Mitglieder der SPD Konstanz, die damals aktiv in der Bürgerbewegung engagiert war (vgl. Anm. 26). Geführt wurden die Gespräche zwischen 2013 und 2019; allen Interviewpartner*innen wurde Anonymität zugesagt, ihnen sei herzlich gedankt.

[Dornier-Gutachten] Dornier Systems GmbH: B 33 neu Konstanz. Teilstück Schänzlebrücke – Schweizer Grenze. Abschlußbericht. Im Auftrag des Regierungspräsidiums Freiburg und der Stadt Konstanz erstellt von Dornier Systems GmbH Friedrichshafen in Zusammenarbeit mit IG Werner Keller, Kreuzlingen, Prof. Dr.-Ing. Wilhelm Leutzbach, Karlsruhe und Prof. Thomas Sieverts, Bonn. Friedrichshafen, Januar 1985. Stadtarchiv Konstanz (Bestand Bürgergemeinschaft Paradies).

Dornier Systems GmbH: Bürgerinformation B 33 neu Konstanz. Teilstück Schänzlebrücke – Schweizer Grenze. Informationen zum Bearbeitungsstand – Planungsalternativen. Erstellt im Auftrag von Regierungspräsidium Freiburg und Stadt Konstanz, in Zusammenarbeit mit IG Werner Keller, Kreuzlingen, Prof. Dr.-Ing. Wilhelm Leutzbach, Karlsruhe und Prof. Thomas Sieverts, Bonn. Ohne Ort [Friedrichshafen] 1983 (Bibliothek der HTWG Konstanz).

Konstanzer Almanach für Stadt und Landschaft, hrsg. von der Stadt Konstanz im Verlag Friedr. Stadler. Jahrgänge 1969 bis 1985.

Industrie- und Handelskammer Konstanz: Brücke oder Tunnel als feste Straßenverbindung zwischen den Bodenseeufern. Schriftenreihe der Industrie- und Handelskammer Konstanz 15. Konstanz 1964 (Universität Konstanz, Bodenseesammlung).

Paradieser Blätter – unregelmässig erscheinende Zeitung der Bürgergemeinschaft Paradies, Jahrgänge 1974–79 (Stadtarchiv Konstanz und Privatarchiv Johannes Müske).

Studiengesellschaft Seebrücke – Seetunnel e.V.: Bodenseebrücke. Abschlußbericht der Studiengesellschaft Seebrücke – Seetunnel. Konstanz 1971 (Universität Konstanz, Bodenseesammlung).

Sina Wohlgemuth

Zukunftsagency – wie Bewohner*innen ländlicher Regionen im Rahmen des LEADER-Programms der EU den Zugang zur Zukunftsgestaltung aushandeln

1. Einleitung

„The capacity to aspire is [...] necessary not only for having desires and projecting the future but also for reinforcing democratic participation" (Bifulco 2012: 183). Menschen erschaffen die Zukunft, indem sie sie in der Gegenwart erzeugen (vgl. Ringel 2018). Als Voraussetzung, um an gesellschaftlichen Veränderungsprozessen teilhaben zu können, bedarf es, so Arjun Appadurai (2001), der Fähigkeit, Bestrebungen[1] für die Zukunft formulieren und äußern zu können (vgl. Bifulco 2012). Dazu zählen zum Beispiel die Fähigkeit, Vorstellungen oder Wünsche zu formulieren, wie das eigene Lebensumfeld sich entwickeln oder wie sich Verhältnisse verändern sollen, sowie die Gegebenheiten, diese auch umzusetzen.

EU-Regionalentwicklungsprogramme wie LEADER[2] adressieren ländliche Regionen als problematische, von Zukunftsherausforderungen wie dem demografischen Wandel betroffene Regionen. Sie attestieren Regionen und ihren Bewohner*innen ein einzigartiges lokalspezifisches Repertoire an ökonomischen, sozialen, kulturellen und ökologischen – sogenannten *endogenen* – Ressourcen, die es für die zukünftige Entwicklung ländlicher Regionen zu aktivieren gilt (vgl. Ray 2000). Das LEADER-Programm der EU steht emblematisch für ein neo-endogenes Paradigma der ländlichen Entwicklung (vgl. Høst 2016). Charakteristisch für den LEADER-Ansatz sind die Bildung von öffentlich-privaten Partnerschaften, *bottom-up* erarbeitete Entwicklungsstrategien, die sich an selbstdefinierten lokalen Bedürfnissen orientieren, sowie die Einbeziehung von Bewohner*innen (vgl. Scott 2004: 49; Müller/Sutter/Wohlgemuth 2019). Folglich stellt die Zukunftsgestaltung in der ländlichen Entwicklung ein „terrain of contestation and potential conflict" (Swyngedouw 2005: 1999) darüber dar, *wer* sich mit seinen Bestrebungen *wie* einbringen

1 Mit *Bestrebungen* verweise ich auf das englische Wort *aspirations* im Sinne von Arjun Appadurais Konzept der *capacity to aspire* (2013a).

2 LEADER steht abgekürzt für *Liaison entre actions de développement de l'économie rurale* (Verbindung zwischen Aktionen zur Entwicklung der ländlichen Wirtschaft) (vgl. https://www.netzwerk-laendlicher-raum.de/regionen/leader/ [20.4.2020]).

kann. Dieser Beitrag fokussiert die Frage, wie lokale Akteur*innen mit dieser Versprechung des LEADER-Programms, ihre Bestrebungen und Vorstellungen für die Zukunft ihres ländlichen Lebensumfelds aktiv einbringen zu können, umgehen. Wie handeln Bewohner*innen also den Zugang zur Zukunftsgestaltung im Rahmen neo-endogener Regionalentwicklungsprogramme aus?

Dieser Frage geht der vorliegende Beitrag aufbauend auf empirischem Datenmaterial nach, das in einer zweijährigen Feldforschung im Rahmen meiner Dissertationsarbeit im DFG-Projekt *Partizipative Entwicklung ländlicher Regionen* in zwei sogenannten LEADER-Regionen in Westdeutschland erhoben wurde. Der methodische Zugang ist von George Marcus' (1995) Ansatz der *multi-sited ethnography* geprägt, der für die *Anthropology of Policy* durch ein „studying through"-Verfahren (vgl. Reinhold/Wright 2011) ergänzt wurde. Demnach folgt das Forschungsprojekt dem EU-Regionalentwicklungsprogramm LEADER auf all seinen Governance-Ebenen – von Aktivitäten auf europäischer Ebene über Fortbildungen von Regionalmanager*innen auf Bundesebene zur Programmgestaltung in Landesministerien bis hin zur Umsetzung des LEADER-Programms durch regionale Akteur*innen aus dem Wirtschafts-, Verwaltungs- und Sozialbereich sowie durch Bewohner*innen in Dörfern. Dieser Beitrag fokussiert die lokale Ebene der LEADER-Regionen und basiert auf teilnehmenden Beobachtungen von Workshops mit LEADER-Akteur*innen sowie auf qualitativen Interviews mit Bewohner*innen.

Der Beitrag stellt zunächst das LEADER-Programm sowie das zugrundeliegende theoretische Verständnis von Zukunft vor, bevor er analysiert, wie Bewohner*innen die Frage des Zugangs zu Gestaltungsprozessen von Zukunft im Rahmen des LEADER-Programms verhandeln.

2. LEADER – ein zukunftsgerichteter Handlungshorizont

> „Fest steht: Wenn die Menschen kein Vertrauen in die Zukunftsfähigkeit einer Region haben, werden diejenigen, denen es möglich ist, in die Ballungszentren ziehen, wo wohnortnahe Versorgung, Bildung, Ausbildung und Arbeit gewährleistet sind. Wir sind entschlossen, gemeinsam alles zu tun, damit die, die es wollen, auch zukünftig in unseren Dörfern und Ortsteilen qualitätsvoll leben können – Ältere und Alte ebenso wie junge Familien mit Kindern." (Regionalentwicklungsstrategie 2015)

Dieses Zitat aus einer Entwicklungsstrategie einer der untersuchten LEADER-Regionen verdeutlicht, dass die Gestaltung und Vorstellung von Zukunft einen wichtigen Handlungshorizont für lokale Praktiken im Rahmen des LEADER-Programms darstellen. Gemäß des eingangs erläuterten neo-endogenen Paradigmas der ländlichen Entwicklung nennt die Europäische Kommission als ein Ziel von LEADER, Bewohner*innen ländlicher Gebiete die Möglichkeit zu geben, „eine aktive Rolle bei der Gestaltung ihrer eigenen Zukunft zu spielen" (Europäische Kommission 2006: 5). Damit stellt sie, entgegen des allgemein verbreiteten Stereotyps eines in Traditionen und der Vergangenheit verankerten ländlichen Idylls (vgl. Ward/Ray 2004: 4), Bewohner*innen ländlicher Regionen als Zukunftsgestalter*innen dar. Diese Übertragung von Verantwortlichkeit – weg von staatlichen Institutionen hin zu häufig auf Ehrenamt basierenden Gemeinschaften von lokalen Akteur*innen – steht exemplarisch für die im neuen ländlichen Paradigma (vgl. Høst 2016) charakteristischen Regierungsformen der *governance-beyond-the-state* (vgl. Swyngedouw 2005) oder der *governing through communities* (vgl. Rose 1996).

Das LEADER-Programm bietet dafür mit seinem methodischen Ansatz des *community-led-local-development* (CLLD) das Regierungswerkzeug. Bewohner*innen ländlicher Gebiete werden dabei als wichtige Akteur*innen der ländlichen Entwicklung an und zur Initiierung von LEADER-Projekten aufgerufen (vgl. Müller/Sutter/Wohlgemuth 2019; Cheshire/Higgins. 2007: 4; Woods 2011: 143; Ray 2000). In Leitfäden richtet sich die EU an lokale Akteur*innen, wie sie sich in öffentlich-privaten Partnerschaften organisieren und *bottom-up* mit Bürgerbeteiligung eine regionale Entwicklungsstrategie ausarbeiten können (vgl. Europäische Struktur- und Investitionsfonds 2014). Im Zentrum des LEADER-Ansatzes steht die *Lokale Aktionsgruppe* (LAG), bestehend aus öffentlichen Akteur*innen der Kommunaladministration sowie privaten Akteur*innen aus Sozialunternehmen und Vereinen. Die LAG entscheidet insbesondere über die Förderung von Projektideen, die von lokalen Akteur*innen entwickelt wurden. Koordiniert wird der Prozess von einem meist zweiköpfigen Regionalmanagement.

Da die EU nur formale Vorgaben zur Umsetzung des CLLD-Ansatzes gibt, die politischen Richtlinien jedoch jeweils auf Bundes-, Landes- und Regionalebene festgelegt werden, bleibt die konkrete Einbeziehung von Bewohner*innen Gegenstand von lokalen Übersetzungsprozessen (vgl. Müller/Sutter/Wohlgemuth 2019; Storey 1999: 308; Bruckmeier 2000: 222).[3] So

3 Das DFG-Projekt *Partizipative Entwicklung ländlicher Regionen. Alltagskulturelle Aushandlungen des LEADER-Programms der Europäischen Union* der Abteilung Kulturanthropologie der Universität Bonn untersucht die Fragen, 1) wie sich Bewohner*innen ländlicher Gebiete an der lokalen Umsetzung von politisch-ökonomischen Entwicklungsmaßnahmen beteiligen, 2) wie sie die Maßnahmen in ihre alltägliche Lebenswelt übersetzen und 3) welche Auswirkungen diese Übersetzun-

verweisen diverse Fallstudien auf die ungleiche Verteilung von Ressourcen in den LAG, die häufig den Einfluss von lokalen politischen Eliten sichern und lokalspezifische Machtkonstellationen stärken (vgl. Derkzen/Franklin/Bock 2008: 466; Esparcia/Escribano/Serrano 2015: 39; Thuesen 2009). Um diese Aushandlung des Zugangs zu Gestaltungsprozessen zu verstehen, fokussiere ich zunächst aus theoretischer Perspektive das kulturanthropologische Verständnis von Zukunft.

3. *Zukunft – capacity to aspire – Zukunftsagency* – eine theoretische Annäherung

„And perhaps it is awareness of the common future that can give each individual the strength to live through this shifting present which we call the future" (Augé 2014: 106). Mit der Aussage, dass das Bewusstsein einer Zukunft Menschen in der Gegenwart zu Taten motiviere, folgt Marc Augé einer anthropologischen Perspektive auf Zukunft, dem in der *Anthropology of the Future* sogenannten *presentist approach* (vgl. Ringel 2018: 177ff.). Dieser Ansatz geht davon aus, dass Zukunft in der Gegenwart durch konkrete Praktiken entsteht. So konstatieren Barbara Adam und Chris Groves: „A true future orientation [...] is only possible when the future is no longer pre-given as future present but arises from actions in the present" (Adam/Groves 2007: 53). Es sind diese gegenwärtigen Praktiken, die ethnografisch erforschbar sind. Sandra Wallman beschreibt das anthropologische Forschungsinteresse an der Zukunft folgendermaßen: „The anthropological impulse leads us [...] to try to interpret the way we and others picture the future, and then to understand the effects of our (or their) picturing it as we/they do" (Wallman 1992: 2). *Zukunft* bietet demnach den analytischen Zugang, um gegenwärtige Aushandlungsprozesse praxeologisch zu verstehen.

Durch diese Perspektive erscheint die Zukunft als etwas Gestaltbares – als ein offener Möglichkeitsraum. Erschien die Zukunft im christlich geprägten Mittelalter noch biblisch kontextualisiert und vordefiniert, so hat sie sich heute zu einer leeren offenen Projektionsfläche gewandelt, die Orientierung bietet, Planung ermöglicht, Erwartungen organisiert, Hoffnung spendet oder Ängste, Depression und Resignation erzeugen kann (vgl. Bühler/Willer 2016: 9). Die Zukunft hat sich also von der Domäne des Schicksals zu einem „realm of action potential" (Adam 2010: 365) bewegt. Der *agency* von Institutionen

gen auf Formen alltäglicher Lebensführung, Sichtweisen und Deutungen sowie kulturelle Objektivationen haben (vgl. www.LEADER-Forschungsprojekt.uni-bonn.de).

und Akteur*innen kommt in diesem Zukunftskonzept eine besondere Rolle zu, die, wie Nauja Kleist und Stef Jansen anmerken, mit einem gleichzeitigen Bewusstsein von Unsicherheit und Möglichkeiten einhergeht (vgl. Kleist/Jansen 2016: 381).

Zukunft begreife ich demnach für diesen Beitrag als einen Planungs- und Vorstellungshorizont, auf den Akteur*innen ihre Praktiken in der Gegenwart ausrichten. Diese Praktiken bezeichnet Andreas Reckwitz (2016) auch als *Zukunftspraktiken*. Jochen Koch und andere definieren Zukunftspraktiken als „jene Formen und Muster, mithilfe derer soziale Akteure ihre Zukunft imaginieren und Zukunftsvorstellungen im täglichen Handlungsvollzug verarbeiten" (Koch u.a. 2016: 163f.). Solche Zukunftspraktiken sind etwa repräsentierende Praktiken – also zum Beispiel materiell hervorgebrachte Visionen der Zukunft, wie sie in der Stadtplanung zu sehen sind, sowie nichtdarstellende Äußerungen über die Zukunft in der Gegenwart wie das Äußern von Hoffnungen, Erwartungen oder Ängsten (vgl. Ringel 2018: 177ff.).

Das Gestalten der Zukunft ist Simone Abram und Gisa Weszkalnys nach auch immer eine Artikulation von *agency*, politischen Interessen sowie von Fragen, wer regiert und wer zu welchen Handlungen legitimiert ist (vgl. Abram/Weszkalnys 2011: 3f.). Das Verständnis dieses Beitrags von *agency* folgt, aufbauend auf der Praxistheorie Pierre Bourdieus (1972; 1989), dem kultursoziologischen Ansatz von Mustafa Emirbayer und Ann Mische (1998). Sie verstehen *agency* als einen zeitlich eingebetteten Prozess sozialen Engagements, das heißt als: „informed by the past (in its habitual aspect), but also oriented toward the future (as a capacity to imagine alternative possibilities) and toward the present (as a capacity to contextualize past habits and future projects within the contingencies of the moment)" (Emirbayer/Mische 1998: 963). Daraus leiten sie drei Dimensionen der *agency* ab, die einen analytischen Zugang dazu liefern, wie Akteur*innen ihre Zukunft in einem institutionell vorgegebenen Rahmen wie LEADER gestalten können.

Die erste Dimension von *agency* bezeichnen Emirbayer und Mische als *iterative* Dimension. Demnach bauen Akteur*innen ihre Praktiken auf routinisierten inkorporierten Mustern auf. Diese bieten Stabilität und ermöglichen es, Identitäten und Interaktionen aufrechtzuerhalten (vgl. ebd.: 970f.; Bourdieu 1987). Die zweite, auf die Zukunft ausgerichtete Dimension ist die *projizierende*. Diesem *agency*-Verständnis nach sind soziale Akteur*innen in der Lage, mögliche Zukünfte zu imaginieren und hervorzubringen. Emirbayer und Mische weisen darauf hin, dass die habituellen Strukturen des Denkens und Handelns in diesem Prozess an die Hoffnungen, Ängste und Wünsche der Akteur*innen für die Zukunft kreativ angepasst werden können (vgl. ebd.:

971; 1008f.). Die dritte Dimension der *agency* ist die *praktisch-evaluierende* Dimension. Sie beschreibt die Kapazität der Akteur*innen, in der Gegenwart konkrete Entscheidungen über verschiedene Möglichkeiten entsprechend der gegenwärtigen Begebenheiten zu treffen (vgl. ebd.: 971).

Appadurais Konzept der *capacity to aspire* (2013a, 2013b) vereint diese drei Ebenen der *agency* im Sinne der Zukunftsgestaltung. Unter *capacity to aspire* versteht er die kulturell geprägte Fähigkeit, Bestrebungen oder Zukunftsvorstellungen (*aspirations*) zu äußern. Diese Zukunftsvorstellungen seien Teil von größeren Ideen, die übergeordneten kulturellen Normen entspringen und demnach nicht individuell, sondern in sozialer Interaktion geformt sind (vgl. Appadurai 2013a: 187ff.). Appadurai bezeichnet die *capacity to aspire* als eine „Navigationskapazität". Demnach entscheide die soziale Positionierung und das damit verbundene Kapitalienrepertoire darüber, wie routinisiert Akteur*innen die Zukunft angehen (vgl. ebd.: 188). Appadurai betont aber auch, dass weniger privilegierte Akteur*innen die Möglichkeitsräume, die sie daran hindern, die eigenen Beurteilungen zu äußern und diese im öffentlichen Raum geltend zu machen, aktiv ändern können (vgl. Appadurai 2013b: 289; Borghi 2018: 904).

4. Aushandlung des Zugangs zur Zukunftsgestaltung – eine empirische Annäherung

Wie Akteur*innen die Möglichkeitsräume des CLLD-Ansatzes im LEADER-Programm aushandeln, um sich in die Zukunftsgestaltung einzubringen, wie sie also den Zugang zu Gestaltungsprozessen verhandeln, soll in diesem Kapitel anhand von drei empirischen Beispielen gezeigt werden. Die Beispiele basieren auf der Zukunftspraktik *Ideen entwickeln*. Ideen zu entwickeln, ist eine übliche Praktik im Rahmen des LEADER-Programms, die meist in Form von öffentlichen Workshops stattfindet. Diese Workshops werden während der laufenden Förderperiode vom Regionalmanagement initiiert. Sie verfolgen den Zweck, die Teilnehmenden mit partizipativen Methoden wie Gruppenarbeiten und Brainstorming zu motivieren, Ideen für Projekte zu entwickeln, die zur Regionalentwicklungsstrategie passen und aus denen Projektanträge formuliert werden können. In solchen Beteiligungsverfahren treffen viele Akteur*innen – unter anderem Verwaltungsangestellte, Bewohner*innen, Moderator*innen – zum ersten Mal auf das LEADER-Programm sowie aufeinander.

4.1 Die Zukunftspraktik *Ideen entwickeln* – oder wie sich eine *LEADER-agency* zeigt

Das erste empirische Beispiel widmet sich dem Möglichkeitsraum, in dem lokale Akteur*innen ihre *agency* im Rahmen von LEADER einbringen können. Diese *agency* nenne ich *LEADER-agency* – sie soll zunächst vorgestellt werden, um aufbauend darauf in den folgenden Beispielen zu zeigen, wie Bewohner*innen ihre Möglichkeitsräume verhandeln. Das nachstehende Beispiel ist eine für LEADER typische Situation der Aufforderung von lokalen Akteur*innen zur Entwicklung von Projektideen, wie wir sie in mehreren Settings ethnografisch begleitet haben. Diese habe ich im Sommer 2017 teilnehmend beobachtet.

Es war kurz vor den Sommerferien, als das Regionalmanagement der LEADER-Region „alle Interessierten" per Rundschreiben an die LAG sowie über ihren regionalen LEADER-Newsletter zu der Veranstaltung einlud. An einem Dienstag, früh morgens bei schon 25 Grad, steige ich aus dem Regionalzug in einem kleinen ländlichen Ort aus. Ich gehe zu dem Veranstaltungsgebäude – schon von außen sehe ich durch die großen Fensterwände die U-förmig gestellten Tische im hölzernen Konferenzraum. Diese sind mit circa dreißig Teilnehmenden bereits gut besetzt: vorwiegend Männer ab 45 Jahren in Anzügen oder zumindest mit Hemden und ungefähr ein Drittel Frauen, ebenfalls in Businesskleidung. Wie sich später herausstellt, sind sie alle bis auf eine Person Angestellte in Gemeinde- oder Kreisverwaltungen. Ich nehme mir mein Namensschild von der Anmeldung und setze mich an einen freien Platz. Vorne stehen ein Beamer und einige Flipcharts bereit. Eine Frau Anfang vierzig stellt sich vor und begrüßt die Teilnehmenden. Sie sei von einer Regionalentwicklungsagentur und moderiere den Workshop. Sie sei bereits involviert gewesen, die Entwicklungsstrategie für die Region zu verfassen: „Nun geht es um die Umsetzung, und dafür brauchen wir Sie", sagt sie. Nach einer Präsentation der „Handlungsfelder" bittet sie die Teilnehmenden, auf den vor uns liegenden Moderationskarten „Stärken" und „Schwächen" der Region aufzuschreiben, was in dem Handlungsfeld „Jung und Alt" zum Beispiel gut liefe und wo die Teilnehmenden noch „Handlungsbedarf" sähen. Alle scheinen mit dieser Art der partizipativen Arbeit vertraut und schreiben gleich drauflos. Nach und nach gehen die Personen nach vorne und heften ihre Karten an eine Pinnwand. Es entsteht eine bunte Wand mit diversen Karten und Ideen (Feldprotokoll August 2017).

Was diese Szene zeigt, ist ein typisches LEADER-Setting, in dem Menschen sich auf einen Aufruf hin versammeln, ihre soziale Position mit symbolischen Dingen darstellen, Worte auf Papier schreiben und damit abstrakte zukunftsgerichtete Wünsche und Vorstellungen versprachlichen und visualisieren. Die darauf aufbauende Zukunftspraktik des „Ideen entwickeln" zeichnet sich durch kollektives, routinisiertes Wissen aus. Materialitäten werden routinisiert gehandhabt und Wörter von kenntnisreichen Akteur*innen gesprochen, die diese Praktik mit ihrem Körper und Wissen ausführen (vgl. Reckwitz 2002: 259). Die Zukunftspraktik des „Ideen entwickeln" basiert dabei auf den marktwirtschaftlich geprägten Methoden der Stärken-Schwächen-Analyse[4] sowie des Brainstormings. Sie stellen in LEADER institutionalisierte Governance-Technologien der Selbstregierung dar (vgl. Foucault 1991), die eine bestimmte, häufig problematisierende Perspektive auf die Zukunft der Region vorgeben.

Das für diese Zukunftspraktiken relevante implizite Wissen verweist auf die *iterative* Dimension der *agency*, mit der die Akteur*innen Zugang zur Zukunftsgestaltung im Rahmen von LEADER erhalten. So konstatiert Felix Ringel: „[W]e can access the future's ‚existence' in the present through the knowledge, which is produced and reproduced about it in the present" (Ringel 2018: 25). Akteur*innen, die über einen iterativen Zugang zu den Zukunftspraktiken in dieser typischen LEADER-Situation verfügen, kommen vor allem von Seiten der „öffentlichen Partner" aus Gemeinde- und Kreisverwaltungen. Die anwesenden Akteur*innen greifen für die Zukunftspraktiken des Brainstormings oder der Stärken-Schwächen-Analyse also auf ihr inkorporiertes Wissen aus dem Verwaltungsalltag zurück.

Neben pragmatischen Gründen der zeitlichen Verfügbarkeit von Angestellten an einem Wochentag tagsüber, die den LEADER-Workshop als Diensttermin wahrnehmen können, wie einer der Regionalmanager in einem informellen Gespräch als Erklärung angibt, sind die Verwaltungsangestellten auch aufgrund ihrer professionellen Einbettung in den LEADER-Prozess in der Situation anwesend. So sind kommunale Verwaltungen fester Bestandteil des Adressatenkreises eines LEADER-Regionalmanagements und verfügen über die finanziellen Mittel, die zur Umsetzung eines LEADER-Projekts als Eigenkapital eingebracht werden müssen.[5]

---

4 Auch SWOT-Analyse genannt. SWOT ist ein englisches Akronym für *Analysis of strengths, weakness, opportunities and threats*. Es handelt sich dabei um eine in der Wirtschaft und in Unternehmen verbreitete Methode der Positionierungsanalyse der eigenen Aktivitäten gegenüber dem Wettbewerb (vgl. Gabler Wirtschaftslexikon).

5 Zuwendungsempfänger*innen müssen 35 Prozent Eigenkapital einbringen (vgl. Ministerium für Klimaschutz, Umwelt, Landwirtschaft, Natur- und Verbraucherschutz des Bundesland Nordrhein-Westfalen 2016).

Diese Dominanz professioneller Akteur*innen in LEADER-Kontexten wird vom Regionalmanagement aus Gründen der Umsetzbarkeit akzeptiert, widerläuft jedoch dem, wie sie eigentlich den von ihnen verstandenen LEADER-Ansatz umsetzen wollen, würden wie sie im Interview erläutern.

Der in diesem Beispiel aufgezeigte Möglichkeitsraum für Akteur*innen, Zugang zur Zukunftsgestaltung im LEADER-Programm zu erhalten, ist demnach von organisatorischen Umständen sowie formellen Vorgaben des LEADER-Programms begrenzt. Die Zukunftspraktiken orientieren sich an Methoden aus dem professionellen Wirtschaftskontext. Akteur*innen, die mit diesen kulturellen Normen des LEADER-Programms vertraut sind, haben also einen begünstigten Zugang zu den Gestaltungsprozessen.

4.2 Zugang zu Zukunftsgestaltung – oder wie die *agency* infrage gestellt wird

Bei der Aushandlung, wer Zugang zur Zukunftsgestaltung hat, entstehen Konflikte. Wie Akteur*innen die Möglichkeitsräume in LEADER infrage stellen, soll im Folgenden an einem Interviewbeispiel mit einer Bewohnerin verdeutlicht werden. Sie hatte das erste Mal an einem Workshop – ähnlich zu dem oben beschriebenen – teilgenommen. Der Workshop wurde von einer Regionalentwicklungsagentur im Rahmen der Bewerbungsphase zur LEADER-Region durchgeführt. Er hatte das Ziel, „alle Interessierten" über LEADER zu informieren und sie im weiteren Verlauf dazu zu motivieren, Projektideen zu formulieren und einzureichen (vgl. Regionalentwicklungsstrategie 2015). Der Workshop fand im Jahr 2014 statt,[6] er bildete das erste Beteiligungsformat in der Region für Bewohner*innen. Eingeladen wurde per Zeitungsaufruf, über die Mitteilungsblätter der Gemeinden sowie per Rundschreiben an die Verwaltungen. Die Teilnehmenden konnten somit das LEADER-Programm und seine Methodiken kennenlernen.

Die Interviewpartnerin fragte ich für das Interview an, weil sie an diesem Workshop „aus Neugierde" (Interview Bewohnerin, August 2018) das erste Mal mit dem LEADER-Programm in Kontakt gekommen sei. Die Interviewpartnerin ist um die fünfzig Jahre alt und bildende Künstlerin. Sie arbeitet in der 60 Kilometer entfernten Großstadt in der kulturellen Bildung und hat vor 15 Jahren mit ihrem Ehemann einen alten Bauernhof in der Region gekauft

6 Da das DFG-Forschungsprojekt im Januar 2017 startete, konnte der Workshop nicht ethnografiert werden. Stattdessen wurden die Workshop-Dokumentationen ausgewertet.

und zu einer öffentlichen Ausstellungsfläche umgebaut. Zum Zeitpunkt des Interviews war sie bereits aus der Region weggezogen. „Ich hatte Ideen und wollte was für die Region tun", begründet sie ihre Motivation zur Teilnahme an dem Workshop. Bei diesem hatte sie drei Projektideen eingereicht, die in der finalen LEADER-Regionalentwicklungsstrategie aufgenommen wurden. Zur Umsetzung der Projektideen kam es jedoch nie, da sich die Interviewpartnerin gegen eine weitere Involvierung im LEADER-Programm entschieden hatte. Mich hat interessiert, wie sie als „Neuzugezogene" ihre Chancen, an dem LEADER-Programm mitzumachen, wahrnahm:

> „Ich hatte keine Ahnung, was da auf mich zukommt. Wir haben nur gedacht, wir probieren [eine Workshopteilnahme] mal. Die Idee [von LEADER] ist toll, mal gucken, was da so passiert. Und dann bei dem Treffen selbst war dann relativ – also [...], da ging es dann relativ schnell wieder darum, wer sichert hier wie seine Pfründe. Das hat mich gestört. Also das hatte für mich den Anschein von wieder so einem Platzhirsch-Verhalten: ‚Ja, ich habe ja hier den und den Betrieb oder die und die Position in der Stadt –.' Also es war direkt wieder Geweih zücken, hier, Platzhirsch! Das hat mich gestört. Ich hätte es gut verkraften können, wenn am ersten Abend mal jeder seine persönlichen Wichtigkeiten hintangestellt hätte und gesagt hätte: ‚Jetzt höre ich erst mal zu. Ich höre mal zu, was andere zu sagen haben, die vielleicht nicht den ganz großen Namen in der Region haben. Ich bleibe mal offen.' Aber ich fand das störend. ... Und da habe ich auch gedacht, dafür gebe ich meine Freizeit ungern her." (Interview Bewohnerin, August 2018)

Diese Szene zeigt, dass das LEADER-Feld von Machtgefällen durchzogen ist, die durch eine Dominanz von Akteur*innen aus dem politischen und ökonomischen Feld gekennzeichnet sind. In diesem Beispiel problematisiert die Interviewpartnerin die vorherrschenden Hierarchien und die Legitimation des Settings. Es wird zunächst deutlich, dass der LEADER-Workshop die Bestrebung und den Anspruch an eine offene Gesprächskultur, die die Interviewpartnerin als Voraussetzung zur Einbringung ihrer Ideen sieht, enttäuscht. Ihre Vorstellung von dem LEADER-Programm – dass es offen für neue Ideen und Akteur*innen ist, die von den Etablierten gehört werden – sieht sie als nicht anschlussfähig mit dem, was sie in dem Workshop erfahren hat. Politiker*innen oder andere Amtsträger*innen werden als „das Andere" gerahmt, gegen das die eigene Identität als Mitgestalterin an der Region konstruiert wird (vgl. Bausinger 1999). So problematisiert sie die ihr zur Verfügung stehenden Möglichkeiten, ihre Ideen für die Zukunftsgestaltung der Region vorzubringen, und kritisiert implizit eine hegemoniale Vorstellung von Zukunft, die von einer tradierten Elite produziert wird.

Diese sprachlich-diskursive Problematisierung der Rollen kann als Aushandlungspraxis des Zugangs zur Gestaltung von Zukunft verstanden werden. Ihre Bestrebung nach neuen Akteur*innenkonstellationen sieht die Interviewpartnerin als Voraussetzung dafür, dass sie sich einbringen kann – dass sie also Zugang zur Zukunftsgestaltung erhält. Gleichzeitig wird an diesem Zitat auch deutlich, dass die Legitimation, wer seine Vorstellung über die Zukunft einbringen kann, umstritten ist. Nach dem in der Situation relevanten symbolischen Kapital der Amtsträger*innen bemisst sich die Macht von Akteur*innen in einem gewissen sozialen Feld (vgl. Bourdieu/Thompson/Beister 2005: 99f.). Etwas zu benennen, verleiht den sich äußernden Personen, so Bourdieu weiter, symbolische Autorität, „eine sozial anerkannte Macht, eine bestimmte Vorstellung von der sozialen Welt [...] durchzusetzen" (ebd.: 100).

Auf die *iterative*, habituell geprägte Dimension ihrer *agency* kann die Bewohnerin in dieser Situation also nicht zurückgreifen. Ihr *projizierender*, zukunftsgewandter Zugang zur LEADER-Policy ist es, durch ihre physische Präsenz bei dem Workshop die vorherrschenden kulturellen Codes infrage zu stellen. Die *praktisch-evaluative*, lösungsorientierte Dimension der *agency* aktiviert die Bewohnerin, indem sie im Nachgang an den Abend die ausgelegten Formulare mit ihren Projektideen ausfüllt.

4.3 Selbstermächtigung der Bewohner*innen – oder wie sich die *capacity to aspire* entfaltet

Beim Ausfüllen des Projektantrags kommt es zu weiteren Konflikten mit dem LEADER-Programm. Diese erläutert die oben vorgestellte Bewohnerin im Interview wie folgt:

> „Ich hätte einen Ansprechpartner gebraucht – und das hätte man per Internet machen können, per E-Mail –, der zum Beispiel sagt: ‚Ok, wenn du an der Stelle ein Problem hast –', also so ein bisschen einen Supervisor. Dass man sagen könnte, wie mache ich das denn jetzt, wie soll ich denn so was kalkulieren, wenn ich noch nie ein Projekt in der Größenordnung kalkuliert habe? [...] Ich habe das sicherlich mal probiert per E-Mail, aber da hat es irgendwie keine Antwort gegeben. Und dann hatte ich auch keine Lust mehr, weil ich gesagt habe: ‚Ich reiße mir hier seit 15 Jahren die Beine aus für soziale Projekte und jetzt brauche ich selbst Unterstützung und kriege keine. Ihr könnt mich jetzt mal.' Ich habe gesagt, das ist für mich unbefriedigend. [...] Und ich hätte es nicht lösen können. Und ich sehe auch nicht ein, warum ich das muss. Warum soll ich als Künstler jetzt erst mal ein Wirtschaftsseminar machen, um ein Projekt beurteilen zu können? Das

> ist überhaupt nicht mein Job. Ich kann das nicht." (Interview Bewohnerin, August 2018)

Dieses Zitat verdeutlicht die Aushandlung von kulturellem Kapital, das vorausgesetzt wird, um im Rahmen von LEADER Zukunft gestalten zu können. Die Bewohnerin beschreibt ein Gefühl des Frusts oder der Ohnmacht, dass das eigene kulturelle Kapital nicht wertgeschätzt und für LEADER – entgegen der propagierten Erwartungen – nicht eingesetzt werden kann. Als eine Möglichkeit, sich Zugang zur Zukunftsgestaltung im Rahmen des LEADER-Programms zu verschaffen, nutzt die Bewohnerin die Strategie, die *iterative* Dimension ihrer *agency* aufzuwerten gegenüber der vorherrschenden *LEADER-agency*, die im ersten Beispiel der Verwaltungsakteur*innen vorgestellt wurde.

Dieses Gefühl der „Machtlosigkeit" oder „Ohnmacht" wird auch in anderen Situationen von Bewohner*innen angemerkt. LEADER verfolgt den Gedanken, regionsübergreifend durch die Aktivierung ehrenamtlichen Engagements zu wirken. Ihr vor der Teilnahme am LEADER-Programm aufgebrachtes Engagement für die Region wird von der Interviewpartnerin in der von ihr beschriebenen Situation als nicht wertgeschätzt empfunden. Es besteht das Gefühl, dass Entscheidungen von politischen oder ökonomischen Akteur*innen getroffen werden.

Dieses Gefühl wird auch in anderen Kontexten von Bewohner*innen geäußert. Der folgende Interviewausschnitt stammt aus einem Gruppeninterview mit einem Dorfverein, der sich nach einer erfolgreichen Teilnahme an dem Wettbewerb *Unser Dorf hat Zukunft* 2015 gegründet hat, um Initiativen im Dorf umzusetzen. Dorfvereine dieser Art fungieren häufig als erste Ansprechpartner für die Umsetzung von LEADER-Projekten (vgl. Müller/Sutter/Wohlgemuth 2020). So hinterfragt ein Bewohner, der circa 45 Jahre alt ist, die Wirkmächtigkeit seiner *agency* in Situationen innerhalb des LEADER-Programms, in denen er aufgefordert ist, seine Ideen einzubringen:

> „Wir haben doch gar keine Wahl mehr, da selbst zu bestimmen. Zum guten Schluss interessiert die Gemeinde nur noch, wie kriegt sie einigermaßen ihre Kosten gedeckt und wie die Bevölkerung einzubringen. Warum sollen wir uns denn engagieren? Uns wird da zum guten Schluss was vor die Nase gesetzt." (Gruppeninterview Dorfgemeinschaft, November 2018)

In beiden Interviewausschnitten wird deutlich, dass die Bewohner*innen ihre Bestrebungen oder Aspirationen, an zukunftsverändernden Aktionen teilzuhaben, an Verwaltungen und öffentliche Partner richten. Sie erwarten, die Möglichkeit zu bekommen, sich entsprechend ihrer eigenen Kompetenzen einbringen zu können, und dass diese wertgeschätzt werden. Bereits verabschiedete, regionsübergreifende, von Planungsbüros, Verwaltungen und Politik entwickelte Zukunftsprojektionen, zu deren Umsetzung ehrenamtliches Engagement aktiviert werden soll, lehnen sie ab (vgl. Müller/Sutter/Wohlgemuth 2019).

Sowohl die Bewohnerin, die sich im Anschluss an ihre Erfahrung aus dem LEADER-Programm zurückzieht, als auch der Bewohner, der in seiner Rolle als Dorfbewohner Ideen für ein LEADER-Projekt einbringen soll, sehen keine Möglichkeit, ihre *agency* voll zu entfalten. Auf der *praktisch-evaluativen* Dimension ihrer *agency* inszenieren sie sich in ihren Äußerungen als Gegenfigur zur vorherrschenden etablierten Verwaltungselite. Damit selbstermächtigen die Bewohner*innen sich und äußern ihre Bestrebung für die Inwertsetzung von Engagement und Alltagswissen in der Entwicklung ländlicher Regionen.

5. Fazit und Ausblick

Dieser Beitrag hat einen Einblick in das umkämpfte Feld der Zukunftsaushandlungen im Rahmen des LEADER-Programms gegeben. Die empirischen Beispiele haben gezeigt, dass die von LEADER adressierten Akteur*innen über eine bestimmte *agency* verfügen, mit der sie auf iteratives inkorporiertes Wissen im Umgang mit den vorgegebenen LEADER-Methoden zurückgreifen können. Diese etablierte symbolische Macht fordern Bewohner*innen heraus. Lokale Akteur*innen versuchen, sich ihren eigenen Weg in das Programm zu bahnen, und äußern ihre Bestrebungen und Erwartungen, die nicht immer an die Policy anschlussfähig sind.

Bewohner*innen ländlicher Regionen bearbeiten die Zukunft im Rahmen des LEADER-Programms demnach weniger durch die Entwicklung von Zukunftsvisionen, die über das LEADER-Programm umgesetzt werden können, als vielmehr durch die Aushandlung der eigenen Rolle sowie durch die Äußerung von Erwartungen an die zukünftige Entwicklung in der Gegenwart. Gemäß dem Eingangszitat von Lavina Bifulco (2012: 183) ist es die demokratische Teilhabe an der Zukunftsgestaltung, die die Akteur*innen in diesen empirischen Beispielen mit ihren Äußerungen einfordern. Sie erwarten von LEADER Möglichkeitsräume, ihre Zukunftsvorstellungen basierend auf ihren individuellen Fähigkeiten und Wissensbeständen einzubringen.

Die Ergänzung des praxeologischen Zukunftsbegriffs mit Appadurais Konzept der *capacity to aspire* ermöglichte es, den Blick auf die Akteur*innen und die Aushandlungen ihrer spezifischen Position in der Zukunftsgestaltung zu richten. Darauf aufbauend können weitere kulturanthropologische Forschungen den Blick stärker auf die *projizierende* Dimension der *agency* werfen und ethnografisch erforschen, wie Akteur*innen die Zukunft vor dem Hintergrund individueller und kollektiver alltagskultureller Erfahrungen imaginieren.

Literatur

Abram Simone, Weszkalnys Gisa: Introduction. Anthropologies of Planning – Temporality, Imagination, and Ethnography. In: Focaal – Journal of Global and Historical Anthropology 61 (2011), S. 3–18.

Adam Barbara: History of the Future. Paradoxes and Challenges. In: Rethinking History 14 (2010), 3, S. 361–378.

Dies., Groves Chris: Future Matters. Action, Knowledge, Ethics. Leiden 2007.

Appadurai Arjun: The Capacity to Aspire. Culture and the Terms of Recognition. In: *Ders.*: The Future as Cultural Fact. Essays on the Global Condition. London, New York 2013a, S. 179–195.

Ders.: The Future as Cultural Fact. In: *Ders.*: The Future as Cultural Fact. Essays on the Global Condition. London, New York 2013b, S. 285–300.

Ders.: Deep Democracy. Urban Governmentality and the Horizon of Politics. In: Environment & Urbanization 13 (2001), 2, S. 23–44.

Augé Marc: The Future. London 2014.

Bausinger Hermann: Identität. In: *Ders., Utz Jeggle, Gottfried Korff, Martin Scharfe* (Hrsg.): Grundzüge der Volkskunde. 4. Auflage Darmstadt 1999, S. 204–264.

Bifulco Lavinia: Citizen Participation, Agency and Voice. In: European Journal of Social Theory 16 (2012), 2, S. 174–187.

Borghi Vando: From Knowledge to Informational Basis. Capability, Capacity to Aspire and Research. In: Critical Sociology 44 (2018), 6, S. 899–920.

Bourdieu Pierre: Social Space and Symbolic Power. In: Sociological Theory 7 (1989), 1, S. 14–25.

Ders.: Die feinen Unterschiede. Kritik der gesellschaftlichen Urteilskraft. Frankfurt am Main 1987.

Ders.: Entwurf einer Theorie der Praxis. Auf der ethnologischen Grundlage der kabylischen Gesellschaft. Frankfurt am Main 1972.

Ders., Thompson John B., Beister Hella: Was heißt sprechen? Zur Ökonomie des sprachlichen Tausches. Wien 2005.

Bruckmeier Karl: LEADER in Germany and the Discourse of Autonomous Regional Development. In: Sociologia Ruralis 40 (2000), 2. S. 219–227.

Bühler Benjamin, Willer Stefan: Einleitung. In: *Dies.* (Hrsg.): Futurologien. Ordnungen des Zukunftswissens. Paderborn 2016.

Cheshire Lynda, Higgins Vaughan: Rural Governance and Power Relations. Theorizing the Complexity of State-citizen interactions. In: *Geoffrey Lawrence, Lynda*

Cheshire, Vaughan Higgins (Hrsg.): Rural Governance. International Perspectives. London 2007, S. 291–303.

Derkzen Petra, Franklin Alex, Bock Bettina: Examining Power Struggles as a Signifier of Successful Partnership Working: A Case Study of Partnership Dynamics. In: Journal of Rural Studies 24 (2008), S. 458–466.

Emirbayer Mustafa, Mische Ann: What Is Agency? In: American Journal of Sociology 103 (1998), 4, S. 962–1023.

Esparcia Javier, Escribano Jaimie, Serrano Javier J.: From Development to Power Relations and Territorial Governance: Increasing the Leadership Role of LEADER Local Action Groups in Spain. In: Journal of Rural Studies 42 (2015), S. 29–42.

Foucault Michel: Governmentality. In: *Graham Burchell, Colin Gordon, Peter Miller* (Hrsg.): The Foucault Effect. Studies in Governmentality. Chicago 1991, S. 87–104.

Høst Jeppe Engset: Changing Rural Paradigms. Rural Ethnology Between State Interest and Local Activism. In: Ethnologia Scandinavica 46 (2016), S. 124–141.

Kleist Nauja, Jansen Stef: Introduction. Hope over Time. Crisis, Immobility and Future-Making. In: History and Anthropology 27 (2016), 4, S. 373–392.

Koch Jochen, Krämer Hannes, Reckwitz Andreas, Wenzel Matthias: Zum Umgang mit Zukunft in Organisationen. Eine praxistheoretische Perspektive. In: Managementforschung 26 (2016), 1, S. 161–184.

Marcus George E.: Ethnography in/of the World System. The Emergence of Multi-Sited Ethnography. In: Annual Review of Anthropology 24 (1995), 1, S. 95–117.

Müller Oliver, Sutter Ove, Wohlgemuth Sina: Learning to LEADER. Ritualised Performances of ‚Participation' in Local Arenas of Participatory Rural Governance. In: Sociologia Ruralis 60 (2020), 1, S. 222–242.

Dies.: Translating the Bottom-Up Frame. Everyday Negotiations of the European Union's Regional Development Programme LEADER in Germany. In: Anthropological Journal of European Cultures 28 (2019), 2, S. 45–65.

Ray Christopher: Editorial. The EU LEADER Programme. Rural Development Laboratory. In: Sociologia Ruralis 40 (2000), 2, S. 163–171.

Reckwitz Andreas: Zukunftspraktiken. Die Zeitlichkeit des Sozialen und die Krise der modernen Rationalisierung der Zukunft. In: *Ders.* (Hrsg.): Kreativität und soziale Praxis. Studien zur Sozial- und Gesellschaftstheorie. Bielefeld 2016, S. 115–135.

Ders.: Toward a Theory of Social Practices. A Development in Culturalist Theorizing. In: European Journal of Social Theory 5 (2002), 2, S. 243–263.

Ringel Felix: Back to the Postindustrial Future. An Ethnography of Germany's Fastest Shrinking City. New York 2018.

Rose Nikolas: The Death of the Social? Re-figuring the Territory of Government. In: Economy and Society 25 (1996), 3, S. 327–356.

Scott Mark: Building Institutional Capacity in Rural Northern Ireland. The Role of Partnership Governance in the LEADER II programme. In: Journal of Rural Studies 20 (2004), S. 49–59.

Shucksmith Mark: Re-imagining the Rural: From Rural Idyll to Good Countryside. In: Journal of Rural Studies 59 (2018), S. 163–172.

Storey David: Issues of Integration, Participation and Empowerment in Rural Development. The Case of LEADER in the Republic of Ireland. In: Journal of Rural Studies 15 (1999), 3, S. 307–315.

Swyngedouw Erik: Governance Innovation and the Citizen. The Janus Face of Governance-beyond-the-state. In: Urban Studies 42 (2005), 11, 1991–2006.

Thuesen Annette Aagaard: Is LEADER Elitist or Inclusive? Composition of Danish LAG Boards in the 2007–2013 Rural Development and Fisheries Programmes. In: Sociologia Ruralis 50 (2010), 1, S. 31–45.

Ward Neil, Ray Christopher: Futures Analysis, Public Policy and Rural Studies. Working Paper 74, University of Newcastle upon Tyne. Newcastle 2004.

Wallman Sandra: Introduction. Contemporary Futures. In: *Dies.* (Hrsg.): Contemporary Futures. Perspectives from Social Anthropology. London, New York 1992, S. 1–20.

Woods Michael: Rural. London 2011.

Wright Susan, Reinhold Sue: „Studying Through". A Strategy for Studying Political Transformation. Or Sex, Lies and British Politics. In: *Cris Shore, Susan Wright, Davide Però* (Hrsg.): Policy Worlds. Anthropology and the Analysis of Contemporary Power. New York 2011, S. 86–104.

Quellen

Europäische Kommission: Der LEADER-Ansatz. Ein grundlegender Leitfaden. Amt für amtliche Veröffentlichungen der Europäischen Gemeinschaften. Luxemburg 2006.

Europäische Struktur- und Investitionsfonds: Leitfaden für lokale Akteure zur CLLD. 2014.

Gabler Wirtschaftslexikon: SWOT-Analyse. In: Springer Gabler, verfügbar unter https://wirtschaftslexikon.gabler.de/definition/swot-analyse-52664 [20.4.2020].

Wohlgemuth Sina: Feldprotokoll LEADER-Workshop, August 2017.

Wohlgemuth Sina, Müller Oliver: Interview mit Regionalmanagement, Juni 2017.

Wohlgemuth Sina: Interview mit Bewohnerin, August 2018.

Wohlgemuth Sina: Gruppeninterview Dorfgemeinschaft, November 2018.

Ministerium für Klimaschutz, Umwelt, Landwirtschaft, Natur- und Verbraucherschutz des Bundesland Nordrhein-Westfalen: Richtlinie über die Gewährung von Zuwendungen zur Förderung der Umsetzung regionaler Entwicklungsstrategien nach LEADER IIB2. 2090.04.09.05, Düsseldorf 2016.

Regionalentwicklungsstrategie 2015. (Aus Gründen der Anonymisierung wird die Region nicht namentlich genannt.)

Alexander Schwinghammer

Vom Automatenrestaurant zum Digitalrestaurant. Zukunftsbilder des Essens, ökonomisierte Nahrung und designanthropologische Forschung

1. Einleitung

Das Sprechen über Zukunft erscheint mit dem Fetisch des Fortschritts und der Angst vor dem Untergang behaftet. So beschreibt der britische Schriftsteller H.G. Wells die Zukunft in seinem 1902 vor der Royal Society gehaltenen Vortrag *Discovery of the Future* noch mit den Worten „this world is heavy with the promise of greater things" (Wells 1913: 60). Doch ebenso erscheint die Zukunft in dystopischen Szenarien, und knapp dreißig Jahre später, nach den verheerenden Katastrophen des Großen Krieges, fordert H.G. Wells, die Zukunft zum Gegenstand wissenschaftlicher Forschung zu machen. In einem Radiobeitrag für die BBC ruft er 1932 zur Ausschreibung von Stellen zur Vorbereitung auf zukünftige Entwicklungen auf.

> „It seems an odd thing to me that though we have thousands and thousands of professors and hundreds of thousands of students of history working upon the records of the past, there is not a single person anywhere who makes a whole-time job of estimating the future consequences of new inventions and new devices." (Wells 1987 [1932])

Es wird deutlich: Die Konkretisierung in Form, Programm, Prognose, Plan und Erzählung von Zukunft ist ein zentraler Bestandteil der Moderne.[1]

Doch wenn man sich mit dem Thema Ernährung als Bestandteil von Zukunftserzählungen auseinandersetzen möchte, fällt auf, dass gerade bei den frühen Beispielen dieses Feld nicht so sehr im Fokus liegt.[2] Dabei, so die Perspektive des vorliegenden Beitrags, werden doch gerade im Feld des Essens die Alltäglichkeiten von möglichen Zukünften sichtbar.[3] Auf

---

1 Insbesondere nach dem Zweiten Weltkrieg erhält die Zukunftsforschung im Kontext des Kalten Krieges eine besondere Aufmerksamkeit und auch politische wie wirtschaftliche Unterstützung (vgl. Seefried 2015).

2 Eine wichtige Ausnahme ist Thomas R. Malthus' Schrift *An Essay on the Principle of Population*, die bereits 1798 erschien und in der angesichts der steigenden Bevölkerungszahlen Fragen der Ernährung der zukünftigen Weltbevölkerung aufgeworfen werden.

3 Grundlagen für den vorliegenden Text finden sich in einem aktuellen Forschungsprojekt zur Ethnografie professionalisierter technikbasierter Lebensmittelproduktion

der anderen Seite machen gerade aktuell schwankende Lebensmittelpreise, Umweltveränderungen und die wachsende Bevölkerung deutlich, dass diesen Herausforderungen mit tiefgreifenden Umgestaltungen im Ernährungssektor begegnet werden muss. Im Jahre 2050 steht die Erdbevölkerung vor der Aufgabe, 10 Milliarden Menschen gesund und bezahlbar zu ernähren.[4] Doch nicht nur globale Herausforderungen auf der Makroebene bestimmen das Nachdenken über Transformationen in den Welten des Essens und der Ernährung. Während Politiker*innen Rahmenprogramme zur Ausgestaltung veränderter Produktions- und Konsumformen entwerfen[5], beschäftigen sich nicht allein Zukunftsforscher*innen und Ökolog*innen mit den konkreten Möglichkeitsräumen einer anderen Esskultur. Designer*innen, Erfinder*innen und Entwickler*innen ebenso wie Gründer*innen und andere Unternehmer*innen im Start-up-Sektor schaffen neue Formen, Essen – also sowohl die Lebensmittel als auch die Kontexte der Nahrungsaufnahme selbst – zu denken, herzustellen, zu konsumieren und zu sehen. Das ist keine sehr neue Entwicklung. Esskulturen – gerade der Industriestaaten – haben in den letzten hundert Jahren verschiedene Änderungsprozesse durchlaufen. Manche waren auf die Zukunft fokussiert (z.B. durch neue Formen der Haltbarmachung) andere vielleicht eher am jeweiligen Zeitgeist orientiert. Insbesondere in literarischen und filmischen Erzählungen taucht das Thema der zukünftigen Ernährung auf. Obwohl es meist eher randständig behandelt wird, formiert es die Vorstellungen auch außerhalb der Erzählungen, wie Essen in der Zukunft aussehen kann.

Angesichts der sich dynamisierenden räumlichen wie zeitlichen Entkopplungen von Produktion, Verarbeitung und Verbrauch lassen sich in den Konsumkulturen moderner (Post-)Industriegesellschaften auch gewisse Bedürfnisse nach Gemeinschaftlichkeit, nach Sozialität, beobachten, die in unterschiedlichen Konfigurationen zusammenfinden.[6] Die „Mahlzeit", gleich-

---

im urbanen Raum (vgl. Schwinghammer 2019a), im Forschungsschwerpunkt *Food Futures* an der Professur Geschichte und Theorie der Visuellen Kommunikation an der Bauhaus Universität Weimar (vgl. Schwinghammer 2019b) und in den Ergebnissen des Projekts *Speculative Food Facts Design* (2017/18), die zum Teil im Rahmen einer Sonderausstellung 2018 im Futurium in Berlin präsentiert wurden.

4 Schätzungen des von den Vereinten Nationen herausgegebenen *World Population Prospects 2019* geben für 2050 eine Weltbevölkerung von 9,7 Milliarden Menschen an.

5 So weist Jennifer E. Gaddis auf die zentrale Rolle der Politik im Feld der Schulspeisung hin (vgl. Gaddis 2019). Mary T. Gorski und Christina A. Roberto heben dem Einfluss politischer Aktionen (z.B. Anreizsysteme) im Zusammenhang mit dem Wandel von Ernährungsgewohnheiten hervor (vgl. Gorski/Roberto 2015).

6 Der Trend, „Kochen als Erlebnis" zu sehen (inkl. dem gemeinsamen Besuch von Kochkursen), „Dorfdinner" als Inszenierung dörflicher Gemeinschaft oder die visu-

zeitig physiologische Notwendigkeit, materielle Kultur und „soziologisches Gebilde“ (Simmel 1989 [1910]), ist ein Element, an dem diese (Re-)Arrangements zusammenfinden. Die besondere visuell-materiale, also auch haptische, olfaktorische und gustatorische Gegenständlichkeit der Mahlzeit macht zudem deutlich, dass Kommunikationsvermögen ein ganz wesentlicher Bestandteil des Essens ist. Das vielschichtige Verhältnis von Essen als materialem Gegenstand, sozialer Situation und kultureller Praxis lässt sich auch schlicht mit „Food as Communication / Communication as Food“ (Greene/Camer 2011: 1) beschreiben. Diese Zusammenführungen haben immer auch ein kommunikatives Potenzial, das gerade durch kulturwissenschaftliche Forschung herausgearbeitet werden kann.

Bis auf wenige Ausnahmen (vgl. Hirschfelder 2011) hält sich kulturanthropologische Forschung im deutschsprachigen Raum mit Beiträgen zum Thema Zukunft des Essens sowie zum Thema Zukunft allgemein bisher zurück. Dabei besitzt gerade die meist stark auf Lebenswirklichkeit orientierte Kulturanthropologie das Potenzial, Disziplinen wie Ingenieurwissenschaft oder Design (vgl. Müller 2018) produktiv zu informieren. In diesem Beitrag geht es darum, Essen beziehungsweise Esskultur (im weitesten Sinne) unter der Perspektive des Zukunftsentwurfs zu erkunden und erste Kartierungen für weiterführende kulturanthropologische Forschungen zu unternehmen. Höchst spekulative Beispiele von Nahrungszukunft flankieren hierbei die Herausforderung, zukünftige Esskulturen zu gestalten. Für den vorliegenden Text ist der Begriff *Post Culinam*, lateinisch für „nach der Küche“, gewissermaßen ein Leitmotiv. Ganz im Gegensatz zu vermeintlichen „Retro-Trends“, in denen die Küche als zentraler, Sozialität versprechender Ort eine wichtige Rolle spielt, geht es hier um Fragen nach Essenswelten, die jenseits dieses etablierten Raums liegen und vielleicht das menschliche Verhältnis zum Essen den Ansprüchen der Moderne konfigurieren. In diesem Beitrag geht es im Wesentlichen um zwei Formen des Essens: zum einem um das Phänomen des „Essens in Pillenform“ als Klassiker der Kulinarvisionen; zum anderen um das Automatenrestaurant, das hier als Chiffre für eine in die Zukunft gerichtete und „Modernität“ versprechende Gegenwart steht. Eine abschließende These dieses Beitrags ist es, dass die „Zukünfte des Essens“ als Aufgabenfeld entwerfender und gestaltender Disziplinen, wie beispielsweise des spekulativen Designs, seine alltags- beziehungsweise lebenspraktische Form vielleicht erst durch ethnografisch-

elle Darstellung gemeinsamen Essens in den sozialen Medien sind nur einige Beispiele für eine Entwicklung, die „Gemeinschaftlichkeit“ als kulturellen Marker für Esskultur verwendet.

kulturwissenschaftliche Forschung durch Kulturanthropolog*innen erhalten kann.

2. Die Vielschichtigkeit der Zukunft

Die Vielschichtigkeit der Zukunft ist insbesondere ein Thema der Moderne. Neue Kommunikationstechnologien, industrielle Revolutionen, die entstehende Geschichtsphilosophie, neu entstehende Nationalstaaten und die Schwächung von Paradigmen religiös-mittelalterlicher Zyklusvorstellungen bilden einen Rahmen, in dem sich Vorstellungen von Zukunft entwickeln und popularisiert werden (vgl. Hölscher 1999). Historisch gesehen, gewinnt so auch das Thema Essen und Zukunft im Zuge der gravierenden Veränderungsprozesse des 19. Jahrhunderts an Wichtigkeit. Während vormoderne Vorstellungen über Formen der Nahrungszukunft in der Regel sehr stark in ihrer jeweiligen Gegenwart verhaftet sind und weitestgehend einzig Menge (d.h. Mangel oder Überfluss) das Charakteristikum des Zukünftigen darstellt, ändert sich dies ganz wesentlich im Laufe der Industrialisierung. Gerade die damaligen technischen und wissenschaftlichen Fortschritte erlaubten die Imagination gänzlich anderer Welten des Essens.

2.1 Post Culinam I: 1893 – Die Welt in hundert Jahren

Angesichts der Weltausstellung in Chicago 1893 bat die Nachrichtenagentur *American Press Association* Schriftsteller und Schriftstellerinnen aus ganz unterschiedlichen Bereichen darum, darüber zu schreiben, wie die Welt hundert Jahre später, also 1993, aussehen könnte. In ihrem Text *Improvements so Extraordinary the World Will Shudder* imaginierte die Frauenrechtlerin Mary Elizabeth Lease eine Welt, in der synthetisches Essen in Pillenform das Kochen und damit auch die Küche obsolet werden ließen.

> „Take, in condensed form from the rich loam of the earth, the life force or germs now found in the heart of the corn, in the kernel of wheat, and in the luscious juices of the fruits. A small phial of this life from the fertile bosom of Mother Earth will furnish men with substance for days. And thus the problems of cooks and cooking will be solved.“ (Lease, zit. nach Belasco 2006: 116)

Letztlich würde diese Entwicklung bedeuten, so Mary E. Lease weiter, dass „Nahrung in Pillenform“ einen wesentlichen Beitrag zur Gleichberechtigung der Frauen liefern kann (vgl. Belasco 2006). Das Wegfallen von Küche und der Tätigkeit des Kochens würde Frauen, nach Mary E. Lease für Ernährung und Speisezubereitung zuständig, ermöglichen, gänzlich andere Felder zu übernehmen. Nahrung, Kochen sowie Nahrungsmittelproduktion und -konsumption sind nicht nur zutiefst politisch. Wie man hier sieht, hat Nahrung das Potenzial, ein ganz wesentlicher Gegenstand zu sein, an dem sich Zukunftsprojektionen in Verbindung mit einer gewissen Alltagspraxis oder, besser, der *Alltagstauglichkeit von Zukunft* manifestieren können. Denkt man Mary E. Lease' Text vor diesem Hintergrund, so würden sich mit dem Wegfallen des Herds nicht nur Rollenbilder, sondern ganze Kulturen des Kochens und womöglich auch des (gemeinsamen) Essens und der Ernährung grundlegend verändern. Im nachgeordneten Schritt würde sogar der Raum der Küche selbst obsolet werden.

2.2 Post Culinam II: 1896 – Das Automatenrestaurant

„Essen in Pillenform" bleibt für einen Großteil des 20. Jahrhunderts ein Standardthema fiktionaler Zukunftserzählungen und erlebt immer wieder die eine oder andere Konjunktur (vgl. Novak 2014). Doch bereits drei Jahre nach Mary E. Lease' Artikel lässt sich eine ganz wesentliche tatsächliche Veränderung der Kulturen des Essens und des Kochens beobachten. Im Rahmen der 1896 stattfindenden Berliner Gewerbeausstellung präsentierte der Schokoladenfabrikant Ludwig Stollwerck gemeinsam mit der, von den Unternehmern und Erfindern Max Sielaff und Theodor Bergmann gegründeten, *Deutschen Automaten Gesellschaft* ein „electrisch-automatisches Restaurant". Im *Illustrierten Amtlichen Führer durch die Berliner Gewerbe-Ausstellung* ist zu lesen, wie der Automat der Öffentlichkeit präsentiert wurde.

> „[Die Maschinenfabrik Sielaff] hat die Idee, den Automaten auch für das Restaurationswesen zu gewinnen, hier praktisch durchgeführt. [...] Sehr interessant sind die Automaten zum Verkauf von warmen Speisen. Diese Maschinen werden elektrisch erwärmt; jede frisch bereitete Speise steht auf einer elektrisch geheizten Wärmeplatte und bleibt deshalb längere Zeit frisch und schmackhaft. Sämtliche Automaten sind rings um die elektrisch geheizte Küche des Automatenrestaurants aufgestellt und werden vom Koch stets frisch gefüllt. Dadurch werden wieder Kellner und Kassierer überflüssig." (Berliner Gewerbe-Ausstellung 1896: 221)

In dieser kurzen Beschreibung wird deutlich, dass nicht nur die Figur des Automaten eine besondere Faszination auf das Publikum des ausgehenden 19. Jahrhunderts ausübte.[7] Gerade die Verbindung mit „Elektrizität“, die selbst ein symbolisches Konstrukt und eine Metapher für Fortschritt (vgl. Binder 1990) ist, erhöht dieses Beispiel aus dem Feld des automatischen Verkaufs schließlich zur Zukunftsvision. Begeistert von dieser Form des Restaurants als „selbstthätige[r] Verkaufsapparat“,[8] folgen dem in Berlin eröffneten zahlreiche weitere automatisierte Restaurants im damaligen Deutschen Reich und erschienen später auch in anderen Ländern. Auch wenn sie zunächst „mehr Attraktion als kommerzielles Modell“ (Spiekermann 1999: 359) waren, gelang es der zweiten Generation der Betreiber von Automatenrestaurants, eine gewisse Rentabilität als Versorgungsbetrieb zu konsolidieren. Gerade das US-amerikanische Unternehmen *Horn & Hardart* machte die frühe Form des Selbstbedienungslokals in den Vereinigten Staaten populär. Ihr erstes Automatenrestaurant wurde 1902 in Philadelphia eröffnet. Anfang der 1940er Jahre besaßen *Horn & Hardart* bereits über hundert Automatenrestaurants (vgl. Graf 2018). Der Erfolg der Automatenrestaurants hat zum einen sicherlich mit den niedrigen Preisen zu tun, die Konsument*innen für eine Mahlzeit zu bezahlen hatten (vgl. Farrell 1979). Dadurch konnten es sich relativ viele Menschen leisten, überhaupt in ein Restaurant zu gehen. Zum anderen war da die Faszination einer Zukunft verheißenden Technologisierung des Alltags. Scheinbar ersetzte ein Automat die zeit- und arbeitsaufwendigen Versorgungstätigkeiten in der heimischen Küche. Mit dem Slogan „Less Work for Mother“ für Mahlzeiten der Automatenrestaurants, die im Einzelhandel als Fertiggerichte zu kaufen waren (Crowley 2001), adressieren auch *Horn & Hardart* die Kopplung von Frau und Küche, die Mary E. Lease kritisiert, die hier jedoch eher eine zeitökonomische Perspektive erhält. Der tatsächliche Arbeitsaufwand gegenüber herkömmlichen Restaurants ist gar nicht

7 Aus einer durch die ANT informierte kulturanthropologischen Perspektive sind Automaten fast schon stereotype Beispiele für nicht-menschliche Akteur*innen, denen leicht eine eigene Handlungsmächtigkeit zugeschrieben werden kann. Allerdings sind sie kulturhistorisch gesehen auch ein zentrales Objekt, das Aufgaben menschlicher Tätigkeit übernimmt, dabei sowohl entlastend, da es unliebsame Aufgaben übernimmt, aber auch bedrohlich, da es möglichweise die Menschen, die vorher diese Tätigkeit ausgeübt haben, obsolet macht. Außerdem übt der Automat als materieller Gegenstand, der auch als solcher erkennbar ist, eine gewisse Faszination aus. Er markiert gleichzeitig eine „Technisierung des Alltags“ (Beck 1997, Wagner 2013) und eine veränderte Produktionstechnik, deren Arbeitsschritte im Vorhinein festgelegt sind und in Prozessketten ablaufen, Interaktion ist nur in einem begrenzten klar definieren Rahmung möglich und dennoch übt der Automat als eine (technisch-strukturierte) Zukunft versprechende Anordnung eine gewisse Faszination aus (vgl. Kittler 1986, Schürer 2012). Dieser Beitrag versteht sich auch als Teil einer größeren Studie des Autors zur kulturanthropologischen Auseinandersetzung mit dem Automaten.

8 Patentschrift vom 9.6.1887 (vgl. Loiperdinger 1999).

niedriger, aber das wird bewusst in den Hintergrund geschoben. Selbst wenn Köche die Maschinen befüllen und sogar Servicepersonal das Essen bringt, bleibt ein Moment der Logik des Automaten bestehen. Es wird der Eindruck der annähernden Gleichzeitigkeit von Essensentscheidung (Bestellung) und Essenserhalt (Bereitstellung) erzeugt. Die Ökonomisierung von Zeit ist ein entscheidender Moment im Automatenrestaurant. Die dem Automatenrestaurant zugrundeliegende „technische Rationalisierung der Verköstigung" (König 2013: 96) macht das veränderte Zeitregime der Mahlzeit deutlich. Angesichts des Erfolgs und der Verbreitung von Automatenrestaurants erweisen sich die *Logiken eines Automatenrestaurants* überraschend einflussreich. Das zeigt sich zum einen in fiktionalen Erzählungen, die wiederum – so meine These – die nächsten technischen Schritte anregen. In seinem Science-Fantasy-Roman *A Princess of Mars* denkt der – in Deutschland eher durch die *Tarzan*-Geschichten bekannte – Science-Fiction-Autor Edgar Rice Burroughs 1912 das Automatenrestaurant eine Stufe weiter.

> „Kantos Kan led me to one of these gorgeous eating places where we were served entirely by mechanical apparatus. No hand touched the food from the time it entered the building in its raw state until it emerged hot and delicious upon the tables before the guests, in response to the touching of tiny buttons to indicate their desires." (Burroughs 1917 [1912]: 243)

Zum anderen wirkt sich die „Logik des Automatenrestaurants" auf das Essverhalten aus. So wird insbesondere die *Zeitlichkeit des Essens* rekonfiguriert. Bereit zum sofortigen Verzehr, warten entsprechende Mahlzeiten in den Klappfächern. Warum denn dann noch lange Zeit damit verbringen, die Nahrung zu sich zu nehmen? Die verkürzte Zeit wird hier zum Leitmotiv. „In Automatenrestaurants verschlingen die New Yorker binnen fünf Minuten ihre Mahlzeiten" (Kisch 1994 [1930]: 143), beschreibt Egon Erwin Kisch seine Eindrücke in dem 1930 erschienen Reportage-Band *Paradies Amerika*. Letztendlich konnten sich Automatenrestaurants allerdings gegenüber der Konkurrenz durch Schnellrestaurants heute noch bekannter Franchise-Ketten nicht behaupten. 1991 schließt das letzte amerikanische Automatenrestaurant in New York (vgl. Crowley 2001).[9]

9 Mit den „Automatiek" gibt es in den Niederlanden noch Formen des Lebensmittelautomats. Andere, nicht explizit in Digitaltechnologie platzierte Wiedergänger wie beispielsweise „Rollercoaster Restaurants" oder andere beziehen ihre Faszination eher aus einer Bastler- und/oder Retroästhetik.

2.3 Post Culinam III: 2017 – Das Digitalrestaurant *Data Kitchen*

„Die moderne Küche treibt die Bewohner ins Restaurant", konstatierte der Soziologe und Planungstheoretiker Lucius Burckhardt in den 1990er Jahren.[10] Angesichts des aktuellen Erfolgs gerade von Systemgastronomie-Unternehmen scheint dies nach wie vor der Fall zu sein.

Ethnografische Vignette[11]

Berlin, Februar 2017. Ich hetze die Rosenthaler Straße entlang. Ich bin auf dem Weg zu DATA KITCHEN – Berlins erstem Digitalrestaurant. Meine Interviewpartnerin Bernadette, die gerade eine Indoor-Farm aufbaut, hat diesen Ort vorgeschlagen, denn „dort würden wir uns quasi schon physisch im Thema Food Futures befinden", schrieb sie mir vorher. Das Restaurant-Konzept, in dem man im Vorfeld online bestellt, was man essen möchte, wurde mit Unterstützung von SAP aufgebaut. Der Firmenhomepage entnehme ich, dass man einen Code auf sein Smartphone geschickt bekommt und damit dann eine der gläsernen Klappen öffnen kann, die zum Essen führen, das in der jeweiligen Box dahinter auf einen wartet. Noch während meiner mehrstündigen Zugfahrt bestelle ich ein Gemüsecurry und ein großes Mineralwasser. Schließlich komme ich im DATA KITCHEN an. Der Raum ist zweigeteilt. Auf der einen Seite Lounge-artige Tische und Stühle in Grau und auf der anderen Seite beleuchtete Kästen mit Glasklappen. Der eigene Name und ein paar sich bewegende grafische Symbole, die auf die Klappen projiziert werden, erzeugen einerseits einen personalisierten und andererseits einen futuristischen Eindruck. Die Gerichte werden von einem bekannten Koch zubereitet – und sind, natürlich, man ist ja in Berlin, aus regionalen Zutaten hergestellt. Nach einigem Hin und Her, schließlich muss der Restaurantbetreiber selbst helfen, lässt sich die Klappe öffnen. Dahinter ist nur ein kleines dampfendes Schälchen. Das Wasser bekomme ich dann von einer menschlichen Bedienung an den Tisch gebracht. Der Temperatur-Unterschied der beiden Speisen ist so groß, dass sie nicht in der gleichen Box auf mich warten können.

Während das Interview beginnt, betritt ein älteres Pärchen das Restaurant. Nachdem sie etwas ziellos zwischen den Tischen umhergewandert sind, werden sie von einer der relativ zahlreichen Servicekräfte angesprochen.

„Ist das hier nicht mehr das PAN ASIA?", fragt der Mann.

---

10 Zit. nach dem Radiobeitrag Querfeldein denken mit Lucius Burckhardt: Von der Urbanismuskritik zur Spaziergangswissenschaft, Deutschlandfunk, 14.6.2015.

11 Die ethnografische Vignette wurde zum Teil bereits veröffentlicht (Schwinghammer 2019a).

„Nein, das hier ist jetzt DATA KITCHEN. Ein Digitalrestaurant", entgegnet die Servicekraft.

„Oh, etwas ganz Neues. Und können wir hier essen?"

„Dafür braucht man eine App."

„Wenn wir keine haben?"

„Dann geht es nicht."

Nach einigen Augenblicken sind wir wieder allein im Restaurant.

3. Abschluss

In Restaurants wie *Data Kitchen* oder dem US-amerikanischen Start-up-Unternehmen *eatsa* findet sich noch ein Nachhall der Ästhetik mancher Automatenrestaurants unter Bedingungen der Digitalisierung. Selbst in den „Robot Restaurants" der Volksrepublik China werden nicht nur „Kellner und Kassierer überflüssig", wie schon angesichts des ersten Automatenrestaurants 1896 beschrieben. In Kunshan, Harbin oder Jinan werden auch die Küchenkräfte durch Automaten oder, genauer, Roboter ersetzt. In allen drei Städten gibt es Restaurants, in denen Automaten, welche die Form von bunten Robotern haben, die bestellten Speisen servieren. Auch wenn hier wieder das Moment des Spektakels gegenüber kommerzieller Räson überwiegen dürfte, mag es selbst da nur eine Frage der Zeit sein, bis die Rentabilität erreicht ist. Eine Form des Automatenrestaurants, in dem der „Automat" eine ganz aktive Rolle einnimmt, bleiben sie trotzdem.

So werden die durch das Automatenrestaurant eingeführten Logiken auch an anderen Orten fortgeführt. Neben Automatisierung, Systemgastronomie und Zweckmäßigkeit im Restaurant finden auch Objektivierung, Standardisierung und Ökonomisierung der Konsument*innen, des Essens und der Nahrungsmittelproduktion, als Teilaspekte einer größer angelegten Ökonomisierung von Zeit in Industriegesellschaften, nachdrücklich Eingang in die Ess- und Kochkultur. Zudem besitzt die *Idee der automatisierten Speiseversorgung* gerade – aber nicht nur – in fiktionalen Zukunftserzählungen eine durchdringende Attraktivität. Die TV-Zeichentrick-Familie der *Jetsons* (1985–87) wird ebenso durch einen Speiseautomat versorgt wie auch die Besatzung des Raumschiffs Enterprise der TV-Serie *Star Trek* (1966–1969). Hier wuchern diese Ideen und wirken wiederum auf Entwürfe von Ingenieur*innen, Programmierer*innen und Gestalter*innen ein. Die Serie *Star Trek* oder Douglas Adams' *Hitchhiker's Guide to the Galaxy* sind hierfür naheliegende Beispiele. Gerade im Zuge der Popularität der TV-Serie *Star Trek: Next Generation* (1987–1994) bleiben diese Ideen des Automatenrestaurants bestehen und finden sich sowohl in phantastischen Zukunftsentwürfen wie in der Entwicklung konkreter neuer Produkte. Tatsächlich ist es so, dass sich viele Entwickler*innen im Bereich Food-3-D-Druck direkt oder indirekt auf den „Replikator" des Raumschiffs Enterprise beziehen, um dem breiteren Publikum dieses neue Verfahren anschaulich zu machen (vgl. Hudson 2014).[12]

Als Objekte für Zukunftsvisionen lassen sich vier Themenfelder ausmachen, die sowohl für weitere Forschungen und Perspektiven wichtig erscheinen, als auch in Form von Leitthemen Teil der Apparatisierung der Mahlzeit sind. Erstens: das Essen aus dem Nichts. Im Verborgenen, aus dem vermeintlichen *Nichts der Maschine* entsteht das Essen scheinbar *ex nihilo*. Gewisse furchtsame Vorbehalte – in Anlehnung an Boris Groys' Überlegungen zu der Unheimlichkeit der Medien (vgl. Groys 2000) – bleiben bestehen, machen zum Teil aber sogar den Reiz aus. Zweitens ist der Automat als solcher als Serviceobjekt festgelegt. Der technische Apparat erfüllt in seiner *Domestikation* eine wesentliche, aber dem Menschen untergeordnete, Rolle, verschleiert aber seine Technisierung nicht, was ein futuristisches Moment ausmacht. Drittens ist das Moment der Zukunft performativ hervorgehoben. Das heißt, das Zukünftige wird erst durch seine explizite Inszenierung sichtbar. Zukunft ohne *demonstrative Ausweisung des Zukünftigen* ist daher vielleicht gar keine Zukunft. Es besteht Wahlfreiheit gegenüber der Nahrungsaufnahme. So bekommt man hier nicht nur einen farb- und formlosen Brei, der sättigt, sondern mehr oder weniger personalisierte Gerichte, ganz im Sinne des gegenwärtigen Megatrends der Individualisierung. Der vierte Punkt, die *De-Naturierung*, ist vielleicht auch eher ein untergeordneter Aspekt. Dennoch sollten gerade hinsichtlich der Sinnlichkeit des gesamten Essensprozesses die Teilbereiche Züchtung, Ernte, Vorbereitung etc. nicht außer Acht gelassen werden. Der Apparat nimmt dem Menschen nicht nur die vermeintlich lästige Tätigkeit des Kochens ab. Er verdeckt auch – zumindest im Hinblick auf Fleischkonsum – die unangenehme Aufgabe des Züchtens, Schlachtens und Zerlegens.

Wenn Gestaltung von Essen und Esskultur als weitreichendere Aufgabe gedacht wird, als bloß einen Henkel bei einer Kanne zu verschieben, eine Verpackungsschriftart zu entwickeln oder einer Bestell-App eine erkennbare Corporate Identity zu geben, muss „Food-Design", wie im Übrigen jeder

12 Ähnlich wurde die in Japan populäre Manga-Serie über den mit Atomantrieb ausgestatteten Astro Boy als Leitbild eingesetzt, um in der japanischen Politik die Notwendigkeit von Roboterforschung hervorzuheben (vgl. Wagner 2013).

zeitgemäße Designansatz, die verschiedenen Produktions-, Präsentationsformen und Konsumptionsformen in den Blick nehmen und innerhalb dieser Beziehungsgefüge Ansatzpunkte für gestaltende Eingriffe finden. Doch die Tätigkeit des Gestalters völlig in das Arrangement von Sinn- oder Beziehungssystemen zu verschieben, ist hierbei ebenso widersinnig, wie Design allein im Objektkontext zu verorten. Eben die Aufgabe, dieser Vielschichtigkeit das eine oder andere *Entwirrungsmoment* abzugewinnen, sollte gerade durch kulturanthropologische Forschung auf einen robusten Grund gestellt werden (vgl. Suchman 2011). Bei den anthropologisch forschenden Akteur*innen, die sich in diesem Feld bewegen, wird dies manchmal „ethnography from the future", „ethnography of the plausible" oder „everyday futures" genannt.[13] Doch die Möglichkeiten dieses Felds warten eher noch darauf, insbesondere im deutschsprachigen Raum institutionell gefasst, gedacht und ausgestaltet zu werden. Während sich die Designdisziplinen am methodischen Depot der empirischen Kulturwissenschaften bedienen, gibt es bei den kulturwissenschaftlichen Aneignungen auf Zugänge des Designs ebenfalls das Potenzial, konstruktive Beiträge zu diesem Feld weiterzuentwickeln (vgl. Forlano 2013; Halse 2013; Kuijer/Spurling 2017). Vor allem können empirisch-ethnografische Wissenschaften im konkreten und vor allem kollaborativen Arbeitskontext einen signifikanten Beitrag zum Entwurfsprozess liefern: nicht nur, aber vor allem im Feld der gestaltenden Auseinandersetzung mit Zukunft, die eben nicht in Globalaussagen endet, was wiederum ein Feld der „klassischen Zukunftsforschung" (Flechtheim 1971; Kahn/Wiener 1965; Seefried 2015) wäre. Das Potenzial liegt im Fokus darauf, was einem Großteil anthropologischer Perspektiven zugrunde liegt. Nämlich die Beschäftigung mit den manchmal schmutzigen, häufig verwirrenden und immer wieder an und mit ihren jeweiligen Umgebungen ausgehandelten Realitäten der Praxis. Es geht darum, einen Blick auf die mögliche Verwendung, Aneignung, Umnutzung – eben Praktiken des Designs im Alltäglichen – zu werfen. Verschiedene Aussagen über die Zukunft, die sich machen lassen, erscheinen vielleicht einmal mehr, einmal weniger glaubhaft. Die Übersetzungen solcher (noch fiktionaler) Zukünfte, die konzeptuellen Projektionen eine im Alltag manifestierbare Form geben, ist eine Aufgabe, zu der die Kulturanthropologie einen zentralen und nicht zuletzt öffentlichkeitswirksamen Beitrag leisten kann.

13 Vgl. Forlano 2013, Halse 2013, Kuijer/Spurling 2017.

Literatur

Akama Yoko, Pink Sarah, Sumartojo Shanti: Uncertainty and Possibility: New Approaches to Future Making in Design Anthropology. New York 2018.

Beck Stefan: Umgang mit Technik: Kulturelle Praxen und kulturwissenschaftliche Forschungskonzepte. Berlin 1997.

Belasco Warren: Meals to Come. A History of the Future of Food. Berkeley 2006.

Berliner Gewerbe-Ausstellung: Illustrierter amtlicher Führer durch die Berliner Gewerbe-Ausstellung. Berlin 1896.

Burroughs Edgar Rice: A Princess of Mars. Chicago 1917 [1912].

Binder Beate: Elektrifizierung als Vision. Zur Symbolgeschichte einer Technik im Alltag. Tübingen 1999.

Crowley Carolyn Hughes: Meet Me at the Automat. In: Smithsonian Magazine, August 2001, S. 22–24.

Farrell James T.: The Last Automat. In: New York Magazine, 14.5.1979, S. 44–46.

Flechtheim Ossip K.: Futurologie. Der Kampf um die Zukunft. Köln 1971.

Forlano Laura: Ethnographies from the Future: What Can Ethnographers Learn from Science Fiction and Speculative Design? In: Ethnography Matters, September 26, 2013.

Hudson Alex: Nestle Plans to Create Star Trek-like Food Replicator, BBC News, 24.6.2014, verfügbar unter: http://www.bbc.co.uk/newsbeat/article/27996163/nestle-plans-to-create-star-trek-like-food-replicator [6.1.2020].

Gaddis Jennifer E.: The Labor of Lunch. Why We Need Real Food and Real Jobs in American Public Schools. Oakland, CA 2019.

Gorski Mary T., Roberto Christina A.: Public Health Policies to Encourage Healthy Eating Habits. Recent Perspectives. In: Journal of Healthcare Leadership 7 (2015), S. 81–90.

Graf Peter: Automatenrestaurant. In: *Ders.:* Was nicht mehr im Duden steht. Eine Sprach- und Kulturgeschichte. Berlin 2018.

Greene Carlnita P., Cramer Janet M.: Beyond Mere Sustenance. Food as Communication / Communication as Food. In: *Janet M. Cramer, Carlnita P. Greene, Lynn M. Walters* (Hrsg.): Food as Communication / Communication as Food. New York 2011, S. 3–21.

Groys Boris: Unter Verdacht. Eine Phänomenologie der Medien. München 2000.

Gunn Wendy, Otto Tom, Smith Rachel (Hrsg.): Design Anthropology: Theory and Practice. London, New York 2013.

Dies., Donovan Jared (Hrsg.): Design and Anthropology. Farnham 2012.

Halse Joachim: Ethnographies of the Possible. In: *Wendy Gunn, Tom Otto, Rachel Smith* (Hrsg.): Design Anthropology: Theory and Practice. London, New York 2013, S. 180–196

Hirschfelder Gunther: Hunger-Alpträume, Überfluss-Visionen und die Honigkuchenland-Utopie. Bausteine zu einer Geschichte der Ernährungsprognostik. In: *Angelika Ploeger, Gunther Hirschfelder, Gesa Schönberger* (Hrsg.): Die Zukunft auf dem Tisch. Analysen, Trends und Perspektiven der Ernährung von morgen. Wiesbaden 2011, S. 21–40.

Hölscher Lucian: Die Entdeckung der Zukunft. Frankfurt am Main 1999.

Kahn Herman, Wiener Anthony J.: The Year 2000. A Framework for Speculation on the Next Thirty-Three Years. New York 1967.

Kisch Egon Erwin: Paradies Amerika. Berlin 1994 [1930].

Kittler Friedrich: Grammophon. Film. Typewriter. Berlin 1986.

Kuijer Lenneke, Spurling Nicola: Everyday Futures: A New Interdisciplinary Area of Research. In: ACM Interactions 24 (2017), 2, S. 34 - 37.

König Wolfgang: Kleine Geschichte der Konsumgesellschaft. Konsum als Lebensform der Moderne. Stuttgart 2013.

Loiperdinger Martin: Film & Schokolade. Stollwercks Geschäfte mit lebenden Bildern. Frankfurt am Main, Basel 1999.

Müller Francis: Designethnografie. Methodologie und Praxisbeispiele. Wiesbaden 2018.

Novak Matt: Meal-in-a-pill: A Staple of Science Fiction, BBC future, 18.11.2014, verfügbar unter: http://www.bbc.com/future/story/20120221-food-pills-a-staple-of-sci-fi [6.1.2020].

Pink Sarah: Digital Social Futures Research. In: Journal of Digital Social Research 1 (2019), 1, S. 41–48.

Dies., Postill John: Imagining Mundane Futures. In: Anthropology in Action 26 (2019), 2, S. 31–41.

Schwinghammer Alexander: Urban Food Ecopreneurs. Start-up Kultur als Ökonomisierungsagent der Lebensmittelproduktion im städtischen Raum. In: *Karl Braun, Claus Marco Dieterich, Johannes Moser, Christian Schönholz* (Hrsg.): Wirtschaften. Kulturwissenschaftliche Perspektiven. Marburg 2019a, S. 325–331.

Ders.: Cibus ex futura: Skizzen zum gestaltenden Food-Design. In: *Winfried Speitkamp, Claudia Weinreich* (Hrsg.): Idee Inhalt Form. Beiträge zur Gestaltung der Gegenwart. Weimar 2019b.

Schürer Oliver: Automatismen und Architektur. Medien Obsessionen Technologien. Wien 2012.

Seefried Elke: Zukünfte. Aufstieg und Krise der Zukunftsforschung 1945–1980. Oldenbourg 2015.

Simmel Georg: Soziologie der Mahlzeit [1910]. In: *Claudia Schmölders* (Hrsg.): Einladung zum Essen. Frankfurt am Main 1989, S. 41–50.

Spiekermann Uwe: Entstehung und Entwicklung des modernen Kleinhandels in Deutschland 1850 bis 1914. München 1999.

Suchman Lucy: Anthropological Relocations and the Limits of Design. In: Annual Review of Anthropology 40 (2011), S. 1–18.

Topp Sebastian: Think like a Designer – Act like an Anthropologist: Exchange between two Disciplines. In: Hamburger Journal für Kulturanthropologie 9 (2019), S. 27–36.

United Nations, Department of Economic and Social Affairs, Population Division: World Population Prospects 2019. Highlights. O.O. 2019.

Wagner Cosima: Robotopia Nipponica – Recherchen zur Akzeptanz von Robotern in Japan. Marburg 2013.

Wells H. G.: Wanted: Professors of Foresight [1932]. In: Futures Research Quartely 3 (1987), 1, S. 98–91.
Ders.: The Discovery of the Future. New York 1913.

Julian Genner und Ina Kuhn

Zukunft leben oder überleben? Wie Preppen und Utopie-Festivals ein gutes Leben jenseits der Gegenwartsgesellschaft imaginieren und erfahrbar machen

1. Einleitung

Wenn es an etwas zurzeit nicht mangelt, dann an Krisen – oder eher: an Krisendiagnosen. Eine Liste ohne Anspruch auf Vollständigkeit umfasst: Wirtschaftskrise, Finanzkrise, Eurokrise, Flüchtlingskrise und Klimakrise. Im wörtlichen Sinne meint die Krise eine „schwierige Lage, Situation oder Zeit [die den Höhe- und Wendepunkt einer gefährlichen Entwicklung darstellt]" (Duden 1996, eckige Klammern im Original). Krisendiagnosen beinhalten Handlungsaufforderungen: „Krise" impliziert, dass Entscheidendes gesagt, getan und vor allem entschieden werden muss. Mittels Krisendiagnosen konkurrieren Akteur*innen um Aufmerksamkeit, Deutungshoheit und Zuständigkeiten.

Im Sinne eines Wendepunkts einer gefährlichen Entwicklung steht in der Krise auch die Zukunft auf dem Prüfstand. „Krise" bedeutet, dass es so, wie es ist, nicht weitergehen kann oder darf. Krisen verlangen demnach Alternativen: Protestbewegungen etwa diagnostizieren Krisen, um im Namen einer anderen Zukunft Veränderungen in der Gegenwart zu fordern (vgl. Luhmann 1992). Ein paradigmatisches Beispiel hierfür ist die Bewegung *Fridays for Future*. Krisendiagnosen können aber auch die Errichtung von Wunsch- und Gegenwelten motivieren, in denen die Erkundung einer alternativen Zukunft im Vordergrund steht. Die Erkundung von Alternativen beschränkt sich dabei nicht auf das Reich eskapistischer Gedankenspiele und Fiktion, sondern wird – so die Grundannahme des Beitrags – in Praktiken der „Zukunftsexploration" (Reckwitz 2016, 132) in gegenwärtigen Zukunftslaboratorien sichtbar. Als Zukunftslaboratorien bezeichnen wir Experimentierfelder, die für sich beanspruchen, Alternativen zu einer als krisenhaft wahrgenommenen Gegenwartsgesellschaft nicht zu imaginieren, sondern erproben zu wollen. Zum einen errichten Zukunftslaboratorien dadurch Wunsch- und Gegenwelten zur Gegenwart – in der Gegenwart und mit den Mitteln der Gegenwart – und versprechen dadurch zum anderen Orientierung und Sinnstiftung für das aktuelle Leben.

Diese Wechselbeziehungen zwischen (behaupteter krisenhafter) Gegenwart und (guter) Zukunft nehmen wir anhand von zwei exemplarischen Zukunftslaboratorien in den Blick, nämlich im sogenannten Preppen und auf Utopie-Festivals. In diesen beiden Zukunftslaboratorien werden von Akteur*innen aus unterschiedlichsten gesellschaftlichen Kontexten apokalyptische (Preppen) respektive utopische (Festivals) Zukünfte entworfen und erprobt. Eine vergleichende Betrachtung dieser beiden komplementären Fallbeispiele scheint uns besonders hilfreich, um Praktiken der Zukunftsexploration zu identifizieren und phänomenübergreifende Eigenschaften von Zukunftslaboratorien herauszuarbeiten.

Was Zukunftslaboratorien aus unserer Sicht und auf Basis unserer Feldforschungen in den zu vergleichenden Feldern auszeichnet, ist, dass sie nicht nur Zukünfte imaginieren, wie dies zum Beispiel Romane, Filme, Computerspiele oder Serien tun. Vielmehr haben Zukunftslaboratorien den Anspruch, ein Alltagsleben in einer alternativen Zukunft, ob nun utopischer oder apokalyptischer Prägung, in der Gegenwart erfahrbar zu machen: Im Zentrum von Preppen (vom Englischen „to prepare") steht die Vorbereitung auf zukünftige Krisen. Prepper*innen häufen Vorräte an und trainieren Überlebensfähigkeiten, um sich für den Zusammenbruch der gesellschaftlichen Ordnung zu wappnen. Zum einen steht hier die Immunisierung des eigenen Lebens von verhängnisvollen Entwicklungen im Vordergrund. Zum anderen geht es beim Preppen nicht nur um ein Überleben, sondern auch um ein gutes Leben. Im Kampf ums Überleben können Gemeinschaft, Familie, Solidarität und Fürsorge erfahren werden. In den Schilderungen der Gesprächspartner*innen erscheint dieser Kampf als heroisches Unterfangen. Die Auseinandersetzung mit Krisenvorsorge verspricht daher weit mehr als nur ein bloßes Überleben.

Utopie-Festivals (wie beispielsweise die *Tage der Utopie – Festival für eine gute Zukunft*, das *Pfingstfestival für Zukunftsforscher*innen*, das *Move Utopia* oder das *Utopival)* wollen Möglichkeiten für ein gutes Leben für alle erkunden, auch gesellschaftsübergreifend: „Wir möchten Formen des Zusammenlebens entwickeln, die für alle Menschen ein gutes Leben ermöglichen" (Move Utopia 2019), so eine exemplarische Formulierung aus der Internetpräsenz des Festivals *Move Utopia*. Utopie-Festivals experimentieren mit alternativen Formen des Wirtschaftens und Zusammenlebens. So ersetzt in einigen Festivals das Schenken den Tausch von Geld gegen Waren und Dienstleistungen („Tauschlogikfreiheit"). Ebenso bilden Experimente mit Geschlechteridentitäten und Beziehungsmodellen („Beziehungsanarchie", „freie Liebe") einen wichtigen Bestandteil der Festivals. Selbsterklärtes Ziel der Festivals ist es, Möglichkeiten für solidarische und verantwortungsvolle, nachhaltige und damit zukunftsfähige Gesellschaften zu finden. Während der Festivaltage sollen diese Möglichkeiten diskutiert und außerhalb gesellschaftlicher Konventionen und Rahmenbedingungen (temporär) hergestellt und erprobt werden.

In beiden Zukunftslaboratorien werden – so unsere Grundannahme – unterschiedliche, zum Teil konträre Vorstellungen von einem guten Leben sichtbar. Im Unterschied zur philosophischen (z.B. Nussbaum 1999) oder wirtschaftspsychologischen Forschung (z.B. Frey 2008) geht es in einer kulturanthropologischen Perspektivierung von Vorstellungen und Formen des guten Lebens nicht um die Festlegung allgemeingültiger Kriterien. Im Gegensatz zu quantitativen Forschungen, die universelle Maßstäbe (z.B. Coceicao/Bandura 2008) für ein gutes Leben empirisch nachweisen oder normativ definieren wollen (z.B. Delhey/Steckermeier 2016, die einen „Good Life Index“ vorschlagen), orientiert sich die „anthropology of the good“ (u.a. Robbins 2013; Ortner 2016) an den Vorstellungen der Akteur*innen. So schreibt Michael Lambek: „Ethnographers commonly find that the people they encounter are trying to do what they consider right or good, are being evaluated according to criteria of what is right and good, or are in some debate about what constitutes the human good.“ (Lambek 2010: 1)

Wir begreifen Zukunftslaboratorien als Möglichkeitsräume, in denen Formen und Vorstellungen des guten Lebens sowohl imaginiert als auch erfahrbar gemacht werden. Indem Zukunftslaboratorien Alternativen zur Gegenwart versprechen, sind die dort verhandelten Entwürfe eines zukünftigen guten Lebens auch als eine Form der kritischen Auseinandersetzung mit der Gegenwartsgesellschaft zu verstehen. Der Beitrag befasst sich daher mit der Frage, wie Zukunftslaboratorien Vorstellungen des guten Lebens im Spannungsverhältnis von Zukunft und Gegenwart diskursiv und performativ aushandeln. Die folgenden beiden Abschnitte führen durch die beiden Zukunftslaboratorien Preppen und Utopie-Festivals entlang der Dimensionen *imaginieren* und *erfahrbar machen*. Dabei greifen wir auf unser ethnografisches Material zurück. Zum einen zeigen wir, wie Zukunftslaboratorien Gegenwelten zu bestehenden gesellschaftlichen Verhältnissen imaginieren, zum anderen richten wir den Fokus darauf, wie Zukunftslaboratorien Potenziale zur eigenen Selbstvergewisserung und Selbstermächtigung bereitstellen. Im Anschluss daran arbeiten wir Unterschiede und Komplementaritäten zwischen den beiden Zukunftslaboratorien heraus.

Dieser Beitrag entstand im Rahmen eines gemeinsamen, in Entwicklung befindlichen vergleichenden Forschungsprojekts zu Zukunftslaboratorien an der Albert-Ludwigs-Universität Freiburg. Julian Genner forscht als Postdoc zu Preppen, Ina Kuhn als Doktorandin zu Utopie-Festivals. Das Material stammt aus unserer explorativen Forschungsphase. In diesem Rahmen haben wir seit 2017 teilnehmende Beobachtungen an vier verschiedenen Utopie-Festivals und bei vier verschiedenen Prepper- und Survival-Treffen durchgeführt. Informelle Gespräche sowie leitfadengestützte Interviews bilden die Materialgrundlage. Ergänzt wird die empirische Basis durch zusätzliche (Internet-) Recherchen, durch die die Phänomene angemessen kontextualisiert werden sollen.

2. Preppen als Zukunftslaboratorium

Im Zentrum von Preppen steht die *Imagination* von krisenhaften Zukünften. Dabei werden medial zirkulierende Krisendiagnosen aufgegriffen und auf das eigene Leben bezogen. Mitunter verweisen Akteur*innen auch auf biografische Erfahrungen, die sie als Krisenerfahrungen deuten. Ein Gesprächspartner, der auf die sechzig zugeht, nannte Tschernobyl als prägendes Ereignis dafür, sich mit Krisenvorsorge zu befassen.[1] Ein anderer verwies auf die Fluchterfahrungen der eigenen Großeltern im Zweiten Weltkrieg. Für wiederum einen anderen, etwas jüngeren Gesprächspartner erbrachte Hurrikan *Katrina*, der im Jahr 2005 New Orleans und die Golfküste verwüstete, den Beweis, dass auf den Katastrophenschutz kein Verlass sei. Akteur*innen beziehen aber geopolitische und globale Entwicklungen auf das eigene Leben. Flüchtlingskrise, Klimawandel, Finanzkrise und Terrorismus werden von ihnen zu Bedrohungen stilisiert, die das eigene Leben aus der Bahn werfen und in eine Krise stürzen könnten. Ein Gesprächspartner (der die AfD als eine Bedrohung für die gesellschaftliche Stabilität betrachtet) hält es für realistisch, dass muslimische Anführer einzelne Stadtteile übernehmen und das Land in bürgerkriegsähnliche Zustände stürzen könnten. Die Stadt als Quelle und Ort von Chaos und Unordnung ist ein wiederkehrender Topos in den Gesprächen und Interviews. In zahlreichen Krisenszenarien schwärmen hungernde und marodierende Menschenhorden von der Stadt ins Umland. Ein anderer Gesprächspartner wiederum befasst sich eingehend mit Pandemie-Szenarien. Auch die Anfälligkeit von Infrastrukturen, etwa gegenüber Hackern oder natürlichen Störungsfaktoren wie dem Weltraumwetter, sind Themen, die in Interviews auftauchten. Inspirationen liefern Filme wie *The Book of Eli* (2010), TV-Serien wie *The Walking Dead* (seit 2010), Reality-TV-Serien wie *Dooms-*

1 Die bisherige Feldforschung hat gezeigt, dass Prepper*innen das Sprechen über die eigene Vorbereitung als Sicherheitsrisiko sehen. Mit Rücksicht auf die Sicherheitsbedürfnisse der Gesprächspartner*innen wird auf Informationen zu Wohnort, Interviewsetting, Beruf und Zugang verzichtet.

day Preppers (2011–2014), zahlreiche *YouTube*-Kanäle, Diskussionen in Internetforen oder historische Romane. Sosehr sich Szenarien und Inspirationen auch unterscheiden, so folgen sie einem ähnlichen Muster. In allen Varianten setzt ein Ereignis eine unaufhaltsame Kettenreaktion in Gang, die zum mehr oder weniger vollständigen Zusammenbruch der gesellschaftlichen Ordnung führt. Infrastrukturen, Institutionen und Menschlichkeit bilden in der Vorstellung von Prepper*innen eine dünne Schicht, die jederzeit und plötzlich wegbrechen könnte. Ein Gesprächspartner zitierte im Interview folgenden Spruch: „The world is only nine meals away from anarchy" (Genner, Interview 2017). Geht die Nahrung zur Neige, bricht das Chaos aus.[2]

In den Szenarien ist der Staat nicht fähig – oder auch gar nicht willig –, Krisen wirksam abzuwenden, geschweige denn erfolgreich zu bewältigen. Die Krise transformiert den Staat in einen *failed state*. Dieses Gefühl, sich auf den Staat nicht verlassen zu können, steigern die Krisenszenarien bisweilen bis zur Stufe eines völligen Misstrauens (vgl. Carey 2017) und sogar bis zur Ablehnung bestehender staatlicher Strukturen. Einen Gesprächspartner etwa trieb die Frage um, ob die Regierung politische Einstellungen und sexuelle Orientierung durch Substanzen im Trinkwasser steuere. Preppen ist anfällig für Verschwörungstheorien und politische Strömungen, die an der Legitimität bestehender Institutionen zweifeln. Es bestehen Familienähnlichkeiten und Schnittmengen mit den Souveränitätsphantasien von Reichsbürgern, aber auch den Bürgerkriegs- und Untergangsszenarien, wie sie von der Identitären Bewegung und Teilen der AfD propagiert werden.[3] Gleichzeitig gibt es in Deutschland mehrere Vereinigungen, die sich von solchen Strömungen abgrenzen. Hierzu zählen beispielsweise die *Prepper Gemeinschaft Deutschland PGD* (2013–2018) oder das *Human Survival Project* (2008–2011).

---

2 Die hier aufgeführten Beispiele stammen aus Interviews und informellen Gesprächen, die JG im Jahr 2017 geführt hat.

3 Die Innenministerkonferenz IKM beschloss im Jahr 2017, zusätzlich zu den Reichsbürgern auch die Prepper-Szene durch den Verfassungsschutz beobachten zu lassen. Die IKM „sieht das Erfordernis, die bundesweiten Erkenntnisse von Polizei und Verfassungsschutz zur Prepper-Szene in den fortzuschreibenden Lagebericht zu den Reichsbürgern und Selbstverwaltern einzubeziehen. Neben Erkenntnissen über die Zusammensetzung und Ziele der Szene ist auch zu klären, ob eine Affinität zu Waffen besteht und ob es mögliche Radikalisierungstendenzen und Bezüge zum Extremismus gibt." (Innenministerkonferenz IKM 2017) Die darauffolgende IKM präsentiert erste Befunde: „Es liegen keine tatsächlichen Anhaltspunkte für extremistische Bestrebungen der heterogenen ‚Prepper'-Szene vor, die eine Beobachtung durch die Verfassungsschutzbehörden rechtfertigen würden. Extremisten, die sich mit ‚preppen' befassen, stehen jedoch stets im Fokus der Verfassungsschutzbehörden." (Innenministerkonferenz IKM 2018)

Während die Krisenszenarien das Bild eines ohnmächtigen Staates malen, imaginieren sie gleichzeitig auch Potenziale zur Selbstermächtigung. Im Unterschied zu apokalyptischen Strömungen, die Untergangsvisionen mit dem Versprechen auf ein besseres Leben in einem wie auch immer gearteten Jenseits verknüpfen, betrachten Prepper*innen den Zusammenbruch der gesellschaftlichen Ordnung als technisches Problem, das sich mit den richtigen Fähigkeiten und der passenden Ausrüstung bewältigen lässt. Aus den Krisenszenarien spricht daher weniger eine Untergangssehnsucht als vielmehr ein vorsichtiger Optimismus, wie Richard Mitchell (2002) in seiner Ethnografie zu amerikanischen Prepper*innen festhält. Krisenszenarien bieten Möglichkeiten, sich als besonderes Individuum vorzustellen, das fähig ist, noch so schwierige Lebenslagen zu bewerkstelligen. Da die Krisenszenarien dazu dienen, sich als fähiges Individuum vorzustellen, orientieren sich diese Szenarien an den verfügbaren Möglichkeiten und Ressourcen der jeweiligen Akteur*innen. Plakativ ausgedrückt, bedeutet dies: Wer sich keinen Atombunker leisten kann, hantiert nicht mit Krisenszenarien, in denen es auf einen solchen ankommt. Nur Krisenszenarien, von denen Prepper*innen denken, dass sie diese mit ihren Möglichkeiten und Mitteln bewältigen können, bieten in der Gegenwart eine Handlungsperspektive.

Die Potenziale zur Selbstermächtigung materialisieren sich am offensichtlichsten in Vorräten und Ausrüstung. Meinen Gesprächspartner*innen geht es darum, im Krisenfall ein autarkes, unabhängiges und selbstbestimmtes Leben zu führen. Vorräte und Ausrüstung wurden in Interviews denn auch oft als Versicherung bezeichnet. Ein gängiges Ziel ist es, Vorräte für einen Zeitraum von wenigstens drei Monaten zu haben. Zum Vergleich: Das zuständige Bundesamt empfiehlt Vorräte für zwei Wochen (vgl. Bundesamt für Bevölkerungsschutz und Katastrophenhilfe BBK 2018). Wie viele Vorräte tatsächlich eingelagert werden, hängt von den finanziellen Möglichkeiten und den Platzverhältnissen ab. In einer kleinen Mietwohnung ist der Stauraum begrenzt. Nebst Lebensmitteln, Hygieneartikeln, Medikamenten und Batterien lagern Akteur*innen auch Ausrüstung ein, die den Zusammenbruch der Energieversorgung überbrücken kann. Dazu gehören Kerzen, Taschenlampen, Wasseraufbereitungssysteme, Gaskocher und Outdoor-Ausrüstung. Nach oben sind den Kosten keine Grenzen gesetzt. Ein Gesprächspartner hat über hunderttausend Euro investiert. Bei den Lebensmitteln gibt es zwei Modelle: Entweder man kauft sich ein Paket lang haltbarer Spezialnahrung oder – was deutlich günstiger ist – im Supermarkt Dosen, Nudeln etc. in rauen Mengen. Beides lässt sich auch kombinieren, wie etwa bei Marc:

> „Die Vorsorge erweitere ich natürlich fortlaufend, je nach aktuellem Budget, aktueller Lage oder nach dem aktuellen Stand. Ich habe zu Hause, was Lebensmittel angeht, relativ viel. Und, wie man das auch von anderen Preppern her kennt, werden die normal mit verbraucht je nach Mindesthaltbarkeitsdatum und so weiter und so fort bis auf einen bestimmten Stamm [betont] an wirklich lang haltbarer Nahrung oder wirklich lang haltbaren Utensilien, die dann wirklich nur für diesen Fall sind, da hab' ich eine große Kiste, da ist alles drin, bleibt auch mehr oder weniger unberührt, und ansonsten erweitert sich das eigentlich immer regelmäßig oder wird regelmäßig ausgetauscht." (Genner, Interview 2017)

Nebst Vorräten besitzen die meisten Gesprächspartner*innen auch einen Fluchtrucksack. Diese heißen auch *BOB* für *Bug Out Bag* oder *INCH* für *I Never Come Home*. Wo Abkürzungen nicht aus dem militärischen Sprachgebrauch stammen, werden sie daran angelehnt. Militärische Ausrüstung und Techniken spielen im Preppen eine wichtige Rolle. Die Fluchtrucksäcke sollen eine schnelle Flucht aus dem Krisengebiet ermöglichen. Sie stehen daher üblicherweise fertig gepackt bereit und sind inzwischen auch als Komplettset im Online-Handel erhältlich (z.B. Fluchtrucksack.de 2011–2019). Wer es sich leisten kann, lagert auf einem zusätzlichen Grundstück weitere Vorräte ein. Ein Gesprächspartner vergräbt auch Plastiktonnen mit Vorräten im Wald. Im Alltag tragen die meisten Informanten*innen ein sogenanntes EDC (für *Every Day Carry*) mit sich, das meistens Messer, Wasseraufbereitungstabletten, Feuerstahl, Taschenlampe und dergleichen enthält.

Diejenigen Gesprächspartner*innen die bereits seit mehreren Jahren ihre Krisenvorsorge betreiben und fortlaufend optimieren, betonten jeweils, dass der bloße Besitz von Vorräten und Ausrüstung nicht ausreiche. Es gehört zum guten Ton, sich in den Interviews über „Spaßprepper" zu mokieren, die mit ihrer Ausrüstung nicht umgehen könnten. Sie legen daher großen Wert darauf, ihre Vorbereitung und die eigenen Fähigkeiten regelmäßig zu testen und entsprechend zu erweitern.

Zwei Familienväter berichteten in Interviews, dass sie einmal im Jahr Wasser, Strom und Heizung abstellen würden. Einer hat Rucksäcke für seine Ehefrau und die beiden Kinder besorgt. Gemeinsam proben sie Fluchtszenarien, um im Krisenfall ein Grundstück mit zusätzlichen Vorräten zu erreichen. Auch ein weiterer Interviewpartner hat gemeinsam mit zwei Freunden Fluchtrouten geplant und getestet. Inzwischen gibt es zahlreiche kommerzielle Kursangebote für Prepper*innen, damit diese ihre Krisenvorsorge, insbesondere die Fluchtrucksäcke, testen können.

Dieses Durchspielen von Krisenszenarien ist nicht nur wichtig, weil es eine hypothetische Zukunft in der Gegenwart erfahrbar macht, sondern weil es damit verbunden auch ein hypothetisches Selbst – ein Selbst, das mit allen Wassern gewaschen ist und allen Widrigkeiten trotzt – im Hier und Jetzt verwirklicht. Darauf angesprochen, wie er Preppen definieren würde, antwortete Marc: „Dass man eigentlich an sich sehr selbstständig ist und auch mit spontanen Wechseln der Lebenslage umgehen kann und nicht gleich vollkommen hilflos dasteht und dass man selber mit verschiedensten Situationen umgehen kann." (Genner, Interview 2017)

Die Zielgröße Preppen ist ein Leben, in dem Unabhängigkeit und Selbstbestimmung in allen Situationen gewahrt werden können. Im Durchspielen von Krisenszenarien vergewissern sich Akteur*innen, dass sie heute schon in der Lage sind, eine zukünftige Krise zu bewältigen. Die im Preppen zirkulierenden Krisenszenarien sprechen der Gegenwartsgesellschaft ihre Zukunftsperspektive ab. Gleichzeitig verspricht Preppen, dass es möglich sei, die Zukunft in die eigenen Hände zu nehmen, und zwar unabhängig davon, was die Zukunft im Großen und Ganzen bringen mag. In diesem Sinne stiften die Krisen- und Untergangsszenarien die Möglichkeit einer guten Zukunft im Kleinen.

3. Utopie-Festivals als Zukunftslaboratorien

Utopie-Festivals glauben und appellieren an die Möglichkeit einer guten Zukunft im Großen und Ganzen und wollen diese im kleinen Rahmen des Festivals erproben. Die Festivals bezeichnen sich selbst als Graswurzelfestivals und grenzen sich von den aus ihrer Sicht kommerziellen und etablierten Open-Air-Festivals ab. Im Vordergrund steht also nicht etwa musikalische Unterhaltung, sondern die Frage nach einer guten und lebenswerten Zukunft. Mit wenigen hundert Teilnehmer*innen handelt es sich um kleine Festivals, die in ruralen Gebieten Deutschlands stattfinden. Als Veranstalter*innen dieser Festivals, die beispielsweise *Tage der Utopie*, *Festival für Zukunftsforscher*innen*, *Utopival* oder *Move Utopia* heißen, treten Aktivist*innengruppen, Ökodörfer, aber auch Kirchenorganisationen auf. Entsprechend variiert der Fokus. Was die Festivals verbindet, ist das explizite Ziel, während der (üblicherweise zwischen fünf und sieben) Festivaltage gemeinsam eine andere, bessere Welt jenseits von Krisen zu denken und zu leben. In informellen Gesprächen betonten Teilnehmer*innen, wie gut es tue, „einfach mal zu sehen, dass es auch anders geht", oder „mal mitzukriegen, was alles gut läuft" und „was schon passiert in Deutschland" (Kuhn, Feldtagebuch 2018). Auf den Festivals vergewissern sich die Teilnehmer*innen, dass eine bessere Zukunft und damit auch ein besseres

Leben jenseits gegebener Strukturen – hier werden insbesondere kapitalistische und patriarchale Gesellschafsstrukturen kritisiert – und aktueller Krisen (noch immer) möglich sei.

Im Mittelpunkt der Festivals stehen Fragen wie „Wie stellen wir uns eine zukunftsfähige Gesellschaft von morgen vor?“ oder „Wie soll es werden, wenn es gut wird?“. Ideen, die eine „enkeltaugliche“ und „lebenswerte“ Gesellschaft fordern, bilden den roten Faden, der sich durch die verschiedenen Festivalprogramme zieht.[4] Die Festivals verstehen sich selbst als Möglichkeitsräume für neue Ideen und Experimente: Das *Utopival* etwa wirbt damit, dass hier Bedenken wie „Das kann ich mir nicht vorstellen!“ oder „Das hat noch nie funktioniert!“ keinen Platz hätten. Während angeleiteter und spontaner Diskussionsrunden, nach und zwischen Expert*innen- und Impulsvorträgen, in Counseling-Sitzungen, Reflexionsrunden und anderen Formaten werden Vorstellungen von einem guten und gelingenden Leben im Plenum, in Kleingruppen und in privaten Unterhaltungen geteilt, verglichen und diskutiert.

Utopie-Festivals stellen zuallererst den Raum und die Zeit zum gemeinsamen *Imaginieren* einer anderen Zukunft bereit. In Bezug auf Raum falle es den Teilnehmer*innen auf den Festivals leichter, darüber nachzudenken, wie ein gutes Leben jenseits ihres Lebensalltags aussehen könnte. In besonderen, von der Gegenwartsgesellschaft scheinbar losgelösten Räumen wie Waldzeltdörfern mit minimalistischer Ausstattung versprechen Utopie-Festivals, eine andere Zukunft temporär zu verwirklichen. Die Außenwelt wird bewusst ausgeblendet, um „einfach nur da zu sein“ – wie es eine Teilnehmerin ausdrückte (Kuhn, Feldtagebuch 2018). Einige Festivals formulieren zu diesem Zweck sogar ein Handyverbot, damit die Teilnehmer*innen „präsenter“ und die Kontakte zwischen den Anwesenden „authentischer“ und „intensiver“ werden (vgl. ebd.).

In Bezug auf Zeit werden Festivals in medialen und wissenschaftlichen Diskursen übereinstimmend als Alltagsauszeit, als „time out of time“ (Falassi 1987: 1) gehandelt. Dieser Nicht-Alltag manifestiert sich während der Utopie-Festivals jedoch nicht im vermeintlich festivaltypischen, hedonistisch-eskapistischen Sinne, nicht in einem „Mehr“ an (Alkohol-/Drogen-)Konsum, Lautstärke und Ekstase, sondern in einem materiellen wie immateriellen „Weniger“: Begriffe wie Entschleunigung, Achtsamkeit und Reduktion sind während der Festivals allgegenwärtig. Die Festivalbesucher*innen genießen es, sich die Zeit für das „Wesentliche“ zu nehmen: das (eigene) Leben zu reflek-

---

4 Zu den Beschreibungen der Festivals und Zitaten der Veranstalter*innen siehe die Selbstbeschreibungen der Festivals auf der jeweiligen Homepage: Utopival (2019), Move Utopia (2019), Festival für Zukunftsforscher*innen (2019), Tage der Utopie (2019).

tieren, Träume, Wünsche und Ziele zu identifizieren und diese mit anderen zu teilen (vgl. Kuhn, Feldtagebuch 2018). Diese Gedanken zu verbalisieren und (ungefiltert) zu kommunizieren, fällt vielen Besucher*innen im Umfeld der Festivals und im Kreise potenziell ähnlich Gesinnter deutlich leichter. In den Interviews, die in den Wochen nach den Festivals durchgeführt wurden, erklärten und betonten die Festivalbesucher*innen, dass das Festival sowohl die Zeit als auch den sozialen und intellektuellen Rahmen biete, dass „mal echt diskutiert werden kann" (Kuhn, Interview 2018) oder man dort „vernünftig auf Augenhöhe kommunizieren kann […], was ja in der Gesellschaft allgemein noch ein bisschen schwierig ist" (ebd.). Die Teilnehmer*innen beschreiben die Festivalgemeinschaft als eine Art Wertegemeinschaft, in der eine respektvolle und tolerante Diskussionskultur und ein harmonisches Miteinander – in Abgrenzung zur Mehrheitsgesellschaft – möglich seien.

Der Übergang von der diskursiven zur performativen Aushandlung von Formen und Vorstellungen des guten Lebens ist fließend: Ideen und Entwürfe für eine andere Gesellschaft sollen nicht nur gedacht, gesammelt und festgehalten werden, sie sollen während der Festivaltage *erfahrbar gemacht* werden. Die Festivalbesucher*innen werden während der Festivaltage, in den Worten Arjun Appadurais ausgedrückt, zu aktiven „future makers" (Appadurai 2013: 285). Die Festivalräume funktionieren dabei als eine Art „dritter Ort" – so formulierte es ein Interviewpartner –, der zwischen dem, was ist, und dem, was sein kann, zu liegen scheint. Festivals sind antistrukturelle Sphären (vgl. Turner 1982), in denen unkonventionelle Lebensweisen in einem wenig oder nicht-institutionalisierten und hierarchiearmen Rahmen erprobt werden können. Dennoch sind sie nicht regelfrei. Auf sprachlicher Ebene, einem popularisierten konstruktivistischen Credo „Sprache schafft Wirklichkeit" getreu, werden zum Beispiel im Sinne der Gleichberechtigung, der Genderinklusion und der Enttabuisierung Wörter verändert, bewusst genutzt oder ersetzt und mit Nachdruck gegendert. So werden während des *Pfingstfestivals für Zukunftsforscher*innen* im *ZEGG (Zentrum für experimentelle Gesellschaftsgestaltung)* beispielsweise die Personalpronomen flexibel („sier"), das „Geschlecht" zum „Gegut", das „Schambein" zum „Charmebein" oder die „Schamlippen" zu „Stolzlippen" (Kuhn, Feldtagebuch 2019). Auf dem *Utopival* korrigieren sich einige Festivalteilnehmer*innen von „jemand" zu „jemensch" und aus Mann und Frau werden relativierend formuliert „männlich oder weiblich gelesene Personen" (ebd.). Auf struktureller Ebene setzen die Festivals in Bezug auf Verpflegung und Ausstattung auf ökonomisch-ökologische Alternativen, zum Beispiel durch gemeinsames Containern oder Lebensmittelretten vor Festivalbeginn, Mitarbeit der Festivalbesucher*innen in

Permakulturgärten oder das Erproben des No-Waste-Prinzips während der Festivaltage. Über die hier beispielhaft skizzierten, prominenten Themen wie Inklusion, (sexuelle) Selbstbestimmung, Alternativökonomie und Nachhaltigkeit hinaus bilden alternative (generationenübergreifende) Wohnformen, neue Formen von Spiritualität, Sinnhaftigkeit, Entschleunigung und Achtsamkeit weitere Schwerpunkte, die während der Festivaltage thematisiert und in Zukunftspraktiken übersetzt werden. Denn die Utopie-Festivals wollen vor allem eins: das gute Leben aus der Zukunft ins Hier und Jetzt holen. „Diese Tage sind eine Möglichkeit, mal außerhalb der (noch) etablierten Konventionen zu fühlen, zu denken und zu leben", so beschreibt das *Utopival* die Agenda des Festivals auf seiner Homepage. Die Festivals deuten Utopie als Überbegriff für gute, zukünftige, aber greif- und machbare Alternativen, die sie im Sinne einer „konkreten Zukunftsgestaltung" während der Festivaltage „erschaffen" und „leben" wollen. Die Motivation hierfür schöpfen die Festivals maßgeblich aus ökonomischen und ökologischen Krisendiagnosen. Das *Move Utopia* erklärt beispielsweise auf seiner Homepage:

> „Das Wirtschaftssystem, das unsere Welt beherrscht, ist an sein Ende gekommen. Immer mehr Menschen begreifen dies, und fürchten um die Zukunft. [...] Wir gehen einen neuen Weg. [...] [S]tatt uns über Begriffe zu zerreden, fangen wir an, die Welt neu zu erschaffen: Wir feiern das Experiment der gelebten Utopie, um uns jenseits von Nationen den globalen Problemen dieser Zeit zu stellen." (Move Utopia 2019)

Utopie-Festivals funktionieren also als Form der Selbstvergewisserung, dass eine andere, eine „neue" Welt möglich ist. Die Festivals präsentieren sich als Möglichkeitsräume zur individuellen und kollektiven Selbstermächtigung und suggerieren dabei, dass jede*r Teil einer solchen Welt sein könnte.

4. Unterschiede und Komplementaritäten

Die Versuchung ist groß, Preppen und Utopie-Festivals als einander diametral entgegengesetzte Phänomene zu begreifen. Stellen denn Untergang und Utopie keine Gegensätze dar? Bei genauerer Betrachtung zeigt sich jedoch, dass die jeweiligen Zukunftsentwürfe sich überraschend ähnlich sind. Die Zukunft, wie sie Preppen und Utopie-Festivals imaginieren, ist frei von der Komplexität, die die Gegenwartsgesellschaft auszeichnet. Diese blenden die Laboratorien auf eine komplementäre Art und Weise aus. Im Preppen ist die Vorbereitung darauf ausgelegt, dass sie ein Leben unabhängig von allen bestehenden Infrastrukturen und der existierenden gesellschaftlichen Ordnung ermöglicht.

Es geht um ein Leben in einer Zukunft, in welcher der Staat als Garant von Wohlstand und Sicherheit wegfällt. Utopie-Festivals wiederum blenden globale ökonomische Verflechtungen aus, indem sie alternative Gemeinschafts- und Wirtschaftsformen erproben. Der Komplexität der Gegenwartsgesellschaft stellen die beiden Laboratorien Zukünfte entgegen, die überschaubare und verständliche Räume darstellen, welche die Akteur*innen unmittelbar mit ihren eigenen Ideen und Fähigkeiten beeinflussen und gestalten können.

Die Versprechen der Selbstermächtigung, die die beiden Zukunftslaboratorien auszeichnen, verhalten sich ebenfalls komplementär zueinander. Dem Preppen wohnt ein fatalistischer Grundton inne: Gesellschaftliche Entwicklungen lassen sich durch das eigene Handeln nicht beeinflussen. Das Selbstermächtigungspotenzial besteht im Rückzug in das Private, um sich selbst mit Vorräten und den richtigen Fähigkeiten eine gute Zukunft im Kleinen zu ermöglichen. Es fällt dem Mann zu, dieses Idyll zu beschützen und zu versorgen. Mit den Rückzugs-, Untergangs- und Männlichkeitsphantasien lässt sich das Phänomen daher auch einer „regressiven Moderne" (Nachtwey 2016: 1) zuordnen. Utopie-Festivals wiederum propagieren, dass eine gute Zukunft für alle (über nationale Grenzen hinweg) möglich sei, sofern alle dazu bereit wären. Die Neugestaltung der Welt soll im kleinen und zeitlich begrenzten Rahmen des Festivals experimentell erkundet werden. Die Festivals suchen Wege in eine progressive „Post-Welt" – Postwachstumsökonomie, Postkonsum, Postpatriarchat. Ausgehend von den jeweiligen individuellen „Talenten", die Qualifikationen ablösen (Kuhn, Feldtagebuch 2019), wollen die Veranstalter*innen und Teilnehmer*innen Modelle für ein nachhaltiges, verantwortungsvolles und solidarisches Miteinander erproben. Auch hier nimmt die neue Zukunft ihren Ausgang beim Individuum. Die Festivals sind daher anschlussfähig an soziale Bewegungen und Aktivist*innengruppen, die ähnliche Ziele verfolgen. Schnittmengen bestehen unter anderem mit der *Fridays for Future*-Bewegung, den Besetzer*innen des Hambacher Forsts, der Ökodorf-Bewegung und mit lokal verankerten politisch aktiven Gruppierungen.

Sowohl Preppen als auch Utopie-Festival entwerfen das zukünftige Leben als ein einfaches Leben. Diese Einfachheit, von Interviewpartner*innen oftmals als „Rückbesinnung auf das Wesentliche" markiert, erfahren die Akteur*innen als Quelle von Authentizität und Sinnhaftigkeit. Die Klage über die Entfremdung von einem einfachen Leben, sei es als Überlebenskampf in der Krise, sei es als harmonisches Leben in der Utopie, ist ein wiederkehrender Topos in beiden Zukunftslaboratorien. Ein zukünftiges gutes Leben, in dem Überschaubarkeit, Nahräumlichkeit, Gemeinschaft und Einfachheit zentrale Rollen einnehmen, stellt für die Akteur*innen nicht nur einen

Sehnsuchtsort dar, sondern fungiert auch als Orientierungspunkt in einer – zumindest aus Sicht unserer Gesprächspartner*innen – zunehmend unübersichtlichen Welt. Wir begreifen die beiden Zukunftslaboratorien somit nicht als Gegensätze. Vielmehr lassen sich durch die vergleichende Analyse die Komplementaritäten der Zukunftsentwürfe im Kontext von Utopie-Festivals und Preppen herausarbeiten. Das Konzept des Zukunftslaboratoriums soll dabei auch im weiteren Verlauf unserer Forschung als Heuristik dienen, um diese Komplementaritäten sichtbar zu machen.

5. Fazit

Für populärkulturelle Figurationen, die ein gutes Leben jenseits der Gegenwartsgesellschaft imaginieren und erfahrbar machen, haben wir den Begriff des Zukunftslaboratoriums eingeführt. Wie die Feldforschungsmaterialien veranschaulichen, handelt es sich hierbei nicht nur um Räume, die im Bereich der Gedankenspiele und der Fiktion alternative Zukünfte entwerfen. Vielmehr versprechen Zukunftslaboratorien, Zukünfte konkret und auch körperlich in der Gegenwart erfahrbar zu machen. Zukunftslaboratorien funktionieren als Möglichkeitsräume und Experimentierfelder, um Vorstellungen und Formen des guten Lebens zu imaginieren, herzustellen und zu materialisieren. Was Zukunftslaboratorien idealtypisch auszeichnet, ist, dass sie nicht im Namen einer besseren Zukunft Veränderungen in der Gegenwart, sondern im Namen einer als krisenhaft wahrgenommenen Gegenwart die Erkundung von Alternativen fordern. Der Gegenwartsgesellschaft, namentlich den staatlichen und ökonomischen Strukturen, sprechen Preppen und Utopie-Festivals die Zukunftsfähigkeit ab – und damit auch die Fähigkeit, die Rahmenbedingungen für ein gutes Leben zu schaffen. Die Zukunft liege, so die Botschaft der Zukunftslaboratorien, in den Händen der Einzelnen. Vielleicht zeigt sich nirgends so deutlich wie im ungebrochenen Glauben an die individuelle Machbarkeit von Zukunft, dass es sich hier um die gegenwärtigen Zukünfte (Luhmann 1976) der ausgehenden 2010er Jahre handelt.

Die Krisendiagnosen, auf die die Zukunftslaboratorien Bezug nehmen, sind womöglich weniger Krisen der Gegenwart als vielmehr Krisen der Zukunft. Die steigende Popularität von Zukunftslaboratorien deutet darauf hin, dass es momentan keine gesamtgesellschaftlich verbindlichen und akzeptierten Zukunftsentwürfe gibt. Zukünfte, die unendliches Wachstum, Wohlstand für alle oder Vielfalt in Einheit versprechen, scheinen in Deutschland an Strahlkraft eingebüßt zu haben. Eine Rückkehr zu Zukünften, die nationale Größe oder die klassenlose Gesellschaft versprechen, scheint in Deutschland mit Blick auf das Verhältnis zur Geschichte weit schwieriger zu vermitteln zu sein als in anderen Ländern. In diesem Zukunftsvakuum, wenn man so möchte, versprechen Zukunftslaboratorien nicht nur eine bessere Zukunft, sondern auch Orientierung und Perspektiven für die Gegenwart.

Literatur

Appadurai Arjun: The Future as Cultural Fact. Essays on the Global Condition. London 2013.

Beck Ulrich: Risikogesellschaft. Auf dem Weg in eine andere Moderne. Frankfurt am Main 1986.

Carey Matthew: Mistrust. An Ethnographic Theory. Chicago 2017.

Conceica Pedro, Bandura Romina: Measuring Subjective Wellbeing. A Summary Review of the Literature. UNDP Working Paper. New York 2008, verfügbar unter: https://pdfs.semanticscholar.org/1772/72a223411959e11966369c04b6f88a7b07c8.pdf?_ga=2.66246124.335969731.1570789549-1174799826.1544110604 [11.10.2019].

Delhey Jan, Steckermeier Leonie C.: The Good Life, Affluence, and Self-reported Happiness. Introducing the Good Life Index and Debunking Two Popular Myths. In: World Development 88 (2016), S. 50–66, verfügbar unter: http://dx.doi.org/10.1016/j.worlddev.2016.07.007 [18.5.2019].

Duden: Rechtschreibung der deutschen Sprache. Mannheim u.a. 1996.

Falassi Alessandro: Time Out of Time. Essays on the Festival. New Mexico 1987.

Frey Bruno S.: Happiness. A Revolution in Economics. Cambridge 2008.

Lambek Michael: Introduction. In: *Ders.* (Hrsg.): Ordinary Ethics. Anthropology, Language, and Action. New York 2016 [2020], S. 1–36.

Luhmann Niklas: Beobachtungen der Moderne. Opladen 1992.

Ders.: The Future Cannot Begin. Temporal Structures in Modern Societies. In: Social Research 43 (1976), 1, S. 130–152.

Mitchell Richard G.: Dancing at Armageddon. Survivalism and Chaos in Modern Times. Chicago 2002.

Nachtwey Oliver: Die Abstiegsgesellschaft. Über das Aufbegehren in der regressiven Moderne. Berlin 2016.

Nussbaum Martha C.: Gerechtigkeit oder Das gute Leben. Frankfurt am Main 1999.

Ortner Sherry B.: Dark Anthropology and Its Others. Theories Since the Eighties. In: HAU: Journal of Ethnographic Theory 6 (2016), 1, S. 47–73.

Reckwitz Andreas: Zukunftspraktiken. Die Zeitlichkeit des Sozialen und die Krise der modernen Rationalisierung der Zukunft. In: *Ders.:* Kreativität und soziale Praxis. Studien zur Sozial- und Gesellschaftstheorie. Bielefeld 2016, S. 115–135.

Robbins Joel: Beyond the Suffering Subject. Toward an Anthropology of the Good. In: Journal of the Royal Anthropological Institute 19 (2013), S. 447–462.

Turner Victor: Celebration, studies in festivity and ritual. Washington 1982.

Quellen

Bundesamt für Bevölkerungsschutz und Katastrophenhilfe BBK: Ratgeber für Notfallvorsorge und richtiges Handeln in Notsituationen. 6. Auflage Bonn 2018, verfügbar unter: https://www.bbk.bund.de/SharedDocs/Downloads/BBK/DE/Publikationen/Broschueren_Flyer/Buergerinformationen_A4/Ratgeber_Brosch.pdf?__blob=publicationFile [10.5.2019].

Fluchtrucksack.de, 2011–2019, verfügbar unter: https://www.fluchtrucksack.de/ [10.5.2019].

Genner Julian: Interviews & Feldnotizen. 2017.

Human Survival Project: Hintergründe, 2008–2011, verfügbar unter: http://www.human-survival-project.de/html/hintergrunde.html [10.5.2019].

Innenministerkonferenz IKM: Sammlung der zur Veröffentlichung freigegebenen Beschlüsse der 207. Sitzung der Ständigen Konferenz der Innenminister und -senatoren der Länder. Leipzig 2017, verfügbar unter: https://www.innenministerkonferenz.de/IMK/DE/termine/to-beschluesse/2017-12-07_08/beschluesse.pdf?__blob=publicationFile&v=3 [1.3.2019].

Innenministerkonferenz IKM: Sammlung der zur Veröffentlichung freigegebenen Beschlüsse der 208. Sitzung der Ständigen Konferenz der Innenminister und -senatoren der Länder. Quedlinburg 2018, verfügbar unter: https://www.innenministerkonferenz.de/IMK/DE/termine/to-beschluesse/2018-06-08_06/beschluesse.pdf;jsessionid=7F7327C2396FCF9066658019D017C50E.1_cid349?__blob=publicationFile&v=2 [1.3.2019].

Kuhn Ina: Interviews & Feldtagebuch. 2017, 2018, 2019.

Move Utopia, 2019, verfügbar unter: https://move-utopia.de [10.5.2019].

Festival für Zukunftsforscher*innen, 2019, verfügbar unter: https://pfingsten.zegg.de/de/. [10.5.2019].

Prepper Gemeinschaft Deutschland PGD: Über uns. 2013–2018, verfügbar unter: http://www.prepper-gemeinschaft.de/ueberuns/ [10.5.2019].

Tage der Utopie, verfügbar unter: https://tagederutopie.de [10.5.2019].

Barbara Sieferle

Hoffnung in liminalen Zeiten. Zum Umgang mit Zukunft nach der Haft

1. Nach der Haft

Wenn Michael[1] an die Zeit seiner Haftentlassung zurückdenkt, dann spricht er stark euphorisch über die *Welt in Freiheit.* Er erzählt, wie aufregend sein erster Spaziergang in der Natur gewesen sei. Er umrundete bei strahlendem Sonnenschein und eisiger Luft den mit Grünflächen umrandeten See im Stadtpark. Die letzten sechs Jahre hatte er Wind und Wetter lediglich im grauen Hof der Justizvollzugsanstalt einer deutschen Großstadt miterlebt. Er erzählt, wie er sich gefreut habe, als er das erste Mal den Geruch frisch gewaschener Wäsche einatmete, anstelle des neutralen Geruchs seiner Kleidung aus der Anstaltswäscherei. Und er erzählt von seiner Freude, als er in den ersten Tagen nach seiner Entlassung „abends noch schnell in den Supermarkt um die Ecke" ging, um Knabbereien für einen gemütlichen Fernsehabend in seiner Wohngemeinschaft zu besorgen. Die Waren im Supermarkt selbst ansehen und berühren zu können, anstatt diese auf einer Warenliste durch Kreuze auszuwählen und tagelang auf deren Lieferung warten zu müssen, war etwas Besonderes für ihn; genauso wie der Umgang mit Bargeld und das spätabendliche Verlassen seiner Wohnung. Dem Rhythmus des Zelleneinschlusses am Abend um 22 Uhr bis zum nächsten Morgen um 6 Uhr war er nicht mehr unterlegen. Gleichzeitig war die Haftentlassung für Michael auch eine Zeit, die mit großer Verunsicherung und Ungewissheit einherging. Würde er eine Arbeitsstelle finden? Wo würde er wohnen? Würde ihm – einem Ex-Häftling – überhaupt jemand eine Wohnung vermieten? Er hatte zwar ein Zimmer in einer Wohngemeinschaft für Haftentlassene, jedoch nur für die ersten vier Monate nach seiner Entlassung. Michael erzählt außerdem von der Verunsicherung in Bezug auf die kleinen Dinge des Alltags: Einen Computer hatte er das letzte Mal vor seinem Gefängnisaufenthalt bedient und er kam bei der Suche nach Arbeitsstellen im Internet zunächst nur schwer zurecht. Genauso war ihm die Bedienung eines Smartphones unbekannt, diese musste er sich erst aneignen. Vor seiner Inhaftierung waren Smartphones noch keine Alltagstechnologie. Außerdem überforderten ihn die vielen Menschen auf der Straße und das Gedränge in der Tram. Er war so viele Menschen dicht beiei-

1 Die Namen haftentlassener Akteure und Orte sind durchgängig anonymisiert.

nander nicht mehr gewohnt. Die Welt draußen, nach der er sich jahrelang gesehnt hatte, war ihm fremd geworden. Er fühlte sich dieser nicht zugehörig.

Die in Michaels Erzählungen mitschwingenden Gefühle der Verunsicherung, der fehlenden Zugehörigkeit und der Entfremdung gegenüber der Welt außerhalb des Gefängnisses sind typisch für die Zeit der Haftentlassung (vgl. Hubka 2018). Besonders für Akteure[2] wie Michael, die weder Wohnung noch Familie oder Freundschaftsnetzwerke haben, in die sie nach ihrer Entlassung zurückkehren können, ist unklar, wie ihr Leben weiter verlaufen wird. Sie sehen sich mit einer ungewissen Zukunft konfrontiert. Wie gehen haftentlassene Akteure mit dieser ungewissen Zukunft um? Wie richten sie sich auf eine Zukunft aus, die sie als nicht planbar und nicht vorhersehbar erfahren?

Anhand ethnografischer Einblicke in die Lebenswelten haftentlassener Akteure nähere ich mich den Umgangsweisen mit Zukunft nach der Haft an. Diese Thematik bildet einen Teilaspekt meines kulturanthropologischen Forschungsprojektes, in welchem ich mich mit Alltagskonstruktionen ehemals inhaftierter Akteure beschäftige (vgl. Sieferle 2018). Über einen Zeitraum von eineinhalb Jahren (Frühjahr 2018 bis Herbst 2019) forschte ich ethnografisch im Feld der Haftentlassung. Ich begleitete Akteure bei ihrem über Monate andauernden Prozess der Entlassung aus dem Gefängnis in den zu etablierenden Alltag. Zusätzlich verbrachte ich regelmäßig Zeit an einer Anlaufstelle für Haftentlassene und lernte dort aus dem Gefängnis entlassene Akteure, wie Michael, kennen, die mir einen Einblick in ihre Lebenswelt gewährten.

2. Haftentlassung als liminale Phase

Für Michael griffen die Routinen, Handlungspraktiken und Erfahrungen des Gefängnislebens nach seiner Entlassung nicht mehr. Er war aus dem Gefängnis in eine Welt entlassen worden, die für ihn vor seiner Inhaftierung noch eine andere gewesen war und die er zunächst wieder kennenlernen musste. Er war nun in einer Welt, die ihm fremd war und ihn verunsicherte. Insbesondere die Suche nach einer Wohnung und Arbeit versetzte Michael in einen Zustand der Unsicherheit und Ungewissheit in Bezug auf sein zukünftiges Leben. Obdach zu haben und Geld zu verdienen, stellt (nicht nur) für haftentlassene Akteure ein zentrales Fundament dar, um eine optimistische

2 Das Gefängnis einer deutschen Großstadt, in der meine Forschung ihren Ausgangspunkt nahm, ist eine Justizvollzugsanstalt für männliche Gefangene. Die Lebenswelten haftentlassener Männer stehen daher im Zentrum dieses Artikels, auch wenn der Analysefokus nicht auf Geschlechtlichkeit liegt. Ich spreche daher bewusst von Akteuren in der rein männlichen Form.

Zukunftsperspektive entwickeln zu können. Hilfe bei der Arbeits- und Wohnungssuche sowie die Bereitstellung von Zimmern zur temporären Miete sind daher die zentralen Unterstützungsangebote, die Sozialarbeiter*innen an der Anlaufstelle für Haftentlassene anbieten. Gerade Akteure wie Michael, die keine*n Partner*in, Familie oder soziale Netzwerke haben, zu denen sie nach ihrer Entlassung zurückkehren können, wenden sich an die Anlaufstelle, um diese Unterstützungsmaßnahmen in Anspruch zu nehmen. Der Aufbau sozialer Beziehungen – insbesondere einer festen Partnerschaft – stellt neben den Lebensbereichen Arbeit und Wohnen eine weitere Ungewissheit in der Zeit nach der Haftentlassung dar.[3]

Dies gilt auch für Thorsten. Ich lernte Thorsten neun Monate vor seiner Entlassung im Gefängnis kennen. Wir trafen uns zunächst zu Gesprächen im Besuchsraum des geschlossenen Vollzugs der Justizvollzugsanstalt und wenige Wochen danach im offenen Vollzug. Nach seiner Entlassung unternahmen wir gemeinsame Spaziergänge und Stadterkundungen, trafen uns im Café oder bei McDonalds – auf seinen ersten Big Mac hatte sich Thorsten lange gefreut. Immer wenn er auf seine näher rückende Entlassung zu sprechen kam, äußerte Thorsten den Wunsch nach einer Liebesbeziehung mit gegenseitigem Vertrauen und Fürsorge: Er wolle eine Freundin finden, mit der er gemeinsam auf dem Sofa kuscheln und gemeinsam in einem Bett einschlafen könnte. Mit dieser Partnerin wolle er auch seine Sexualität leben – was er in den letzten Jahren, im Gefängnis, nicht konnte (vgl. Klemm 2015). Er hatte während der Haft keine Möglichkeit, eine heterosexuelle Beziehung zu führen. Kurze Zeit nach seiner Entlassung registrierte sich Thorsten auf einer Partnerschaftsbörse im Internet und ging auf Single-Partys. Frauen anzusprechen, sei zunächst einmal kein Problem für ihn. Allerdings sei das weitere Kennenlernen problematisch, denn es gebe nie den richtigen Zeitpunkt, seinen Gefängnisaufenthalt zu erwähnen. Bislang habe dies immer zum sofortigen Abbruch seiner Dates geführt, erzählte mir Thorsten in bedrückter Stimmung. Er wisse mittlerweile gar nicht mehr, wie er sich verhalten solle. Bei jeder neuen Kontaktaufnahme sei er zunehmend verunsichert. Er überlege daher, „es nun ganz sein zu lassen“. Die in Thorstens Erzählungen mitschwingende Angst vor sozialer Zurückweisung spielt nicht nur bei der Suche nach einer*einem Partner*in eine Rolle, sondern auch in den täglichen sozialen

3 Der Entlassungsprozess bei Michael war mit einer zusätzlichen Unsicherheit verbunden, weil er die Stadt, in der er sechs Jahre im Gefängnis gesessen hatte, nicht kannte. Nach seiner Inhaftierung wurde er dorthin verlegt, kannte sich außerhalb der Gefängnismauern aber nicht aus. So musste er nach seiner Entlassung nicht nur mit einer ihm fremden Welt, sondern auch mit einer stadtgeografischen Orientierungslosigkeit zurechtkommen.

Interaktionen haftentlassener Akteure. Das Stigma (vgl. Goffman 1975) des „(Ex-)Knackis“ und „Kriminellen“ erschwert oder verhindert den Aufbau von Partnerschaften, Freundschaften und Bekanntschaften. Die eigentliche Strafe, so der Konsens unter den Sozialarbeiter*innen der Anlaufstelle für Haftentlassene und unter haftentlassenen Akteuren, fange erst nach der Inhaftierung an – mit gesellschaftlicher Ausgrenzung und Stigmatisierung (vgl. Travis 2005; LeBel 2012; Weimann 2007; Winnick/Botman 2008).

Stigmatisierung und gesellschaftliche Ausgrenzung erfährt auch Kilian regelmäßig, seit er aus dem Gefängnis entlassen ist. Seit seiner Entlassung bewohnt er ein Zimmer in der städtischen Obdachlosenunterkunft. Auf dem freien Wohnungsmarkt, so Kilian, habe er keine Chance. „Wer gibt schon einem Ex-Knacki eine Wohnung?!“, kommentierte Kilian resigniert, nachdem er wieder einmal eine Absage nach einer Wohnungsbesichtigung erhalten hat. Ähnliche Erfahrungen machen haftentlassene Akteure bei der Arbeitssuche. Bei Vorstellungsgesprächen hören sie regelmäßig: „Kriminelle stellen wir nicht ein.“ Peter verlor seinen Arbeitsplatz, als sein Arbeitgeber von seinem Gefängnisaufenthalt erfuhr. Dmitri verlor ihn, weil seine Kolleg*innen ihn des Diebstahls bezichtigten. „Einmal kriminell – immer kriminell“, sagten sie zu ihm.[4] Sie alle beziehen Sozialhilfe oder Arbeitslosengeld II, bekannt als *Hartz IV*. Sie leben unter prekären finanziellen Verhältnissen und sind von Armut bedroht. Werner verkauft Drogen, um seinen Alltag finanziell leichter bewerkstelligen zu können, und ist mit der Gefahr einer erneuten Inhaftierung konfrontiert.

Obdachlosigkeit, Arbeitslosigkeit, Armut, soziale Ausgrenzung, erneutes kriminelles Handeln und Wiederinhaftierung sind Risiken, denen Akteure nach ihrer Entlassung ausgesetzt sind (vgl. Johns 2018: 84).[5] Hinzu kommt die Verunsicherung in Bezug auf die Lebenswelt außerhalb des Gefängnisses, wie bei Michael der Umgang mit dem Smartphone, Ticketautomaten mit Touchpad oder dem Internet.

Kriminologische Studien zum Thema Haftentlassung nutzen, in Anlehnung an Arnold van Gennep (1986) und Victor Turner (1989), das Konzept

---

4 Die folgenden anekdotenhaften Beispiele verdeutlichen die Präsenz stigmatisierender Fremdzuschreibungen in verschiedenen sozialen Interaktionen und gesellschaftlichen Feldern: „Wir stellen keine Kriminellen ein“, sagte ein Personalverwalter zu Martin während eines Vorstellungsgesprächs und verwies ihn aus seinem Büro. „Leute wie dich bedienen wir hier nicht“, kommentierte eine Bäckerei-Verkäuferin, als Metin in seiner Nachbarschaft ein Brot kaufen wollte. „Ich weiß, wo du herkommst. Geh mal lieber wieder heim“, war die Reaktion eines Polizeibeamten, als Sven den Diebstahl seines Fahrrades auf dem Polizeirevier melden wollte.

5 Die Kriminologin Diane Johns (2018: 84) nennt als zusätzliche Risiken noch Drogenkonsum und psychische Krankheiten.

der Liminalität, um den Zustand der Unsicherheit und des Chaos, der Instabilität und Verletzlichkeit zu fassen, in welchem sich Akteure bei und nach ihrer Entlassung befinden (vgl. Healy 2010; Jewkes 2005; Johns 2018). In liminalen Phasen sind soziokulturelle Statuszuschreibungen und Handlungsmuster außer Kraft gesetzt. Akteure befinden sich in einem Zustand des „betwixt and between" (Turner 1967). Temporär aus gesellschaftlichen Zusammenhängen herausgelöst, befinden sie sich in einem sozialen Schwebezustand, einer Phase der Anti-Struktur. Genau dies trifft auch auf haftentlassene Akteure zu. Sie haben das Gefängnis zwar verlassen – sie sind physisch nicht mehr inhaftiert –, sie gehören aber der Welt außerhalb des Gefängnisses nicht – oder noch nicht – an. Sie befinden sich zwischen zwei Welten. Soziale Rollen und Selbstbilder, die Akteure vor ihrer Inhaftierung hatten, gingen in der Haft verloren oder veränderten sich. Für das Gefängnisleben typische Handlungsmuster greifen nach der Entlassung nicht mehr. Akteure müssen sich Handlungsmuster, soziale Rollen und Selbstbilder nach ihrer Entlassung neu aneignen (vgl. Bereswill/Greve 2001; Goffman 1973 [1961]: 24). Diese liminale Zwischenphase ist inhärent aufwühlend und verunsichernd. Sie birgt die Gefahr, unüberwindbar zu sein. Für aus dem Gefängnis entlassene Akteure ist sie mit den vielfältigen Risiken der Haftentlassung verbunden. Kriminologische Studien konzipieren die Inhaftierung und den Gefängnisaufenthalt als vorliminale Phase der Trennung mit ihrer bisherigen Lebenswelt, die Zeit der Haftentlassung als liminale Phase des Übergangs vom Leben in Haft in das gesellschaftliche Leben *draußen*. Die angestrebte postliminale Phase der Reintegration beginnt einige Zeit nach der Haftentlassung, wenn Akteure nicht mehr kriminell handeln (vgl. Healy 2010: 35–36; Johns 2018: 84–85). Rituale gewährleisten hierbei den problemlosen Übergang von einer Phase in die nächste (van Gennep 1986: 27).[6] Die Verhaftung und der anschließende Gerichtsprozess mit der Sprechung des Urteils können als rituelle Transformationsphase betrachtet werden (vgl. Johns 2018: 84). Offizielle soziokulturell geformte Rituale zur gesellschaftlichen Reintegration nach der Haftentlassung fehlen allerdings. Einige haftentlassene Akteure schaffen sich diese Rituale daher selbst. So wurde Martin am Tag seiner Entlassung von seiner Familie an der Pforte der JVA mit Kuchen und alkoholfreiem Sekt empfangen. Die Rückkehr in den Kreis seiner Familie stellte für ihn den rituellen Übergang in das gesellschaftliche Leben dar. Und für Amar war es der Abschluss seines ersten eigenen Mietvertrags, mit dem er die liminale Phase der Haftentlassung verließ. Bei seiner Entlas-

---

6 Ich verstehe Rituale als „symbolische Handlungen" (Krieger/Belliger 2006: 7), die durch meist festgelegte Abläufe als „Darstellung und zugleich Reproduktion kultureller Sinn- und Handlungsmuster" (ebd.: 8) fungieren und damit soziokulturelle Wirklichkeiten konstruieren (ebd.: 17).

sung, drei Jahre zuvor, hatte er zunächst ein Zimmer in einer Wohngemeinschaft der Anlaufstelle bezogen, danach in einer Sozialwohnung gelebt, die von einer Stiftung unterhalten wurde. Er war nie Hauptmieter dieser Wohnungen gewesen. Endlich sei die jahrelange Zeit der Wohnungssuche, in welcher er ständig auf Ablehnung seitens potenzieller Vermieter*innen gestoßen war, vorbei. Für Rüdiger war es der erste Arbeitstag an seiner neuen Arbeitsstelle, der für ihn den rituellen Übergang markierte. Und Nico beendete seine liminale Phase, indem er ins Drogengeschäft einstieg. Er verwaltet seither das Drogendepot eines Dealers, dafür erhält er monatlich 400 Euro, kostenloses Marihuana und Haschisch zum Eigenverbrauch. Er wirkt damit seiner prekären finanziellen Lage entgegen. An diesem Beispiel zeigt sich der Unterschied zwischen einem kriminologischen und kulturanthropologischen Blick auf die Haftentlassung. Während die Kriminologie das Liminalitäts-Konzept, genau wie die Kulturanthropologie, als Hilfsmittel nutzt, um den Status des ‚Zwischen den Welten'-Seins analytisch zu verstehen, so legt sie meines Erachtens ihren Fokus zu sehr auf das Beenden kriminellen Handelns. Eine akteurszentrierte Perspektive, wie sie die Kulturanthropologie einnimmt, welche die emischen Sinnzuschreibungen an das Handeln haftentlassener Akteure in den analytischen Fokus stellt, öffnet hingegen den Blick auf die vielfältigen Handlungs- und Erfahrungsmuster haftentlassener Akteure. Auch die erneute Aufnahme kriminellen Handelns, so macht Nico deutlich, kann zum Verlassen der liminalen Phase Haftentlassung führen.

Dem Konzept der Liminalität liegt ein Moment des Übergangs und der Transformation zugrunde. In soziokulturell bereitgestellten Ritualen können Akteure die liminale Phase der Unsicherheit, des Chaos und der Verletzlichkeit verlassen (vgl. Turner 1989; van Gennep 1986). Was ist jedoch mit Akteuren, die keine Arbeit finden, keinen eigenen Mietvertrag unterschreiben, nicht in den Kreis ihrer Familien und Freunde aufgenommen werden? Wie agieren Akteure, die keine rituellen Übergänge durchlaufen, um die liminale Phase der Haftentlassung zu verlassen? Während meiner Zeit an der Anlaufstelle für Haftentlassene traf ich auf Akteure, die bereits seit einigen Jahren – einige sogar seit Jahrzehnten – aus dem Gefängnis entlassen sind und deren Erfahrungen sich immer noch durch Unsicherheit und Ungewissheit in Bezug auf ihre Zukunft auszeichnen. Diese Akteure befinden sich, so meine kulturanalytische Interpretation, in einem dauerhaften Zustand der Liminalität. Bereits van Gennep weist auf die Möglichkeit hin, dass liminale Übergangsphasen zu permanenten Zuständen werden können (vgl. van Gennep 1986: 21). Turner (1969: 107) führt diesen Gedanken mit seinem Konzept der *Institu-*

tionalisierung von Liminalität in Bezug auf Mönchsorden weiter.[7] Haftentlassene Akteure allerdings erfahren diesen Zustand als temporär. Diese zeitliche Beschränktheit der Erfahrung liminaler Phasen gründet in einer spezifischen Umgangsweise mit der Zukunft: in der Hoffnung auf ein verändertes, zukünftiges Leben.

3. Hoffnung in liminalen Zeiten

Stefan ist ein regelmäßiger Besucher der Anlaufstelle für Haftentlassene. Er ist Mitte fünfzig und hat insgesamt 15 Jahre seines Lebens im Gefängnis verbracht. Mit Anfang zwanzig wurde er zum ersten Mal inhaftiert. Er erhält Arbeitslosengeld II. Vormittags arbeitet er in einem sogenannten Ein-Euro-Job, der Teil eines von der Anlaufstelle betreuten sozialpädagogischen Arbeitsprojektes ist. Gemeinsam mit weiteren haftentlassenen Akteuren entrümpelt er Wohnungen, säubert städtische Parks oder forstet den Wald auf. Auch wenn er lediglich einen Stundenlohn von 1,50 Euro erhält, kann er diesen Zusatzverdienst gut gebrauchen, denn er finanziert dadurch seinen Tabakkonsum. Wenn die im Projekt beschäftigten Männer nach getaner Arbeit um 12 Uhr gemeinsam eine Zigarette rauchen und ein alkoholfreies Bier trinken (Drogen, mit Ausnahme von Tabak, sind an der Anlaufstelle verboten), geht Stefan entweder nach Hause oder setzt sich alleine etwas abseits. Er meidet den Kontakt zu seinen Kollegen, so gut es geht. Er möchte, so erzählt er mir, nichts mit „Drogenleuten" zu tun haben. Denn er ist momentan noch auf Bewährung.[8] Sein Urin wird in unregelmäßigen Abständen auf Drogen getestet. Wenn der Test positiv ausfällt, muss er zurück in die forensische Psychiatrie. Seinen letzten Joint, erzählt er mir etwas wehmütig und gleichzeitig auch lachend, habe er 2011 geraucht. Ab und an trinkt er Alkohol – meist am Abend nach einer Urinkontrolle, um sicherzugehen, dass dieser bei der nächsten Kontrolle nicht mehr nachweisbar ist. Seine Bewährungszeit dauert noch weitere zwei Jahre und diese möchte er ohne weitere Vorkommnisse überstehen.

---

7 Arpad Szakolczai (2000: 215–227) wiederum spricht von der Moderne als Zustand der permanenten Liminalität. Vgl. hierzu außerdem Thomassen 2009. Und Sarah Nimführ (2016) beschreibt die Erfahrung von Geflüchteten auf Malta als dauerhaft gelebte Liminalität, welche auf ihrem Rechtsstatus als Geflüchtete gründet.

8 An die Haft anschließende Zeiten der Bewährung oder Führungsaufsicht verstärken für Akteure die liminale Phase der Haftentlassung. Aus dem Gefängnis zwar entlassen, sind sie immer noch staatlicher Aufsicht unterlegen, welche ihr tägliches Handeln beeinflusst. Teilweise wird dieses durch die verpflichtende Teilnahme an einer Psychotherapie oder ein Anti-Gewalt-Training, den Entzug des Führerscheins, regelmäßige Drogentests und das damit einhergehende Alkoholverbot beschränkt.

Stefan wohnt gemeinsam mit einem weiteren haftentlassenen Mann in einer Sozialwohnung, die von einem gemeinnützigen *Verein zur Rehabilitation im Strafvollzug* verwaltet wird. Regelmäßig erzählt er mir, dass er sich in seiner Wohnung nicht wohlfühle. Die Regelungen des Vereins seien zu hart. Jeden Tag um 22 Uhr komme ein von der Stiftung beauftragter Betreuer vorbei, um „nach dem Rechten zu sehen". Oftmals stehen diese Betreuer, ohne vorher zu klingeln, unvermittelt in der Wohnung. Stefan fühlt sich dadurch in seiner Privatsphäre verletzt. Es sei wie im Gefängnis, wenn Beamt*innen unvermittelt die Zellentür aufrissen. Gerne würde er einmal einen Freund zum Kaffee oder zum gemeinsamen Filmabend einladen. Allerdings verbiete die Stiftung Besuch jeglicher Art. Er empfindet dies als eine starke Einschränkung seines Soziallebens.

In den anderthalb Jahren, in denen ich Stefan nun kenne, äußerte er immer wieder seine Unzufriedenheit mit seiner gegenwärtigen Lebenssituation und imaginierte dabei eine veränderte, bessere Zukunft. In diesen Zukunftsimaginationen zeigt sich Stefans Hoffnung auf ein verändertes Leben abseits seines gegenwärtigen liminalen Zustandes. Stefan spricht häufig davon, seine Stelle im Arbeitsprojekt aufzugeben und bei einer Werkstätte für Menschen mit Behinderung eine Teilzeitstelle aufzunehmen. Mehrere Nachmittage lang sitzt er am Computer der Anlaufstelle und recherchiert über die Voraussetzungen der Aufnahme einer Arbeitsstelle bei der Caritas. Nach den Tagen der Recherche erklärt er mir, dass er nun einen Schwerbehindertenausweis beim Versorgungsamt beantragen und sich während der Bearbeitungsdauer mit der Caritas-Werkstätte in Verbindung setzen werde. Nur wenige Tage später erzählt er mir, er wolle Gemüse- und Obstlieferant werden. Er fahre gerne Auto; der Job des Auslieferers sei daher wie für ihn gemacht. Hierzu müsse er allerdings zunächst seine Fahrerlaubnis wiedererlangen. Diese wurde ihm während seiner Zeit in der forensischen Psychiatrie entzogen. Er werde daher die medizinisch-psychologische Untersuchung (im Common Sense: *MPU*) durchlaufen, die mehrere Hundert Euro koste. Daher fange er nun an, Geld zu sparen, um sobald als möglich als Lieferant arbeiten zu können.

Neben seinem Wunsch nach einer veränderten Arbeitsstelle spricht Stefan häufig davon, aus seiner Wohnung auszuziehen. Auch dafür recherchiert er tagelang im Internet und informiert sich über verschiedene Sozialeinrichtungen. Auf dem freien Wohnungsmarkt, so Stefan, habe er keine Chancen. Das wisse er. Aber er würde sehr gerne in eine Einrichtung ziehen, in der die Betreuung weniger streng gehandhabt wird. Detailliert berichtet er mir von den verschiedenen Einrichtungen, über die er im Internet recherchiert hat.

Er wolle diese in der kommenden Woche kontaktieren, um sich dort auf die Warteliste für eine Wohnung oder ein Zimmer setzen zu lassen.

Wieder ein paar Tage später erzählt er mir, dass er gerne Claudia, eine Bekannte von ihm, heiraten würde. Dann könne er mit Claudia gemeinsam in eine 60 Quadratmeter große Wohnung ziehen. Verheiratete Paare, die beide Arbeitslosengeld II oder Sozialhilfe beziehen, hätten ein Anrecht auf eine solch große Wohnung, während alleinstehende Sozialhilfeempfänger*innen lediglich Anrecht auf eine maximal 45 Quadratmeter große Wohnung hätten. Gemeinsam zu leben und gemeinsam alt zu werden, so Stefan, mache das Leben viel leichter. Er erzählt, dass er mit Claudia gerne eine Liebesbeziehung führen würde, an der Claudia aber kein Interesse hätte. Daher wolle er sich nun auf einer Online-Partnerschaftsbörse anmelden und auf Single-Partys gehen. Denn er würde gerne eine Familie gründen und „viele kleine Stefans zeugen", um die er sich dann zusammen mit seiner Partnerin kümmern würde.

In Stefans Imaginationen einer festen Arbeitsstelle, einer Wohnung mit mehr Privatsphäre, einer Partnerin und Kindern manifestiert sich seine Hoffnung auf eine veränderte Zukunft. Für Morten Pedersen (vgl. 2012: 141) ist Hoffnung, „what people do when they have no firm ground […] on which to build their ideas of the future". Stefan fehlt eine feste Grundlage in Bezug auf seine Wohnungs- und Arbeitssituation und in Bezug auf seine sozialen Beziehungen. Neben Claudia hat Stefan einen, ebenfalls hafterfahrenen, Freund. Sonst, so betont Stefan selbst mehrfach, habe er niemanden. Die Hoffnung auf eine Arbeit in der Caritas-Werkstätte oder auf eine Arbeit als Lieferant, die Hoffnung auf eine eigene Wohnung, eine Partnerin und eine Familie zeigen Stefan verschiedene mögliche, teilweise kongruierende Zukünfte an. In all diesen möglichen Zukünften hat er seinen gegenwärtigen liminalen Zustand verlassen. Im Kontext der dauerhaften Liminalität nutzt Stefan Hoffnung als eine aktive Form der Auseinandersetzung mit der Zukunft, als eine Methode der Zukunftskonstruktion.

Auf der einen Seite stehen die liminale Erfahrung Stefans, das gefühlte Chaos des gegenwärtigen Lebens und die omnipräsente Unsicherheit in Bezug auf seine Zukunft. Auf der anderen Seite stehen die in Stefans Hoffen geschaffenen zukünftigen Möglichkeiten, diese unsichere Gegenwart zu verlassen. Und genau dieses Spannungsfeld, das sich im Konzept der Hoffnung findet, ist auch im Konzept der Liminalität angelegt, wenn Victor Turner dieses als „fruchtbares Chaos, als Möglichkeits- und Entstehungsraum der Antizipation postliminaler Erfahrungen" (Turner 1985: 43) charakterisiert. Liminale Phasen gehen zwar mit einer großen Verunsicherung und Ungewissheit einher, in ihnen liegt aber gleichermaßen das Potenzial der Entstehung neuer Ideen und Hoffnungen. Die Hoffnung Stefans zeichnet sich durch eine ambivalente Gleichzeitigkeit von Unsicherheit und transformierendem Potenzial in Bezug auf Gegenwart und Zukunft aus. Diese Ambivalenz ist dem Moment der Haftentlassung eingeschrieben. Direkt nach der Entlassung ist dies am deutlichsten greifbar. Euphorisch freut sich Michael über seine Entlassung und über Dinge, die er im Gefängnis jahrelang vermisst hat, wie einen Spaziergang im Grünen oder die Freiheit, jederzeit seine Wohnung verlassen zu können. Für ihn beginnt damit etwas Neues, auch wenn er noch nicht weiß, was die Zukunft bringen wird. Gleichzeitig verunsichert ihn die Welt, in die er entlassen wurde. Sie erscheint ihm fremd und durchaus etwas bedrohlich. Damit einher geht eine Unsicherheit in Bezug auf das zukünftige Leben.

Stefans Vorstellungen seiner Zukunft lassen sich außerdem als soziokulturelle Phänomene fassen. Arjun Appadurai verdeutlicht dies, wenn er Zukunft als „cultural fact“ (Appadurai 2013) bezeichnet und auf die sozial vermittelten und kulturspezifischen „ways to aspire“ (ebd.: 67) verweist. Die soziokulturelle Bedingtheit von Hoffnung und dem Akt des Hoffens wird bei Stefan besonders deutlich, wenn darauf geachtet wird, worauf er hofft. Denn das, worauf er seine Hoffnung richtet, ist eng an seine gegenwärtige und auch vergangene Lebenssituation gebunden, die ihm einen „horizon of credible hopes“ (ebd.: 81–82) vorgibt.[9] Stefan hofft auf eine Arbeitsstelle bei der Caritas oder als Lieferant. Er konstruiert keine Zukunft, die abseits seiner beruflichen Möglichkeiten liegt. Stefan kann weder einen Schulabschluss noch Berufserfahrung vorweisen. Durch seine mehrjährigen Aufenthalte in der forensischen Psychiatrie könnte er einen Schwerbehindertenausweis beantragen, und er könnte, sofern er seine Fahrerlaubnis wiedererlangt, eine Arbeit als Lieferant erhalten. Er hofft nicht auf eine Anstellung, für die er eine Berufsausbildung vorweisen müsste – das sieht sein *Hoffnungshorizont* nicht vor. Er hofft auch nicht auf eine 100 Quadratmeter große Wohnung oder ein Haus. Vielmehr verbleibt er in der Hoffnung auf eine 60-Quadratmeter-Wohnung innerhalb der Möglichkeiten, die von staatlicher Seite für ihn als Arbeitslosengeld-II-Empfänger vorgesehen sind. Stefan hofft auf eine Liebesbeziehung mit Claudia, die er in der forensischen Psychiatrie kennengelernt hat und die von Anfang an über seine Straftat und seinen Gefängnisaufenthalt Bescheid wusste. Auf Online-Partnerschaftsbörsen weise er bei einer ersten Kontaktaufnahme immer direkt auf seine Vergangenheit hin. Eine „normale Partnerin“ finde er sowieso nicht. Als ich ihn frage, was er unter „normal“ verstehe, erklärt er mir, dass er damit Menschen meine, die in ihrem Leben nicht straffällig ge-

9 Hoffnung hat nicht nur eine zeitliche Ausrichtung auf die Zukunft, sondern speist sich immer auch aus vergangenen Erfahrungen (vgl. Pedersen/Liisberg 2015: 1).

worden seien, die keine Sozialhilfe beziehen und die eine feste Arbeitsstelle haben. Für ihn kommen „normale Menschen" als Partnerinnen nicht infrage. Er habe in den letzten Jahren durchgängig schlechte Erfahrungen gemacht. Sobald er beim Knüpfen neuer Bekanntschaften von seiner Zeit im Gefängnis erzählte, hätten sich die Menschen von ihm abgewandt. Die Möglichkeiten der Zukunftskonstruktion, das ist Stefan bewusst, sind stark von seinem Status des gesellschaftlichen Außenseiters (vgl. Becker 2014 [1963]) durchdrungen.

Als ich Stefan kennenlernte, war ich zunächst irritiert, dass er in einer Woche als Lieferant und in der nächsten Woche bei der Caritas arbeiten wollte. Auf mich wirkten seine Zukunftsimaginationen und das, worauf er hofft, zunächst einmal unstrukturiert und willkürlich. Ich brauchte einige Zeit, um zu verstehen, dass es Stefan nicht auf die unbedingte Umsetzung seiner Zukunftsvorstellungen ankam. Denn Hoffnung „can persist without trust in its realization. [...] Hope [...] is a perspective toward a future that I wish were possible, but about which I may also have a troublesome feeling that it may not be realized." (Pedersen/Liisberg 2015: 1) Die Unbestimmtheit ist ein wichtiges Charakteristikum von Hoffnung (vgl. Jansen 2016: 454). Stefan recherchierte zwar im Internet die städtischen Adressen, um eine Sozialwohnung zu bekommen, aber er kontaktierte diese nie. Genauso wenig nahm er den Kontakt mit der Caritas auf oder sparte Geld, um seine Fahrerlaubnis wiederzuerhalten. Seine Hoffnungen waren zwar auf die Zukunft ausgerichtet, aber er vertraute nicht auf deren Realisierung.

Indem Stefan ein für ihn besseres zukünftiges Leben imaginiert und damit auf die Veränderung seines bisherigen Lebens hofft, umgeht er das Risiko, Liminalität als Dauerzustand zu erfahren. In seinem Akt des Hoffens vermindert er die Gefahr, in der Gegenwart gefangen zu sein (vgl. Pedersen 2012: 146). Obwohl sich Stefan aus kulturanalytischer Perspektive in einem Zustand der dauerhaften Liminalität befindet, der bereits einige Jahre andauert, so erfährt er diesen Zustand selbst als eine zeitlich beschränkte Übergangsphase. Dies ermöglicht sein Hoffen auf eine veränderte Zukunft und die Imagination verschiedener Zukünfte. Seine Hoffnung auf eine neue Arbeitsstelle, eine eigene Wohnung und ein Leben in Partnerschaft verstehe ich daher als einen Umgang mit der Gegenwart aus Perspektive des Zukünftigen.

4. Fazit: Zum Umgang mit Zukunft nach der Haft

Die Akteure, die im Mittelpunkt dieses Artikels stehen, erfahren ihre Entlassung aus dem Gefängnis als eine Zeit der Verunsicherung und des Chaos. Gleichzeitig erfahren sie die Entlassung auch als eine Zeit, die großes Potenzial und viele Möglichkeiten in sich birgt. Diese Ambivalenz zwischen Verunsicherung und Freude, zwischen Chaos und Neuordnung macht das Konzept der Liminalität für die kulturanthropologische Analyse der Erfahrung der Haftentlassung anschlussfähig und fruchtbar. Soziale Rollen und Selbstbilder, Handlungs- und Erfahrungsmuster sind nach der Entlassung in der Schwebe. Akteure müssen diese neu aushandeln und sich aneignen. Dabei sind sie in soziokulturelle Strukturen eingebettet, die sie in eine gesellschaftliche Außenseiterposition bringen und die Erfahrung von Liminalität verstärken. Mit dem Umzug in eine eigene Wohnung, der Aufnahme einer festen Arbeitsstelle oder der Rückkehr in den Kreis der Familie verlassen haftentlassene Akteure ihren liminalen Zustand – auch wenn sie durch ihr Stigma des „Kriminellen" und „(Ex-)Knacki" weiterhin mit gesellschaftlicher Ausgrenzung konfrontiert sind. Für einige Akteure wird die liminale Phase der Haftentlassung allerdings zu einem Dauerzustand. Im Fokus dieser Arbeit stand eine spezifische Umgangsform mit der Zukunft im Zustand dauerhafter Liminalität: das Hoffen auf eine veränderte Zukunft. Hoffnung entsteht in Situationen der Unsicherheit und Ungewissheit, wenn die Möglichkeit, konkrete Zukunftspläne zu machen und diese zu realisieren, nicht gegeben ist. Haftentlassene Akteure vermindern das Risiko, in der Gegenwart gefangen zu sein, indem sie mögliche Zukünfte entwerfen.

Stefan bleibt durch seine Hoffnung positiv gegenüber seiner Zukunft eingestellt. Doch während meiner Feldforschung traf ich Akteure, die nicht auf eine veränderte Zukunft hofften. Vielmehr lebten diese Akteure von Tag zu Tag ohne Pläne, Hoffnungen, Wünsche und Imaginationen bezüglich ihrer Zukunft. Während sie direkt nach ihrer Haftentlassung auf einen dauerhaften Mietvertrag, eine feste Arbeitsstelle und auf die Gründung einer Familie gehofft hatten, imaginierten sie eine solche Zukunft nun nicht mehr. Sie orientierten sich nicht (mehr) an gesellschaftlich bereitgestellten soziokulturellen Hoffnungshorizonten. Dies ist jedoch nicht ausschließlich als Pessimismus und Resignation zu interpretieren (auf welche ich während meiner Forschung auch gestoßen bin), sondern vielmehr als eine aktiv eingenommene Gegenposition zu gesellschaftlich dominanten Zukunftskonstruktionen.[10] Diese Ak-

10 In der Abwendung von dominanten Zukunftskonstruktionen werden diese gleichermaßen bestätigt.

teure verfolgten eine kulturelle „temporal attitude“ (Pedersen 2012: 143), die sich gerade nicht auf die Zukunft ausrichtet, sondern vielmehr als ein „living for the present“ (Day u.a. 1999) beschrieben werden kann. „This [...] depends on displacing the present from its organic link to past and future within durational time. Through disconnecting the short from the long term, an ‚atemporal‘ present is constructed“ (Day/Papataxiarchis/Stewart 1999: 21).

Mit der hier abschließend und pointiert eingeführten Umgangsweise mit der Zukunft – dem *living for the present* – möchte ich für die Heterogenität der zeitlichen Orientierungen im Feld der Haftentlassung sensibilisieren. Hoffnung und *living for the present* stellen lediglich zwei mögliche Umgangsweisen dar. Auf das Hoffen auf eine veränderte Zukunft konnte ich in diesem Artikel ausführlich eingehen. In der weiteren kulturanthropologischen Analyse- und Schreibarbeit gilt es, nach weiteren Umgangsweisen mit der Zukunft im Feld der Haftentlassung zu fragen. Denn in den verschiedenen Umgangsweisen mit der Zukunft zeigen sich zeitliche Orientierungen von Akteuren, die wiederum Rückschlüsse auf Handlungsweisen und Erfahrungen der Haftentlassung ermöglichen. Und die damit zum kulturanthropologischen Verstehen der Lebenswelten haftentlassener Akteure entscheidend beitragen und gleichermaßen die kulturanthropologische Analysearbeit des Umgangs mit Zukunft – und im Allgemeinen mit Zeitlichkeit – fruchtbar erweitern.

Literatur

Appadurai Arjun: The Future as Cultural Fact. Essays on the Global Condition. London 2013.

Becker Howard S.: Außenseiter. Zur Soziologie abweichenden Verhaltens. Wiesbaden 2014 [1963].

Bereswill Mechthild, Greve Werner (Hrsg.): Forschungsthema Strafvollzug. Baden-Baden 2001.

Day Sophie, Papataxiarchis Euthymios, Stewart Michael (Hrsg.): Lilies of the Field. Marginal People Who Live for the Moment. Boulder, CO 1999.

Goffman Erving: Stigma. Über Techniken der Bewältigung beschädigter Identität. Frankfurt am Main 1975 [1963].

Ders.: Asyle. Über die soziale Situation psychiatrischer Patienten und anderer Insassen. Berlin 1973 [1961].

Healy Deirdre: The Dynamics of Desistance. Charting Pathways through Change. Cullompton 2010.

Hubka Christine: Nach der Haft. Gespräche mit Haftentlassenen. Wien 2018.

Jansen Stef: For a Relational, Historical Ethnography of Hope. Indeterminacy and Determination in the Bosnian and Herzegovinian Meantime. In: History and Anthropology 27 (2016), 4, S. 447–464.

Jewkes Yvonne: Loss, Liminality and the Life Sentence. Managing Identity Through a Disrupted Life Course. In: *Alison Liebling, Shedd Maruna* (Hrsg.): The Effects of Imprisonment. Cullompton 2005, S. 366–388.

Johns Diane: Being and Becoming an Ex-prisoner. London 2018.

Klemm Torsten: Liebesbedürfnis und Sexualität im Gefängnis. Mythen, Fakten, Hintergründe. Leipzig 2015.

Krieger David J., Belliger Andréa: Einführung. In: *Dies.* (Hrsg.): Ritualtheorien. Ein einführendes Handbuch. 3. Auflage Wiesbaden 2006, S. 7–34.

LeBel Thomas P.: Invisible Stripes? Formerly Incarcerated Persons' Perceptions of Stigma. In: Deviant Behaviour 33 (2012), S. 89–107.

Nimführ Sarah: Living Liminality. Ethnological Insights into the Life Situations of Non-deportable Refugees in Malta. In: Österreichische Zeitschrift für Volkskunde 119 (2016), 3–4, S. 245–271.

Pedersen Morten: A Day in the Cadillac. The Work of Hope in Urban Mongolia. In: Social Analysis 56 (2012), 2, S. 136–151.

Pedersen Esther, Liisberg Sune: Introduction. Trust and Hope. In: *Dies., Anne Line* (Hrsg.): Anthropology & Philosophy. Dialogues on Trust and Hope. New York 2015, S. 1–19.

Sieferle Barbara: Alltag nach der Haft. Kulturanthropologische Perspektiven. In: Volkskunde in Rheinland-Pfalz 33 (2018), 2, S. 38–53.

Szakolczai Arpad: Reflexive Historical Sociology. London 2000.

Thomassen Bjorn: The Uses and Meanings of Liminality. In: International Political Anthropology 2 (2009), 1, S. 6–27.

Travis Jeremy: But They All Come Back. Facing the Challenges of Prisoner Re-entry. Washington, DC 2005.

Turner Victor: Das Ritual. Struktur und Anti-Struktur. Frankfurt am Main 1989.

Ders.: Betwixt and Between. The Liminal Period in Rites of Passage. In: *Ders.:* The Forest of Symbols. Aspects of Ndembu Ritual. Ithaca, New York 1967, S. 93–111.

van Gennep Arnold: Übergangsriten. Frankfurt am Main 1986 [1909].

Weiman David F.: Barriers to Prisoners' Reentry into the Labor Market and the Social Costs of Recidivism. In: Social Research 74 (2007), 2, S. 575–611.

Winnick Terri A., Bodkin Mark: Anticipated Stigma and Stigma Management Among Those to be Labeled „ex-con". In: Deviant Behaviour 29 (2008), 4, S. 295–333.

Jan Lange und Manuel Liebig

Rechtssubjekt werden. Zur Aneignung des Rechts aus der Perspektive der Migration

1. Einführung

Geflüchtete stehen bis zur Entscheidung über ihre endgültige Bleibeperspektive durch staatliche Behörden vor einer unsicheren Zukunft. Die Frage, welchen Aufenthaltsstatus sie besitzen, steht in direktem Zusammenhang mit ihren Spielräumen gesellschaftlicher Teilhabe (vgl. Carmel/Paul 2013; Mohr 2005). In unserem Beitrag möchten wir diskutieren, wie sich ein veränderter Rechtsstatus auf die individuelle Verhandlung von Zukunftsentwürfen und vorstellbaren sowie erwünschten Horizonten alltäglicher Lebensführung auswirkt. Daran schließt die Frage an, wie sich Geflüchtete in diesem von Rechtsstatus abhängigen Alltagsvollzug Handlungsmöglichkeiten bewahren. Dieser Aufsatz ist eingebettet in eine laufende Forschungsarbeit, die sich im Feld staatlicher Regulierungsprozesse von Fluchtmigration bewegt und auf rechtsbezogene Orientierungen und Strategien von Geflüchteten in Asylverfahren fokussiert. Konkret haben wir zwischen April 2016 und September 2018 regelmäßige teilnehmende Beobachtungen in den Ende 2015 entstandenen Unterstützer*innengruppen für Geflüchtete durchgeführt. Einen ersten Zugang bekamen wir dabei durch unser persönliches Engagement im Feld und mittels der daraus resultierenden Netzwerke. Bei informellen Treffen und Koordinationsterminen verschiedener Gruppen lernten wir mehrere Geflüchtete kennen, die wir in der Phase ihres Ankommens bei Behördengängen begleiteten. Mit diesen und mit Engagierten von Rechtsberatungen und Unterstützer*innengruppen führten wir in der Folge wiederholt Interviews und Gespräche über die rechtliche Situation, Bleibeperspektiven und politische Auseinandersetzungen. Unsere Begegnungen und die Situationen, die wir erlebt haben, hielten wir in einem über eine digitale Plattform geteilten kollektiven Feldtagebuch fest.

Wir greifen im Laufe des Artikels auf Erkenntnisse aus der Biografieforschung, der Rechtssoziologie beziehungsweise -anthropologie sowie der (kritischen) Migrationsforschung zurück. Dies erlaubt uns, sowohl die strukturellen Bedingungen und Restriktionen als auch den subjektivierenden Überschuss an Handlungsmacht der Akteur*innen herauszustellen. Dabei ist der Kontext unserer Arbeit innerhalb der zusehends restriktiver gestalteten Migrationspolitik in das sozialrechtliche Management von Geflüchteten eingebettet, in das eine vielschichtige Differenzierung eingeschrieben ist. Geflüchtete werden durch das europäische und deutsche Rechtssystem nicht im Sinne einer homogenen Gruppe klassifiziert, sondern ihnen wird gemäß diversen Faktoren wie Herkunftsland oder sozialer Situation ein bestimmter rechtlicher Status unter vielen möglichen zuerkannt. Zentraler Effekt dieser „flickenteppichartigen Rechtslage" (Benhabib 2004: 151) ist die „selektive und differenzielle Inklusion von Migrantinnen und Migranten" (Mezzadra 2009: 219): Jeder Status ist mit einem bestimmten Set an Befugnissen ausgestattet und strukturiert so maßgeblich die Möglichkeiten gesellschaftlicher Teilhabe. In dieser Stratifizierung von rechtlichem Status als staatliches Instrument der Steuerung werden Menschen mittels Mobilitäts- und Grenzregimen sukzessive in gesellschaftliche Zusammenhänge einbezogen. Fassen lässt sich dieser Prozess als eine „*selektive Eingliederung* von MigrantInnen in den Raum europäischer Bürgerschaft" (Mezzadra 2013: 391; Herv. i. O.) beziehungsweise als ein „System der Filterung und Schichtung, das als Maßnahme zur Hierarchisierung und Kontrolle fungiert" (Mezzadra/Neilson 2008).

Im Folgenden gehen wir davon aus, dass der Ausschluss beziehungsweise das lediglich sukzessiv erfolgende Anerkennen von bürgerlichen Rechten als biografische Unsicherheit erlebt wird, und fragen danach, wie mit dieser – auch in der biografischen Erzählung – umgegangen wird. Dabei orientieren wir uns in der Perspektivierung an dem Konzept der „Autonomie der Migration" (Bojadžijev/Karakayalı 2007: 1), um so einerseits Fluchtmigrierende als zentrale Akteur*innen des Migrationsgeschehens ins Zentrum zu rücken und um andererseits die Mechanismen, „which repetitively supply migrant ‚illegality' with the semblance of an objective fact" (De Genova 2013: 1180), hinterfragbar zu machen. Indem wir dies tun, folgen wir dem Ansatz „aus der Perspektive der Migration" (Römhild 2009: 226), um die Wirkung des Aufenthaltsrechts in Aneignungen und Widerständen von den Akteur*innen selbst zu analysieren. Wie wir herausarbeiten, ist die Hoffnung auf eine bessere Zukunft eine zentrale Ressource für die individuelle offensive Bearbeitung der rechtlichen Situation. Unsere Darstellung erfolgt entlang eines Fallbeispiels, das wir aus unserer engagierten Forschung heraus selbst begleitet haben und das in seiner Entwicklung unsere Argumentation nachzuzeichnen vermag.

2. Zur subjektiven Aneignung des Rechts

> „Am Vormittag des 17. August 2017 sitzen wir im Büro eines Unterstützungsnetzwerks für Geflüchtete im Ortsteil Wedding des Berliner Bezirks Mitte. Das Unterstützungsnetzwerk wurde 2015 gegründet und kann für ein Beratungsangebot dreimal in der Woche halbtags die Räumlichkeiten eines Nachbarschaftsvereins nutzen. Als wir eine Zeit lang mit dem anwesenden Ehrenamtlichen gesprochen haben, kommt ein junger Mann in das Büro und beginnt unmittelbar auf unseren Gesprächspartner einzureden. Nachdem die Bitte um Geduld durch den im Unterstützer*innenkreis Aktiven gescheitert ist, bittet uns der Ehrenamtliche, an einem weiteren Tisch im Büro Platz zu nehmen und zu warten. Während wir dies tun, entnehmen wir dem Gespräch, dass der Mann an diesem Tag den Bescheid über die Ablehnung seines Asylantrags bekommen hat. Er spricht lautstark und schnell, bricht dabei mehrmals ab. Wiederholt sagt er, dass seine Zukunft nun kaputt – ‚broken' – sei, und fragt, was er denn jetzt tun könne. Der Ehrenamtliche empfiehlt ihm, in vier Tagen wiederzukommen, da dann die offizielle Rechtsberatung stattfinde. Der Geflüchtete ruft daraufhin mit offensichtlichem Unmut, dass er nicht so lange warten könne. Nach mehrmaligem Wiederholen beider Aussagen trägt er sich schließlich in eine Namensliste für die Rechtsberatung ein und verlässt ohne weitere Worte den Raum." (Kollektiver Feldtagebucheintrag vom 17.8.2017)

Der in der vorangestellten Vignette angeführte Geflüchtete, den wir hier Amit nennen wollen, floh vor drei Jahren von Afghanistan über den Iran, die Türkei, Griechenland und den Balkan weiter nach Deutschland und kam durch das auf dem Königsteiner Schlüssel basierende Quotenprogramm des Bundes mit dem ironisch anmutenden Akronym *EASY* nach Berlin. Seitdem wohnte er in einer Landesunterbringung in einem 9 Quadratmeter großen Wohn- und Schlafraum. Dies entspricht exakt dem für Berliner Unterkünfte geltenden Mindeststandard (vgl. Wendel 2014: 42).[1] Nach seiner Unterbringung in der Aufnahmeeinrichtung stellt Amit einen Asylantrag, auf den nach elfmonatiger Prüfung der Ablehnungsbescheid erfolgte. An diesen schließt formal eine Ausreiseaufforderung an.

---

1 Die Unterbringung von Geflüchteten wird in Deutschland von den einzelnen Bundesländern ausgestaltet. Eklatante Unterschiede bestehen nicht nur bei den Mindeststandards für Gemeinschaftsunterkünfte, sondern auch im Bereich der Sozialbetreuung und Beratung in den Unterkünften. Diese strukturellen Determinanten, die auf die Handlungsspielräume einzelner davon Betroffener durchschlagen, scheinen uns in den jüngsten Beiträgen zur Erforschung von Flüchtlingsunterkünften unterbelichtet. Diese arbeiten sich zumeist mittels des Konzepts der totalen Institutionen Erving Goffmans (1973), Michel Foucaults Disziplinaranstalt (Foucault 1994) und Giorgio Agambens Ansatz des Lagers (Agamben 2002) an einzelnen Unterbringungen ab. Ein systematischer Vergleich könnte hier über die lokale Ebene hinausgehend die Basis für eine zeitgenössische Analyse staatlicher Kasernierung darstellen.

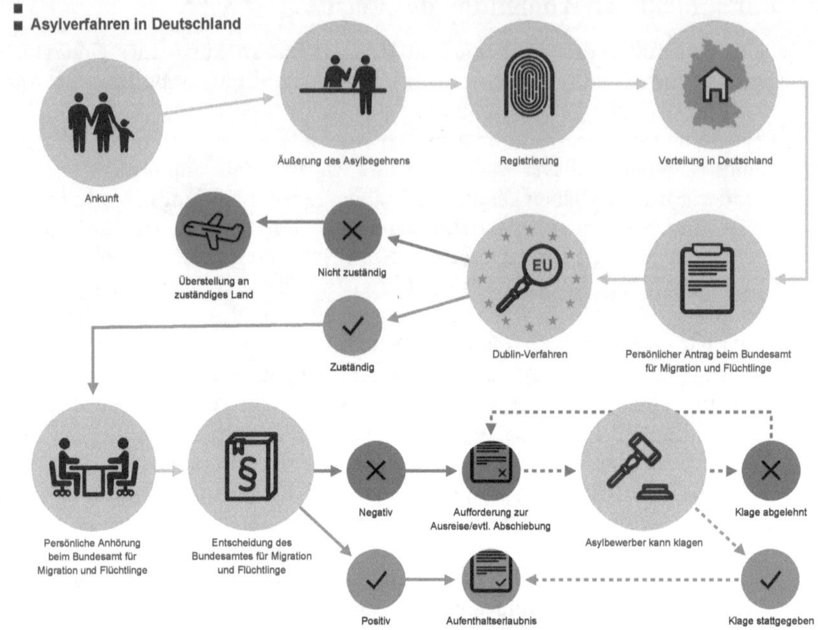

Abbildung 1: Asylverfahren in Deutschland, Quelle: Bundeszentrale für politische Bildung 2018. Online unter: http://www.bpb.de/gesellschaft/migration/kurzdossiers/227451/das-asylverfahren-in-deutschland?p=all.

Wenige Tage nach unserer ersten Begegnung erhält Amit durch die Ausländerbehörde jedoch eine Duldung. Die Duldung verschafft keine Aufenthaltsgenehmigung, sondern bezeichnet laut § 60a Aufenthaltsgesetz eine „[v]orübergehende Aussetzung der Abschiebung".[2] Duldungen können aufgrund rechtlicher, humanitärer oder tatsächlicher Gründe erfolgen – also etwa aufgrund fehlender Papiere, einer im Herkunftsland nicht zu behandelnden Krankheit oder der Unaufklärbarkeit von Identitätsdaten (vgl. Dienelt 2016). Die Zahl der in Deutschland lebenden geduldeten Personen beziffert das *Statistische Bundesamt* zum 31. Dezember 2017 auf 166.000, davon kommen etwa 10.000 aus Afghanistan (vgl. Statistisches Bundesamt 2018). Abschiebungen nach Afghanistan wurden dabei nach einem Anschlag auf die Deutsche Botschaft im Mai 2017 auf Straftäter*innen, sogenannte ‚Gefährder*innen', wie diese in den Diskursen von Sicherheitsbehörden definiert werden (vgl. Hanschmann 2017), und Menschen, die nach Einschätzung der Behörden die

2 Der Gesetzestext ist unter folgendem Pfad verfügbar: https://dejure.org/gesetze/AufenthG/60a.html [25.4.2019].

Mitwirkung an ihrer Identitätsfeststellung verweigern, beschränkt (vgl. Pro Asyl 2018: 4). Faktisch bedeutet dies also keinen Abschiebestopp. Zudem wird die Beschränkung der Abschiebungen auf die genannten Personengruppen seitens Angehöriger politischer Parteien des konservativen und rechten Spektrums konstant attackiert.

Mit einer Duldung Lebende können weder von einer baldigen Verbesserung ihres Aufenthaltsstatus noch von einer tatsächlichen Abschiebung ausgehen, sondern sind konstanter Ungewissheit hinsichtlich der eigenen Zukunft ausgesetzt (vgl. Nimführ 2016: 258). Der Status der Duldung impliziert eine Reihe an im Alltag erfahrenen Einschränkungen, wie etwa den Ausschluss des Familiennachzugs, Entfall von kostenlosen Weiterbildungsangeboten, Einschränkung des Zugangs zum Arbeitsmarkt oder nur eine geringfügige soziale Unterstützung (vgl. Dienelt 2016). In unserer Forschungsarbeit fokussieren wir nun insbesondere darauf, wie sich Geflüchtete mit dem sie treffenden kodifizierten Recht auseinandersetzen. Hierbei geht es uns grundlegend um eine Einordnung des Migrations- und Asylrechts, die auf Dynamiken orientiert ist und so dessen Binnendifferenzierung als auch historischer Veränderung (vgl. Oltmer 2016) Rechnung trägt. Der Soziologe Thomas Marshall vertrat in den 1990er Jahren die These, dass sich die Rechte – bei ihm gedacht als Trias aus zivilen, politischen und sozialen Rechten – von Migrant*innen evolutionär in Richtung eines umfassenden Status entwickeln würden, wobei er bereits darauf hinweist, dass dieser einheitliche Mechanismus für unterschiedliche Bevölkerungsgruppen mit unterschiedlicher Geschwindigkeit vonstattengeht (vgl. Marshall 1992: 42). Gegen den evolutionären Ansatz wendet sich das von der Anthropologin Lydia Morris vertretene Konzept der *civic stratification* (Morris 2003). Die unterschiedliche Zuerkennung von Rechten in Form einer Vielzahl von rechtlichen Statusgruppen, welche gleichsam das Produkt widerstreitender Anforderungen an Migrationspolitik seien, wird hier als eine Form hierarchisierter Ausgrenzung gedacht. Morris beschreibt die Rechtsordnung damit als dynamisch und durch unterschiedliche Interessen und entlang konfligierender Konzepte von Zugehörigkeit geprägt (vgl. ebd.: 78). Diese Perspektive ist anschließbar an die *citizenship*-Debatte in der Migrationsforschung, welche das Zu- beziehungsweise Aberkennen von Rechten insbesondere als Organisationsprinzip des Zugangs zu gesellschaftlichen Ressourcen perspektiviert (vgl. Isin/Nielsen 2008). Dabei fokussiert der Begriff *citizenship* nicht, wie es die deutsche Übersetzung vermuten lässt, auf Staatsangehörigkeit, sondern bezieht sich breiter gefasst auf Teilhabepolitiken und -rechte: In der Auseinandersetzung um *citizenship* ergeben sich „Fragen von Gleichheit und Differenz, von Anerkennung, Mitbestimmung und Teilhabe, Zugehörigkeit und

Ausschluss, sowie grundlegende Forderungen nach dem ‚Recht, Rechte zu haben'" (Köster-Eiserfunke/Reichhold/Schwiertz 2014: 178). In „acts of citizenship" (Isin/Nielsen 2008: 1) entwickeln Akteur*innen in sozialer Praxis trotz scheinbar schwieriger Ausgangsposition eigenständige Einflussmöglichkeiten: „Die Acts lenken den Blick auf die kreative Kraft menschlicher Handlungszusammenhänge und den Überschuss der subjektiven Begehrensformen gegenüber den Machtparadigmen" (Köster-Eiserfunke/Reichhold/Schwiertz 2014: 193).

Analog zu dieser Perspektive geht es uns um das Verständnis von Subjekten im rechtlichen Feld, das diese nicht als von der Rechtsordnung determiniert, sondern sie als an der Konstruktion ihrer selbst als Rechtssubjekte beteiligt konzeptualisiert. Um dies theoretisch greifen zu können, erweisen sich jene theoretischen Ansätze als produktiv, die nach der rechtlichen Vergesellschaftung auch jenseits der Institutionen des Rechts fragen. Dabei bieten insbesondere die anthropologischen und rechtshistorischen Forschungen der Legal Consciousness Studies wertvolle Anknüpfungspunkte.[3] Betonend, dass „law actually constitutes and produces social relations, that it is already operative within social categories before disputes break out" (Litowitz 2000a: 218), zeigen sie, dass das Recht und seine Kategorien auch im Alltag konstant zur Evaluierung von und Positionierung in sozialen Situationen genutzt werden (vgl. Litowitz 2000b). Hiermit belegen sie, dass – vom größten Teil der Rechtsforschung als Laien und Rechtsadressat*innen bezeichnete und so den Sonderfall einer Begegnung mit Recht betonend (vgl. Raiser 1999) – Individuen *routiniert* auf Rechtskonzepte zurückgreifen. Zugleich legen die entsprechenden empirischen Arbeiten den Fokus auf Rechtsperformativität in alltäglichen Interaktionen und zeigen die trotz routinierter Anwendung vorfindliche Unberechenbarkeit entsprechender Praktiken auf (vgl. Ewick/Silbey 1998; Hunt 1996).

Während man sich unter Bezugnahme auf diesen Ansatz dem annähern kann, was die Historikerin Rebekka Habermas als „Doing Recht" (Habermas 2008) bezeichnet, bleibt das Agieren im Umgang mit rechtlichen Strukturen allerdings unterbelichtet.[4] Wir greifen daher auf die Überlegungen des Soziologen Pierre Bourdieu zurück. Dieser formuliert eine Perspektive, die das

3 Einen guten Überblick über die theoretischen Entwicklungslinien der Legal Consciousness Studies und ihre kritische Abgrenzung zu den älteren Konzeptionen einer *legal consciousness*, die bewusstseinstheoretisch angelegt wurde, bietet insbesondere Susan Silbey mit ihrem Text *After Legal Consciousness* (Silbey 2005).

4 Die Forderung der Weiterentwicklung des Konzeptes der Legal Consciousness Studies hin zu Forschungen, die stärker „the middle level between citizen and the transcendent rule of law: the ground of institutional practice" (Silbey 2005: 360) in den Blick nehmen, findet sich bereits in Silbeys Übersichtsartikel. Vielversprechen-

Recht als Sphäre des Sozialen definiert und danach fragt, wie Akteur*innen im sozialen Feld des Rechts je nach Besitz juristischer Ressourcen eingebunden sind (vgl. Bourdieu 1987, 2006). Entsprechend überträgt Bourdieu im Wesentlichen seine kulturtheoretischen Überlegungen: Er koppelt die Strukturiertheit des Subjekts mit der Strukturiertheit des Rechts, indem er den Habitusbegriff einbringt und diesen auf die objektiven Strukturen des Rechts bezieht. Vom Standpunkt unserer Forschung aus bleibt Bourdieu bei der Anwendung seines rechtsbezogenen Handlungsbegriffs auf halber Strecke stehen, da er diesen nur für sogenannte Expert*innen (Anwält*innen, Richter*innen und so weiter), also für Akteur*innen, die innerhalb des rechtlichen Feldes offizieller Teil der Rechtsordnung sind, in Anschlag bringt. Gleichwohl eignet sich die von Bourdieu lancierte akteur*innenzentrierte Perspektive als Folie, von der aus sich die rechtliche Vergesellschaftung von Menschen, die sich mit rechtlichen Restriktionen auseinandersetzen, als ihre Einbindung in die auf das Recht orientierte Sphäre des Sozialen konzeptualisieren lässt.[5] Im Zusammenhang unserer größer angelegten Forschung resultiert aus den skizzierten Ansätzen eine theoretische Rahmung, die auf folgende Fragen verweist: Welche Wissensformen, Interpretationen und Motivationen leiten das Agieren von Geflüchteten im rechtlichen Feld an? Welche Strategien werden von ihnen angewendet, um Recht als Ressource nutzbar zu machen? Wie gehen dabei Lernprozesse hin zu einem proaktiven Umgang mit der individuellen rechtlichen Situation vonstatten?

3. Biografisches Erleben der Duldung

> „Vier Tage später sind wir wieder im Büro des Unterstützungsnetzwerks. Wir treffen auf einen verängstigten, entmutigten Amit. Auch die Rechtsberatung konnte ihm keine positiven Aussichten vermitteln. Es ist ein sonniger Tag und wir stellen einen Tisch nach draußen, an den wir uns mit Amit setzen. Nach kurzem Plaudern beginnt er seine Fluchtgeschichte zu erzählen. Im Erzählen präsentiert er selbstbewusst die verschiedenen Stationen der Migration. Gegen Ende seiner Ausführungen wird er verzweifelt. Er stellt die Unsicherheit heraus, die ihm der Duldungsstatus nun beschert. Ein Freund habe ihm erzählt, dass es trotzdem möglich sei, dass er von einem auf den anderen Tag abgeschoben wird. Dies mache ihm Angst. Eigentlich wollte er sich nur ein ‚richtiges Leben' aufbauen. Er beschreibt sich

de Anknüpfungspunkte für eine stark auf Organisationen des Rechts fokussierende Perspektive bieten hier etwa Bens/Vetters 2018.

5 Vgl. ausführlicher für die erst in jüngerer Zeit eingesetzte Rezeption und Anwendung der Bourdieu'schen Gesellschaftstheorie in der Rechtsforschung Wrase 2010 und Conradin-Triaca 2014.

in einer vom System abhängigen, passiven Rolle. In diesem Zuge stellt er auch die vergangenen Monate infrage, da er trotz der beschwerlichen Reise und des Asylantrags nun wieder in einem Zwischenstadium gelandet sei. ‚Was war das alles wert?!', fragt er. ‚Ich kann nicht zurück', schließt er seine Rede." (Kollektiver Feldtagebucheintrag vom 21.8.2017).

In der vorangestellten Vignette wird deutlich, dass Amit die Ablehnung seines Asylantrags und die daraufhin ausgestellte Duldung als einen deutlichen Einschnitt erlebt. Sein bisheriger Alltagsvollzug war gekennzeichnet von der Vorstellung, eine sichere Perspektive zu erhalten. In diesem signifikanten biografischen Ausschnitt verändert sich die momentane alltägliche Lebensführung. Unabhängig von seiner bisherigen biografischen Erfahrung entwirft Amit in dieser Phase seine Biografie neu. Biografie ist

> „[...] nicht als individuell-psychologische Kategorie zu verstehen, sondern als soziales Konstrukt, das Muster der individuellen Strukturierung und Verarbeitung von Erlebnissen in sozialen Kontexten hervorbringt, aber dabei immer auf gesellschaftliche Regeln, Diskurse und soziale Bedingungen verweist" (Völter u.a. 2009: 7f.).

Die Krise im biografischen Erleben führt zu einer Neuinterpretation der Vergangenheit. Gleichzeitig versetzt die rechtliche Kategorisierung Amit in eine unsichere Lage, die einen neuen Entwurf seiner zukünftigen Handlungsmöglichkeiten erfordert. Die nun bereits vergangene Zukunft muss, damit er sich orientieren kann, durch neue Bezugnahmen auf Zukunft ersetzt werden. Dabei verstehen wir unter Zukünftigem einen Verweis auf Gegenstände und Sachverhalte, deren „Existenz oder Bestehen wir zum Zeitpunkt der Bezugnahme für möglich erachten" (Mahr 2016: 116). Die plötzliche Umkehr des Vorstellbaren, das Eintreten dessen, was wir nicht wahrhaben wollen, entzieht stabil geglaubten Strukturen, die in der zukunftsorientierten Bezugnahme angelegt sind, ihr Fundament. In der biografischen Selbst-Präsentation – wie sie Amit in unserem gemeinsamen Gespräch vornimmt – wird Vergangenheit und Zukunft mit sich selbst und dem Gegenüber verifiziert, angepasst und somit Biografie im Erzählen erst hergestellt. Dabei werden mögliche Inhalte, Erwartungen und Orientierungen festgelegt. Funktioniert dies nicht, kommt es zu krisenhaften Synchronisationsproblemen, wie es Wolfram Fischer im *Handbuch Biographieforschung* formuliert:

> „Die biographische Aufgabe und Arbeit für die Individuen besteht darin, ohne sich selbst zu verlieren, im Jetzt anzukommen. Wenn ich nicht weiß, wer ich bin, wenn ich mich nicht im Horizont meiner bis dato konkreten

Vergangenheit und Zukunft orientieren kann, verliere ich mein leibliches Erlebens- und Handlungsvermögen [...].“ (Fischer 2018: 468)

Aufgabe der biografischen Arbeit ist dann, die jetzige Situation neu einzuordnen und Möglichkeiten und Bedingungen des Handelns zu erkennen. So verändert sich auch über die Bezugnahme auf Zukünftiges die Gegenwart. Andreas Reckwitz schreibt dazu in seinen Abhandlungen zu Zeitlichkeit, angelehnt an phänomenologische Perspektiven Husserls: „Das jeweilige gegenwärtige Erleben konstituiert sich also immer in der Relationierung zum Vergangenen und zum Zukünftigen“ (Reckwitz 2016: 120). Amit stellt in der oben angeführten Vignette sowohl seine Vergangenheit infrage als auch den Umstand, dass er noch keinen Weg aus der aktuellen Situation erarbeitet beziehungsweise eine neue Vorstellung von Zukunft entwickelt hat. Dies ist zugleich der Prozess, der eine neue Erzählung hervorruft: Die Krise führt zu einer biografischen Konstruktion. Durch den negativen Asylbescheid ist Amits bisherige und für die Zukunft vorgestellte alltägliche soziale Praxis unter Druck geraten und muss neu ausgerichtet werden. Seine nachvollziehbare Hoffnung nach sicherer Perspektive wird in diesem Moment torpediert.

An dieser Stelle zeigt sich die produktive Kraft der Kategorie Hoffnung, die in sozial- und kulturwissenschaftlichen Arbeiten lange vernachlässigt wurde. Mittlerweile gewinnt Hoffnung als wissenschaftliches Konzept zum Verständnis kultureller Verhältnisse und sozialer Beziehungen wieder mehr Einfluss (vgl. Becker u.a. 2019).[6] Hoffnung ist nach Janine Hauer, Jonas Østergaard Nielsen und Jörg Niewöhner ein zukunftsorientierter Affekt unter unsicheren Lebensbedingungen. Dabei entspringt dieser nicht allein aus den individuellen Ressourcen einer Person, sondern kann nur unter Einbezug der materiell-semiotischen Bedingungen analysiert werden (vgl. Hauer/Nielsen/Niewöhner 2018). Rechtliche Klassifizierungen sind Teil davon. Wie wir oben herausgestellt haben, verstehen wir die Subjekte nicht vom Recht determiniert, sondern es ist zu ergründen, wie sie sich als Akteur*innen zu diesem verhalten. Der Mobilisierung von Hoffnung kommt darin eine Schlüsselrolle zu. Nauja Kleist und Stef Jansen stellen in diesem Zuge die Frage: „How do hopes develop themselves over time?“ (Kleist/Jansen 2016: 388). Sie eruieren in ihrer Arbeit zur Kategorie *hope* in anthropologischen Abhandlungen, dass Unsicherheit und Prekarität von Akteur*innen immer gleichzeitig mit Desorientierung, aber auch einem großen Potenzial einhergehen. Hoffnung sei nicht einfach ein optimistischer Charakterzug, sondern in einem spezifischen

6 Auch die diesem Band vorausgegangene Tagung *Planen. Hoffen. Fürchten. Zur Gegenwart von Zukunft im Alltag* führte Hoffnung als zentrale praxisbezogene Kategorie bei der Bezugnahme auf Zukünftiges im Titel.

Kontext vorhanden. Sie entwickelt sich über einen temporären Abschnitt und wird unter sozialen und kulturellen Umständen auf spezifische Weise generiert, weitergegeben, verhandelt, angepasst und transformiert (vgl. ebd.).

> „Es ist Samstagmittag Ende September. Eine Initiative hat bundesweit zu dezentralen Aktionen aufgerufen, da Stimmen in der Bundespolitik laut werden, die Afghanistan zum sicheren Herkunftsland deklarieren wollen. In Berlin findet eine Mahnwache unter dem Motto ‚Afghanistan ist kein sicheres Land' auf dem Platz vor dem Hauptbahnhof statt, an der mehrere Dutzend Menschen teilnehmen. Themenbezogene Transparente, die für ein Bleiberecht von Menschen aus Afghanistan appellieren, hängen in mehreren Sprachen von einem Auto oder liegen davor auf dem Boden. Ein Tisch informiert mit Flyern in mehreren Sprachen über den Anlass der Kundgebung. Über einen Generator wird eine kleine Anlage betrieben, der Platz selbst fungiert so als improvisierte Bühne. Hier treffen wir nach einem knappen Monat zufällig Amit wieder. Er löst sich aus einer Gruppe, mit der er gerade im Gespräch war, und kommt sichtlich erfreut auf uns zu. Er äußert sich enthusiastisch über die Kundgebung und die ‚Solidarität', wie er es nennt, die hier spürbar wird." (Kollektiver Feldtagebucheintrag vom 24.9.2017)

Beim überraschenden Treffen mit Amit zeigt sich, dass im Rahmen eines Feldforschungsprozesses dem wachen Auge der Ethnograf*innen manchmal auch Kommissar*in Zufall zur Seite springt und damit Teil des „radikal konstruktivistische[n] Unterfangen[s]" (Hess/Tsianos 2010: 253) bei der Feldzusammensetzung ist. Amit hat sich seit unserer letzten Begegnung mehrere Hoffnungs- und Handlungsressourcen erarbeitet. So hat er sich entschieden, in eine kollektive Praxis zu investieren und sich mit Unterstützenden und Menschen, die sich in einer ähnlichen Situation befinden, zusammenzutun, um sich politisch Gehör zu verschaffen. Diese empirische Erkenntnis steht im Spannungsverhältnis zu einem Diskurs, der eine Viktimisierung im Hinblick auf Fluchtmigration bedient (vgl. Andrijašević 2010; maiz 2017). Hier wird unter anderem davon ausgegangen, dass die Gefahr der Abschiebung zu Passivität führe, mit dem Ziel, jede seitens des repressiven Systems so gelesene Auflehnung zu vermeiden (vgl. Bender/Hollstein/Huber 2013). Im Gegensatz dazu verstehen wir das Agieren von Geflüchteten im Moment der Rechtsunsicherheit als „Prozess zwischen dem Erleben von Handlungsohnmacht und dem Fällen von Entscheidungen, um Agency wiederzuerlangen und auch künftig zu wahren" (Bender u.a. 2015: 261). Wir kehren deshalb nochmal zur Kundgebung zurück:

> „Nach seinen begeisterten Worten über die Kundgebung kommt Amit auf die Entwicklung seiner eigenen Situation zu sprechen. Er betont immer

> wieder, nicht aufgeben zu wollen und dass er einige Möglichkeiten ausgelotet habe, doch noch ein Bleiberecht zu erhalten. Unter anderem habe er über das Unterstützer*innennetzwerk Kontakt zu einem auf Asylverfahren spezialisierten Anwalt bekommen, mit dem er Einspruch eingelegt hat." (Kollektiver Feldtagebucheintrag vom 24.9.2017)

Neben der politischen Artikulation ist Amit auf weitere Netzwerke zugegangen. Er hat einen Anwalt mit seinem Fall betraut, um innerhalb der rechtlichen Rahmenbedingungen proaktiv auf seine Situation einzuwirken. Die Erziehungswissenschaftlerin Brigitte Kukovetz stellt in ihrer Forschung über irreguläre Leben von Migrant*innen in Österreich die Handlungspraktiken heraus, die diese in einer vermeintlich ausweglosen Situation vor der Abschiebung anwenden. Sie plädiert dabei für eine Perspektive, die die *agency* der Migrant*innen sichtbar macht und das alltägliche Leben im Dazwischen sowie politische Handlungsspielräume adressiert. So versteht sie das Delegieren an Anwälte als „stellvertretende agency" (Kukovetz 2017: 49). Dies setzt zunächst eine Aneignung von Rechtsbedingungen voraus, die selbstständig Recht als Ressource in der jeweiligen Position zu erkennen vermag. Amit hat sich Wissen angeeignet, mittels dessen er Handlungsoptionen in Erfahrung bringt und diese in Anspruch nimmt. Nach Bourdieus Rechtskonzeption entwickeln die Akteur*innen in krisenhaften Situationen eigensinnige Entwürfe, in denen sie die feldspezifische Ordnung und deren Konstruktionsregeln dekonstruieren und in Zweifel ziehen (vgl. Bourdieu 2006). Hier finden sich Parallelen zu den skizzierten Erkenntnissen aus der Biografieforschung: Das Recht entwirft ein Referenzsystem für biografische Aktivitäten, stattet aber gleichzeitig mit spezifischen Befugnissen aus und eröffnet Handlungsspielräume, die vor dem Hintergrund sozialer Positioniertheit(en) nutzbar gemacht werden können. Sowohl der Zugriff des Rechts als auch auf das Recht findet aus dieser Perspektive eben nicht erst an der Schwelle institutioneller Aushandlungen – also beispielsweise im Gerichtssaal – statt, sondern die Aushandlung wird im Alltag der Akteur*innen wirkmächtig. Unter Anwendung der eingangs vorgestellten Perspektive der Legal Consciousness Studies können wir so Amit und seine Praxis als eine strategische Aneignung von Recht beschreiben. Mit diesem, an der konkreten Lebenswelt orientierten Zugang, wie es die Einnahme der „Perspektive der Migration" vorschlägt, werden die Handlungsmöglichkeiten sichtbar, die Amit trotz rechtlicher Restriktionen in unserem Fallbeispiel in einer scheinbar ausweglosen Lage entwirft. Nach anfänglichem Krisenmoment ergibt sich so ein neuer Zukunftsentwurf, den er vor einer Neuinterpretation seiner Vergangenheit und der gegenwärtigen Situation entwickelt. Sein biografisches Erleben oszilliert dabei zwischen den

Einschränkungen seines Lebens durch rechtliche Umstände und den Möglichkeitsräumen, die ihm die dynamische Auslegung von Recht offeriert (vgl. Janotta 2014).

4. Resümee

Auch trotz der stetig präsenten, potenziellen Abschiebung behält Amit seine relative Autonomie, die den Bewegungen der Migration innewohnt (vgl. Mezzadra 2010). Dies erlaubt ihm die Kreativität, Möglichkeiten auszuloten, die von rechtlichen Interventionen bis zur politischen Organisierung reichen. Amit verhandelt dabei vor dem Hintergrund der wandelbaren rechtlichen Rahmenbedingungen seine persönliche Situation, die er aktiv zu beeinflussen versucht. Er nimmt darüber in alltäglicher Aushandlung Einfluss auf rechtliche Prozesse, ohne selbst Teil der rechtlichen Entscheidungen zu sein. Durch das Krisenmoment entwickelt er über einen Zeitabschnitt und eine Neuinterpretation seiner Biografie eine auf Recht bezogene *agency*, die ihm einen Umgang mit der neuen Situation und zukünftigen Vorstellungen erlaubt. In der Konfrontation mit dem ihm zuerkannten rechtlichen Status setzt sich Amit mit der feldspezifischen Ordnung und deren Konstruktionsregeln auseinander und gewinnt so über die Zeit durch aktive Positionierung(en) an Handlungsoptionen. Die Ausreiseaufforderung ist somit nicht das Ende der Geschichte, sie ist ein Teil des Komplexes von Aushandlungen von Recht und dessen Aneignung, der Autonomie der Migration und der sich in der biografischen Konstruktion wandelnden Zukunftsvorstellungen.

Literatur

Agamben Giorgio: Homo sacer. Die souveräne Macht und das nackte Leben. Frankfurt am Main 2002.

Andrijašević Rutvica: Migration, Agency and Citizenship in Sex Trafficking. Basingstoke 2010.

Becker Johannes, Bühler Benjamin, Pravica Sandra, Willer Stefan (Hrsg.): Zukunftssicherung. Kulturwissenschaftliche Perspektiven. Bielefeld 2019.

Bender Désirée, Hollstein Tina, Huber Lena, Schweppe Cornelia: Auf den Spuren transnationaler Lebenswelten. Ein wissenschaftliches Lesebuch; Erzählungen – Analysen – Dialoge. Bielefeld 2015.

Dies.: Migration, Armut und Agency – Empirische Fallbeispiele und methodologische Reflexionen. In: *Gunther Graßhoff* (Hrsg.): Adressaten, Nutzer, Agency.

Akteursbezogene Forschungsperspektiven in der Sozialen Arbeit. Wiesbaden 2013, S. 255–273.

Benhabib Seyla: Die Rechte der Anderen. Ausländer, Migranten, Bürger. Bonn 2004.

Bens Jonas, Vetters Larissa: Ethnographic Legal Studies. Reconnecting Anthropological and Sociological Traditions. In: The Journal of Legal Pluralism and Unofficial Law 50 (2018), S. 239–254.

Bojadžijev Manuela, Karakayalı Serhat: Autonomie der Migration. 10 Thesen zu einer Methode. In: *Transit Migration Forschungsgruppe* (Hrsg.): Turbulente Ränder. Neue Perspektiven auf Migration an den Grenzen Europas. 2. Auflage Bielefeld 2007, S. 203–209.

Bourdieu Pierre: Das Recht und die Umgehung des Rechts. In: *Michael Florian, Frank Hillebrandt* (Hrsg.): Pierre Bourdieu. Neue Perspektiven für die Soziologie der Wirtschaft. Wiesbaden 2006, S. 19–42.

Ders.: The Force of Law. Toward a Sociology of the Juridical Field. In: Hastings Law Journal 38 (1987), S. 814–853.

Carmel Emma, Paul Regine: Complex Stratification. Understanding European Union Governance of Migrant Rights. In: Regions & Cohesion 3 (2013), S. 56–85.

Conradin-Triaca Philip: Pierre Bourdieus Rechtssoziologie. Interpretation und Würdigung. Berlin 2014.

de Genova Nicholas: Spectacles of Migrant ‚Illegality'. The Scene of Exclusion, the Obscene of Inclusion. In: Ethnic and Racial Studies 36 (2013), 7, S. 1180–1198.

Dienelt Klaus: Duldung. Was ist eine Duldung und mit welchen Rechten ist die verbunden? Bonn 2016, verfügbar unter: http://www.bpb.de/gesellschaft/migration/kurzdossiers/233846/definition-fuer-duldung-und-verbundene-rechte?p=all [25.4.2019]

Ewick Patricia, Silbey Susan: The Common Place of Law. Stories from Everyday Life. Chicago 1998.

Fischer Wolfram: Zeit und Biographie. In: *Helma Lutz, Martina Schiebel, Elisabeth Tuider* (Hrsg.): Handbuch Biographieforschung. Wiesbaden 2018, S. 461–472.

Foucault Michel: Überwachen und Strafen. Die Geburt des Gefängnisses. Frankfurt am Main 1994.

Goffman Ervin: Asyle. Über die soziale Situation psychiatrischer Patienten und anderer Insassen. Frankfurt am Main 1973.

Habermas Rebekka: Diebe vor Gericht. Die Entstehung der modernen Rechtsordnung im 19. Jahrhundert. Frankfurt am Main 2008.

Hanschmann Felix: „Gefährder" – eine neue alte Figur im Öffentlichen Recht. In: Kritische Justiz 4 (2017), S. 434–447.

Hauer Janine, Nielsen Jonas Østergaard, Niewöhner Jörg: Landscapes of Hoping – Urban Expansion and Emerging Futures in Ouagadougou, Burkina Faso. In: Anthropological Theory 18 (2018), S. 59–80.

Hess Sabine, Tsianos Vassilis: Ethnographische Grenzregimeanalysen. Eine Methodologie der Autonomie der Migration. In: *Sabine Hess, Bernd Kasparek* (Hrsg.): Grenzregime. Diskurse, Praktiken, Institutionen in Europa. Berlin, Hamburg 2010, S. 243–264.

Hunt Alan: Law, Community and Everyday Life. Yngvesson's Virtuous Citizens and Disruptive Subjects. In: Law and Social Inquiry 21 (1996), 1, S. 173–184.

Isin Engin, Nielsen Greg (Hrsg.): Acts of Citizenship. London 2008.

Janotta Lisa: Abschiebungshaft und Duldung: die Verhandlung aufenthaltsrechtlicher Unsicherheit im biographischen Interview. In: Zeitschrift für Qualitative Forschung 15 (2014), 1–2, S. 245–262.

Kleist Nauja, Jansen Stef: Introduction. Hope over Time – Crisis, Immobility and Future-Making. In: History and Anthropology 27 (2016), S. 373–392.

Köster-Eiserfunke Anna, Reichhold Clemens, Schwiertz Helge: Citizenship zwischen nationalem Status und aktivistischer Praxis – Eine Einführung. In: *Lisa-Marie Heimeshoff, Sabine Hess, Stefanie Kron, Helen Schwenken, Miriam Trzeciak* (Hrsg.): Grenzregime II. Migration, Kontrolle, Wissen. Transnationale Perspektiven. Berlin, Hamburg 2014, S. 177–196.

Kukovetz Brigitte: Irreguläre Leben. Handlungspraxen zwischen Abschiebung und Niederlassung. Bielefeld 2017.

Litowitz Douglas: The Social Construction of Law. Explanations and Implications. In: Studies in Law, Politics and Society 21 (2000a), S. 215–242.

Ders.: Gramsci, Hegemony, and the Law. In: Brigham Young University Law Review 515 (2000b), S. 515–551.

Mahr Bernd: Modelle der Bezugnahme auf Zukünftiges. In: *Andreas Hartmann, Oliwia Murawska* (Hrsg.): Representing the Future. Zur kulturellen Logik der Zukunft. Bielefeld 2016, S. 111–178.

maiz: Wider den Viktimisierungsdiskurs. Migrant_innen als Protagonist_innen. In: *Lena Karasz* (Hrsg.): Migration und die Macht der Forschung. Kritische Wissenschaft in der Migrationsgesellschaft. Wien 2017, S. 283–299.

Marshall Thomas: Citizenship and Social Class. In: *Ders., Tom Bottomore* (Hrsg.): Citizenship and Social Class. London 1992, S. 3–55.

Mezzadra Sandro: Kämpfe für Gerechtigkeit an den Grenzen. Die Suche nach einem neuen politischen Subjekt im globalen Zeitalter. In: *Sebastian Conrad, Shalini Randeria, Regina Römhild* (Hrsg.): Jenseits des Eurozentrismus. Postkoloniale Perspektiven in den Geschichts- und Kulturwissenschaften. 2. Auflage Frankfurt am Main 2013, S. 379–401.

Ders.: Autonomie der Migration – Kritik und Ausblick. In: Grundrisse 34 (2010), S. 22–29.

Ders.: Bürger und Untertanen. Die postkoloniale Herausforderung der Migration in Europa. In: *Sabine Hess, Jana Binder, Johannes Moser* (Hrsg.): No Integration?! Kulturwissenschaftliche Beiträge zur Integrationsdebatte in Europa. Bielefeld 2009, S. 207–223.

Ders., Neilson Brett: Die Grenze als Methode, oder die Vervielfältigung der Arbeit. In: transversal 6 (2008), verfügbar unter: http://eipcp.net/transversal/0608/mezzadraneilson/de [25.4.2019].

Mohr Katrin: Stratifizierte Rechte und soziale Exklusion von Migranten im Wohlfahrtsstaat. In: Zeitschrift für Soziologie 34 (2005), 5, S. 383–398.

Morris Lydia: Managing Contradiction. Civic Stratification and Migrants Rights. In: International Migration Review 37 (2003), 1, S. 74–100.

Nimführ Sarah: Living Liminality. Ethnological Insights into the Life Situation of Non-deportable Refugees in Malta. In: Österreichische Zeitschrift für Volkskunde 70 (2016), 3–4, S. 245–271.

Oltmer Jochen: Schutz für Flüchtlinge. Das Aushandeln von Asyl in der Bundesrepublik Deutschland. In: Demokratie gegen Menschenfeindlichkeit. Zeitschrift für Wissenschaft und Praxis 1 (2016), 1, S. 33–44.

Pro Asyl e.V.: Afghanistan: Kein sicheres Land für Flüchtlinge. Eine Recherche zur politischen und ökonomischen Situation im Land, zur Sicherheitslage und zur Situation der Flüchtlinge. Frankfurt am Main 2018.

Raiser Thomas: Das lebende Recht. Rechtssoziologie in Deutschland. Baden-Baden 1999.

Reckwitz Andreas: Zukunftspraktiken. Die Zeitlichkeit des Sozialen und die Krise der modernen Rationalisierung der Zukunft. In: *Ders.*: Rationalisierung der Zukunft. Kreativität und soziale Praxis. Studien zur Sozial- und Gesellschaftstheorie. Bielefeld 2016, S. 115–135.

Römhild Regina: Aus der Perspektive der Migration: Die Kosmopolitisierung Europas. In: *Jana Binder, Sabine Hess, Johannes Moser* (Hrsg.): No Integration?! Kulturwissenschaftliche Beiträge zur Integrationsdebatte in Europa. Bielefeld 2009, S. 225–238.

Silbey Susan S.: After Legal Consciousness. In: Annual Review of Law and Social Science 1 (2005), S. 323–368.

Statistisches Bundesamt: Ausländische Bevölkerung 2018, verfügbar unter: https://www.destatis.de/DE/Themen/Gesellschaft-Umwelt/Bevoelkerung/Migration-Integration/_inhalt.html [25.4.2019].

Völter Bettina, Dausien Bettina, Lutz Helma, Rosenthal Gabriele: Einleitung. In: *Dies.* (Hrsg.): Biographieforschung im Diskurs. 2. Auflage Wiesbaden 2009, S. 7–20.

Wendel Kay: Unterbringung von Flüchtlingen in Deutschland. Regelungen und Praxis der Bundesländer im Vergleich, hrsg. vom Förderverein PRO ASYL e.V. Frankfurt am Main 2014.

Wrase Michael: Recht und soziale Praxis – Überlegungen für eine soziologische Rechtstheorie. In: *Ders., Michelle Cottier, Josef Estermann* (Hrsg.): Wie wirkt Recht? Ausgewählte Beiträge zum ersten gemeinsamen Kongress der deutschsprachigen Rechtssoziologie-Vereinigungen. Baden-Baden 2010, S. 113–145.

Judith Schmidt

Gehen oder Bleiben? Unmittelbare, nahe und ferne Zukunftsperspektiven rumänischer Saisonarbeitskräfte und deutscher Landwirte

Landwirtschaftliche Betriebe sind zu den Stoßzeiten der Erntesaison auf zusätzliche Arbeitskräfte angewiesen. Bereits Max Weber erkannte diesen Mechanismus in seinen *Entwickelungstendenzen in der ländlichen Arbeiterschaft* von 1894 und berichtete über das zeitweise Anwerben und anschließende Abstoßen von Arbeitskräften (vgl. Weber 1924). Gleiches zeigt sich noch heute: Da Arbeitskräfte nur innerhalb arbeitsintensiver Hochphasen der Bewirtschaftung benötigt werden, ist es für die landwirtschaftlichen Betriebe günstiger, diese nur für einen begrenzten Zeitraum einzustellen: Saisonarbeitskräfte. Da die meisten infrage kommenden Arbeitskräfte aus dem Inland diese Art der Arbeit als zu wenig lukrativ ansehen, wird der Arbeitsengpass durch Arbeitsmigration gelöst. Lange Jahre waren es vor allem polnische Arbeitsmigrant*innen, die in Deutschland auf den Feldern Spargel, Rhabarber, Erdbeeren und so vieles mehr ernteten (siehe hierzu z.B. Aka 2015, 2007; Becker 2010; Wagner u.a. 2013). Mit der EU-Osterweiterung veränderte sich das Spektrum der arbeitsmigrierenden Nationalitäten in Deutschland. Die größte Nationalitätengruppe in Deutschland bildet mittlerweile die der rumänischen Arbeitskräfte (vgl. Wagner/Hassel 2015: 8). In meinem Dissertationsprojekt beschäftige ich mich mit Saisonarbeitskräften aus Rumänien, die in und um Mainz als Erntehelfer*innen bei Obst- und Gemüsebetrieben oder im Weinbau tätig sind. Mein Ziel ist es, ein System internationaler Arbeitsteilung nachzuzeichnen, das sich aus unterschiedlichen Akteur*innen zusammensetzt und durch unterschiedliche Motivationen hervorgebracht wird. Ich fokussiere hierbei zwei Gruppen: Ich führte Experteninterviews mit Landwirten[1] und biografiegestützte narrative Interviews mit Saisonarbeitskräften aus Rumänien. Gedanken über die Zukunft, Vorstellungen über deren Gestaltung und Ziele ließen sich in allen Interviews entdecken und sollen hier in einem Zusammenspiel aus Themenanalyse und biografischer Konturierung dargestellt werden.[2]

1 Alle befragten Landwirte waren männlich, entsprechend verwende ich nur das Maskulinum.

2 In der unterschiedlichen Interviewart liegt auch die unterschiedliche Kennzeichnung begründet: Die Landwirte wurden nummeriert, da ihre biografische Person

Arbeit ist eine Hauptkategorie meiner Untersuchung. Arbeit zum Lohnerwerb an sich kann bereits als Zukunftspraktik verstanden werden, sichert sie doch den Lebensunterhalt und je nach Art der Anstellung unterschiedliche Vorsorgeleistungen. Je nach Arbeitsbereich können die Vorstellungen über die Zukunft stark variieren, was sich auch am Beispiel der rumänischen Saisonarbeitskräfte und ihrer deutschen Arbeitgeber zeigt. In meinem empirischen Material konnte ich drei Arten von Zukunftshorizonten unterscheiden, die durch unterschiedliche Vorstellungsweisen charakterisiert sind und miteinander korrespondieren: die unmittelbare, die nahe und die ferne Zukunft. In den Erzählungen der Akteur*innen zeigt sich eine ständige Aushandlung zwischen diesen drei Ebenen. Die Ebene der fernen Zukunft nimmt die entscheidende Rolle für die Vorstellungen über die beiden anderen Zukunftsebenen ein. Sie bildet den Rahmen für den Möglichkeitsraum der Akteur*innen, wie ich im Weiteren zeigen möchte. Ich stelle dar, inwieweit Erzählungen über Zukunftsvorstellungen variieren, wenn sie sich um die unmittelbare, die nächsten drei Monate betreffende Zukunft, die nahe Zukunft innerhalb des nächsten Jahres und die langfristige, auf mehrere Jahre ausgedehnte Zukunft drehen.

1. Imagination, Fiktion, kulturelle Fähigkeit: Vorstellungen von der Zukunft

Das Alltagsfeld Arbeit ist eingebettet in unterschiedlichste soziale Praktiken. Die Planung und Durchführung der Arbeit der Saisonarbeitskräfte und die Arbeitskräfteeinstellung der Landwirte zähle ich dazu.

> „Praktiken, in diesem Sinne verstanden, haben zwei zentrale Kennzeichen: zum einen werden sie zusammengehalten und ‚organisiert' durch ein bestimmtes implizites Wissen, zum anderen haben sie materiale Träger, nämlich menschliche Akteure als körperlich-mentale Einheiten und Artefakte, die an den Praktiken partizipieren. Eine Praktik wird zu einer solchen dadurch, dass sie eine bestimmte mehr oder weniger komplexe Wissensordnung enthält, ein Know-how-Wissen, bestimmte interpretative Schemata, auch typisierte Wünsche und Emotionen und einen bestimmten Einsatz der sinnlichen Wahrnehmung." (Reckwitz 2016: 122)

---

nicht erhoben wurde; als Experten schilderten sie vor allem ihre Arbeitsweise. Bei der Befragung der Saisonarbeitskräfte fokussierte ich auf die biografische Person, entsprechend nahm ich eine Pseudonymisierung vor.

Landwirte und Saisonarbeitskräfte wenden jeweils implizites Wissen an, wenn sie sich auf die Arbeit beziehungsweise Anstellung einlassen. Dieses speist sich vor allem durch Erfahrungen, die in der Vergangenheit gemacht wurden, weist jedoch auch mit Erwartungen und Prognosen in die Zukunft. So erläutert Andreas Reckwitz, dass sozialen Praktiken ein zeitlicher Charakter inhärent sei. Die gegenwärtige Handlung entstehe in Referenz zu vergangenen Handlungen. Gleichzeitig verweist die gegenwärtige Handlung auch in die Zukunft, verlangt nach einer Ausweitung oder Fortsetzung in der Zukunft (vgl. Reckwitz 2016: 124). Dirk van Laak bezeichnet die Planung als einen Vorgriff auf die Zukunft (vgl. van Laak 2008), hier spielt der Gedanke der Absicherung und Risikominimierung eine entscheidende Rolle. Aus der Gegenwart begründete Prognosen führen zu Vorstellungen über die Zukunft. Bruno Gransche nennt diese Art des Gedankenkonstrukts „Als-ob-Reduktion"; Reduktion deshalb, weil die Fülle der zukünftigen Möglichkeiten ausgeblendet und auf ein für die Person handhabbares Entscheidungsfeld reduziert wird (vgl. Gransche 2015: 19). Hier zeigt sich der fiktive Charakter der Zukunftsplanung. Die dadurch erschaffenen reduzierten Möglichkeitsräume mit ihren reduzierten Optionen bezeichnet Gransche mit „Als-ob-Zukünfte":

> „Die verhandelten Zukünfte sind Als-ob-Zukünfte, die mit einer objektivierbaren Sachlage – soweit es das gibt, wenig zu tun haben. Verhandelt werden fiktive Antizipationen und Inszenierungen, da sie aber geglaubt und gebraucht werden, werden sie teils drastisch handlungsleitend und damit wirklich." (Ebd.: 20)

Hier zeigt sich auch der Imaginationsgrad der Zukunft, der jedoch in den gegenwärtigen Handlungen der Akteur*innen zur Realität wird. Diese Handlungen beschreibt Jens Beckert mit Handlungen, „als ob …": Die Akteur*innen handeln, als ob sie Gewissheit über ihre Zukunft hätten. Entscheidungen werden auf Basis der Vorstellung – oder, nach Gransche, der Reduktion – getroffen, die Zukunft stünde bereits durch die Erkenntnisse der Gegenwart fest (vgl. Beckert 2018: 24). Die Vorstellung der Zukunft bezeichnet Beckert nicht nur als Imagination, sondern als Fiktion; der Unterschied zwischen den beiden wird nachfolgend deutlich:

> „Die gegenwärtigen Vorstellungen von Akteuren hinsichtlich zukünftiger Zustände der Welt sind in dem Sinn fiktional, dass sie eine neue, eigene Realität schaffen. Entscheidungen unter Bedingungen von Ungewissheit beruhen auf Imaginationen und Projektionen, von deren Richtigkeit die Akteure überzeugt sind." (Beckert 2015: 31)

Imaginationen und Projektionen verhelfen zur Erschaffung einer zukünftigen Realität, die mehr als eine Vorstellung ist, da sie für die Gegenwart handlungsweisend ist. Für mich ist die Flüchtigkeit des Konzeptes das entscheidende: Die zukünftige Realität wird auf Basis der Gegenwart geschaffen, die Veränderungen bereithält, die auf unterschiedlichen Ebenen der Zukunft verhandelt werden müssen. So kann eine gegenwärtige Entwicklung die Veränderung von Handlungen in der unmittelbaren Zukunft fordern, um die Fiktion der fernen Zukunft nicht zu gefährden. Ebenso kann jedoch eine gegenwärtige Veränderung dazu führen, dass sich die ferne Zukunft verändert. Das Bild der Zukunft wird somit auf Basis der Gegenwart immer neu angepasst.

Zusätzlich zu diesen eher technologischen Prinzipien der Arbeit mit Zukunftsperspektiven bietet Arjun Appadurai mit „future as cultural fact" ein Konzept, das nicht nur Zukunftstechniken, sondern auch Affekte und Empfindungen miteinbezieht (vgl. Appadurai 2013: 287). Die Fähigkeit, Zukunftsfiktionen zu erstellen, basiert auf der Fähigkeit zu hoffen. Diese Fähigkeit beschreibt Appadurai als eine kulturelle Fähigkeit, da sie alle Ebenen des alltäglichen Lebens beeinflusst (vgl. ebd.: 290). Mit Appadurai wird dem Konzept der Zukunft eine kulturelle Ebene hinzugefügt.

Nachfolgend zeige ich die drei Zeitebenen und deren Verwobenheit anhand meiner zwei Akteur*innengruppen auf; ebenso die Besonderheiten, die sich aus meinem Feld ergeben und schließlich in der Frage kumulieren: gehen oder bleiben?

2. Die Saisonarbeitskräfte

Das Haus der Träume – die ferne Zukunftsperspektive

Als ich Dan kennenlernte, war er 23 Jahre alt und bereits zum vierten Mal in Deutschland zum Arbeiten. In Rumänien wohnte er bei seinen Eltern. Von dem Geld, das er in Deutschland verdiente, baute er nach und nach sein eigenes Haus:

> „Ich habe mit dem Hausbau begonnen, ein neues Haus, es hat 130 Quadratmeter, und das habe ich in den letzten drei Jahren gebaut. Also nicht während der gesamten drei Jahre. Ich hatte nicht immer Lust dazu. Ich hatte auch Lust auf Unterhaltung. Wenn ich mich angestrengt hätte, wäre es bereits fertig, aber so werde ich versuchen, daran weiterzuarbeiten, wenn ich jetzt wieder nach Hause fahre. Meine Eltern helfen auch mit." (Dan, 2014)

Diesen Traum hatte auch Florin, der mir erzählte, dass er nach Deutschland gekommen sei, um Geld für die Zukunft der Familie zu erarbeiten. Er wohnt zu dieser Zeit mit seiner Familie bei den Eltern seiner Ehefrau, eine Konstellation, die zu Konflikten geführt habe. Mit der Perspektive des weiteren Familienzuwachses entschloss er sich, ins Ausland zu gehen. So gehe es den meisten jungen Leuten in seiner Heimat, erzählte er: Sie wohnen bei ihren Eltern, bis sie genug Geld haben, um sich ein eigenes Haus zu bauen, und dieses verdienen sie im Ausland. Ein Haus zu kaufen oder zu bauen, sei teuer und für viele junge Menschen aus Florins Umfeld nicht bezahlbar. Auch für Dan war dies nur möglich, indem sich der Hausbau auf mehrere Jahre erstreckte – 2018 ist er 27 und hat ebenfalls eine kleine Familie, mit der er in seinem Haus lebt.

Ana kommt seit sechs Jahren nach Deutschland, um auf einem Weingut zu arbeiten. Sie erläuterte, dass man mit dem Lohn in Rumänien „normal" leben könne, sich auch einen Urlaub leisten könne:

> „If you work home, you can live normal. I think like here. Because here is more money: But the cost is more big. And in Romania is not so big money but the cost is I think you can live normal. Home, if you work, you can go on holiday, yes. But you cannot *do* something. I don't know. Make a house or … I don't know. It is not easy." (Ana, 2017, Herv. J.S.)

Auch sie und ihr Mann waren dabei, ein Haus zu bauen.

In allen angeführten Beispielen zeigt sich die Arbeit im Ausland nicht als dringende Notwendigkeit, sondern als Zukunftsinvestition, als Erweiterung des Möglichkeitsraums. Die zeitlich begrenzte Tätigkeit in einem anderen Land, das nicht das Heimatland ist, kann mit Reckwitz als Zukunftspraxis bezeichnet werden:

> „Zukunftspraktiken sind Praktiken, in denen es um die Imagination, Kalkulation oder Planung von Zukunft geht, ob nun in Praktiken des Wahrsagens, der Kalkulation von Risiken bestimmter Entscheidungen, die wissenschaftliche Vorhersage bestimmter Entwicklungen, das biografische Tagträumen oder die Entwicklung alternativer Szenarien." (Reckwitz 2016: 126)

Die Akteur*innen planen ihre Zukunft und haben hier ein konkretes Ziel vor Augen: die Fertigstellung des Eigenheims. Dies stellt sich bei den genannten Gesprächspartner*innen als Unterfangen dar, das sich über viele Jahre hinwegziehen kann. Der Ausstellungskatalog *Brave New World. Romanian Migrants' Dream Houses* der gleichnamigen Wanderausstellung, die zum ersten Mal von 2015 bis 2016 im *Museum Europäischer Kulturen* in Berlin zu sehen war, veranschaulicht den migrantischen Hausbau als kulturelle Technik eindrücklich. So werden nicht nur die äußeren Veränderungen der Landstriche beschrieben, sondern es wird gezeigt, dass ein regelrechter Wettstreit unter den migrantischen Arbeiter*innen darüber entstanden ist, wer das größte und imposanteste Haus errichtet. Für die auf diese Weise erbauten Häuser gibt es bereits eine eigene Bezeichnung: *case făloase*, die stolzen Häuser (vgl. Moisa 2016).

Dies spiegelt sich in meinen Gesprächen mit Saisonarbeitskräften wider. Nicht umsonst nennt Dan im zuvor gezeigten Redebeispiel die Quadratmeterzahl seines selbst erbauten Hauses, er umreißt damit seine finanziellen Möglichkeiten. Häufig wird die große Rolle des Besitzes von Geld thematisiert. Ein Arbeiter beschreibt, dass es in Rumänien keine Mittelschicht gebe, sondern nur arme und reiche Menschen. Florin drückt dies mit dieser Aussage aus: „Du bist ein Niemand in Rumänien, wenn du kein Geld hast. Niemand sieht dich an" (Florin, 2018). Die saisonale Tätigkeit im Ausland kann als Kompensation der wirtschaftlichen Lage, in der sich die befragten Arbeitskräfte in Rumänien sehen, verstanden werden. Remus Gabriel Anghel spricht hier von der transnationalen Konstruktion des sozialen Status: Die harte, wenig prestigeträchtige Arbeit im Ausland verhilft zum Bau der *case făloase*, zum Bau eines Hauses, das nach außen den erarbeiteten Wohlstand kommuniziert (vgl. Anghel 2016: 63).

Der Bau des Hauses ist ein langfristiges Zukunftsprojekt. Keine von mir befragte Person nannte mir einen Zeitraum, innerhalb dessen das Haus fertiggestellt werden sollte. Appadurais *capacity to aspire* zeigt sich in dem Stück für Stück aufzubauenden Haus, das gleichzeitig ein Artefakt der Zukunft (vgl. Reckwitz 2016: 23) repräsentiert, an dem sich der wirtschaftliche Erfolg der Akteur*innen messen lässt. Die ferne Zukunftsperspektive stellt sich in den meisten vorgestellten Fällen nicht überdeutlich als Fiktion dar. Vielmehr ist die Fiktion das, was mit der Fertigstellung des Hauses verbunden wird, das zeigt sich an Florins Beispiel: eine glückliche Familie, Wohlstand, ein Zuhause und nicht zuletzt die Veränderung des sozialen Status. Das Ziel der Fertigstellung des Hauses liegt in der fernen Zukunft, dient als Motivation für die näher an der Gegenwart liegenden Zukunftshorizonte. Inwieweit diese jedoch auch die ferne Zukunftsfiktion beeinflussen können, werde ich im Folgenden zeigen.

Die unmittelbare Zukunft: Wenn die Gegenwart nicht zu der Zukunftsvorstellung passt

Ich lernte Florin 2018 kennen, als er zum dritten Mal zur Saisonarbeit nach Deutschland kam. Zum ersten Mal reiste er nach Deutschland, nachdem er gesehen hatte, wie viel Geld ein guter Freund von ihm dort verdient hatte; dessen Tante, die in Rumänien als Arbeitsvermittlerin tätig war, vermittelte auch Florin seinen ersten Job in Deutschland. Nach seinem ersten Arbeitsaufenthalt lernte er seine jetzige Frau kennen, mit der er eine Tochter bekam; diese ist zum Befragungszeitpunkt zwei Jahre alt. Drei Jahre später – Florin war damals 24 Jahre – ging er erneut nach Deutschland; diesmal kaufte er sich dort ein Auto, mit dem er nach seinem Arbeitsaufenthalt nach Rumänien zurückfuhr. Als seine Frau erneut schwanger wurde, spitzte sich die Situation in deren Elternhaus, in dem die kleine Familie mit den Schwiegereltern zusammenlebte, zu. Florin benötigte Abstand von der konflikthaften familiären Situation und sah als Ausweg die Arbeit im Ausland. Er entschied sich, seinen Job im Fast-Food-Bereich zu kündigen, um nach Deutschland zu kommen: Er wollte mehr Geld verdienen und sich und seiner Familie damit etwas Eigenes aufbauen. Über die Vermittlung seines Freundes, der nun zeitweise in Belgien arbeitete, kam er zu einem kleinen Landwirtschaftsbetrieb in einem Mainzer Randstadtteil. Schnell stellte sich jedoch heraus, dass der Landwirt nicht genug Arbeit für alle angeworbenen Arbeitskräfte hatte und einige von ihnen wieder abreisen mussten. Florin und ein weiterer Arbeiter blieben. Ihre Hoffnung auf mehr Arbeitsstunden erfüllte sich jedoch nicht: In der Hitze der kommenden Wochen arbeiteten sie lediglich fünf Stunden pro Tag – viel zu wenig dafür, dass sie nach Deutschland gekommen waren, um möglichst viel zu arbeiten und zu verdienen.

Zu dieser Zeit fand mein zweites Gespräch mit Florin statt. Er wirkte unzufrieden: In Rumänien hätte er in dieser Zeit, so schilderte er, wahrscheinlich gleich viel oder sogar mehr verdient als in den letzten Wochen in Deutschland. Die angespannte Familiensituation zu Hause und die bevorstehende Geburt seines zweiten Kindes drückten zusätzlich auf die Stimmung. Weiter machte er deutlich, dass er gern bereits nach zwei Wochen abgereist wäre, ihn allerdings ein Kollege zum Bleiben überredet habe. Dabei könne er sich unter anderen Bedingungen, mit einem festen Job, gut vorstellen, in Deutschland zu bleiben, sich hier eine Wohnung zu suchen und anschließend seine Familie nachzuholen. Er fragte mich nach Jobmöglichkeiten.

Bei unserem letzten Gespräch eine Woche später erzählte mir Florin dagegen, dass er nach Beendigung seiner Tätigkeit nach Hause fahren wolle und nicht plane, erneut zum Arbeiten nach Deutschland kommen. Lieber sei es ihm, ein bisschen weniger Geld zu haben und dafür bei seiner Familie zu sein. Im selben Gespräch erklärte er jedoch auch, dass er ein richtig gutes Angebot zum Arbeiten im Ausland – hier diente als Beispiel wieder der gute Freund, der in Belgien arbeitet und ihm den Job in Deutschland verschafft hat – annehmen würde. Drei Tage später teilte er mir mit, dass er am nächsten Tag nach Hause fahren würde.

Die Erzählungen Florins verdeutlichen, wie flüchtig und gleichzeitig fest Perspektiven auf die Zukunft sein können, wenn die Gegenwart sich anders darstellt als erwartet. Auf Basis gegenwärtiger Veränderungen änderten sich Florins Zukunftsvorstellungen innerhalb von zwei Monaten rasant. Zu Beginn steht die Perspektive: viel Geld verdienen und es mit nach Rumänien nehmen. Diese Vorstellung beruht sowohl auf eigenen Erfahrungen als auch auf Erfahrungen und Erzählungen der Menschen in seinem Umfeld, ist somit eine auf vergangenen Begebenheiten basierende Vorstellung der kurzfristigen Zukunft. Jens Beckert beschreibt Zukunftsvorstellungen und Zukunftshandeln in der Wirtschaft als fiktionale Erwartungen. „Erwartungen basieren auf der Analyse aller vorhandenen Informationen“ (Beckert 2013: 220). Es kommt zu einem Handeln, „als ob …“:

> „Akteure handeln, als ob sich die Zukunft in ihrer angenommenen Weise entfalten würde. Erwartungen sind somit Platzhalter im Entscheidungsprozess, mit deren Hilfe sich über die im Augenblick der Entscheidung herrschende Unkenntnis der tatsächlichen Entwicklung hinwegsehen lässt.“ (Beckert 2015: 31)

Florin traf seine Entscheidung auf Basis in der Vergangenheit gemachter Erfahrungen sowie von Beobachtungen aus seinem Umfeld: Er bat einen guten Freund, der selbst einen Job in Belgien hatte, und dessen Tante, die als Arbeitsvermittlerin tätig ist, um Hilfe bei der Jobsuche. Diese Erfahrungen bilden die Grundlage folgender Fiktion der Arbeitsstelle: drei Monate anstrengender Arbeit mit dem Ergebnis, eine hohe Geldsumme mit nach Rumänien nehmen zu können. Sein Handeln, als ob sich alles seinen Erwartungen entsprechend füge, zeigt sich am deutlichsten in der Kündigung seines Jobs in Rumänien: Die Erwartung einer großen Geldsumme ließ ihn die Sicherheit eines festen, jedoch schlechter bezahlten Arbeitsverhältnisses in Rumänien geringer schätzen und in Erwartung zukünftigen Gewinns ablehnen. Florins Erwartungen waren zu dem Zeitpunkt der „Als-ob-Handlung“ fiktional, das heißt, sie haben eine eigene Realität geschaffen, in der die Kündigung des Jobs eine logische, zielführende Handlungsmöglichkeit bot, die auf die langfristige Zukunftsperspektive ausgerichtet war. Florins Vorstellungen von seiner Zukunft beeinflussten die Entscheidung in der Gegenwart. Die Perspektive, im

Ausland zu arbeiten, führte bei Florin zur Kündigung seines Jobs, eine Imagination der Zukunft bewirkte eine innerhalb der Imagination kongruente Entscheidung in der Gegenwart.

Zusätzlich zeigt sich an Florins Beispiel die Flüchtigkeit der Zukunftsperspektiven, die sich um die Frage des Gehens oder Bleibens dreht: Zwei Wochen nach der Ankunft in Deutschland kommt bei ihm zum ersten Mal der Gedanke auf, wieder nach Hause zu fahren, aber er wartet weiter auf den Verdienst, den er sich vorgestellt hat. Als er schließlich feststellen muss, dass in dieser Saison kein Gewinn mehr zu machen ist, dass er seiner langfristigen Zukunftsvorstellung des Hausbaus in diesem Sommer nicht nähergekommen ist, wird nicht nur die kurzfristige Zukunftsplanung, sondern auch die langfristige vage: Er überlegt, in Deutschland zu bleiben, etwas aufzubauen. Nach der Aussprache mit der Familie sieht er seine Zukunft in Rumänien, bei seiner Familie, und möchte auf keinen Fall wieder im Ausland arbeiten. Hier zeigt sich vor allem die emotionale Komponente der Zukunftsplanung: Die Abwesenheit der Familie ist ein wichtiges Kriterium im Entscheidungsprozess des Gehens oder Bleibens und spielt auch für die unmittelbare Zukunft eine wichtige Rolle. Zu Kostenkalkulationen gesellt sich somit noch eine andere Kalkulation: die Abwägung von Kosten und Nutzen der Auslandsarbeit auf emotionaler Ebene (vgl. Schmidt 2020). Bei allen Überlegungen bleibt die ferne Zukunftsfiktion bestehen, das zeigt sich an Florins weiterer Offenheit für ein gutes Angebot. Auch die *capacity to aspire* zeigt sich, wenn sich die vorherige Zukunftsfiktion in der Gegenwart anders als antizipiert darstellt: Zwar hat die Gegenwart Einfluss auf die nahe Zukunft, die Fiktion der fernen Zukunft bleibt jedoch bestehen.

Die nahe Zukunft: So nicht

Konkret in Bezug auf das nächste Jahr befragt, antworteten meine Gesprächspartner*innen durchweg sehr vage. Die Ursache dafür sehe ich in der Beschaffenheit der unmittelbaren Zukunftsperspektive, die flexibel auf gegenwärtige Veränderungen reagiert und sich in einem bestimmten Rahmen anpasst. Für die unmittelbare Zukunftsperspektive ist die Gegenwart entscheidend. Die nahe Zukunftsperspektive erfordert eine deutlichere Imaginationsstufe: Die Akteur*innen müssen über das kommende Jahr Prognosen aufstellen. Die Erfahrung aus der Vergangenheit hat ihnen allerdings gezeigt, dass sich gute Angebote auch spontan ergeben können, sodass sich viele Akteur*innen zwar darauf festlegen, zu sagen, dass sie wieder im Ausland arbeiten werden, allerdings keine konkreten Angaben hierzu tätigen können.

Zusätzlich kann hier die Befragungssituation während der Saison eine Rolle spielen: Die befragten Personen befanden sich gerade in der körperlich anstrengenden Phase der Erwerbsarbeit in Deutschland – da erscheint die Perspektive auf die erneute Arbeitsaufnahme im nächsten Jahr womöglich nicht reizvoll, weshalb sie sich nicht auf ein Wiederkommen festlegen möchten. Was sich in den Darstellungen der kurzfristigen Zukunft durch meine Gesprächspartner*innen aber feststellen lässt, sind Ausschließungen. Florin zum Beispiel wird nicht mehr für seinen jetzigen deutschen Arbeitgeber arbeiten. Eine Anstellung auf dem Bau schließt er ebenfalls aus, da er hier bereits betrogen worden ist. Gegenwärtige und vergangene Erfahrungen bilden also einen Blick in eine nahe Zukunft, hier darauf, wie diese nicht sein wird; sie bilden den Rahmen für die Entscheidungen, die die Akteur*innen zu treffen haben: Auf Basis dessen, was sie nicht mehr wollen, erhalten sie eine Perspektive für ihre Möglichkeiten.

Die Arbeit im Ausland: Gehen oder Bleiben?

Für die Saisonarbeitskräfte stellt sich die ferne Zukunftsperspektive als Motivation für ihre gegenwärtige Tätigkeit dar. Auf Umstände, die nicht ihren Erwartungen entsprechen, können sie mit relativ vagen und offenen Zukunftsvorstellungen reagieren. Gehen oder Bleiben hängt hier von der gegenwärtigen Situation ab, wird akut auf Basis wirtschaftlicher und emotionaler Kalkulationen entschieden, innerhalb der die ferne Zukunftsperspektive eine wichtige Rolle spielt.

Analog zu Florins Beweggründen für die Arbeit im Ausland haben sich auch seine Zukunftsvorstellungen geändert: War es zuvor das Vorbild seines Freundes, bildete bei seinem letzten Auslandsaufenthalt die Versorgung der Familie den Antrieb für die Arbeit. Anas Zukunftsvision war es, ihren Kindern ein besseres Leben zu ermöglichen. Der Hausbau ist darin inbegriffen. Dan begann mit dem Hausbau, bevor er eine Familie hatte, sah den Hausbau somit als Kapitalanlage. Hier zeigen sich drei unterschiedliche Zukunftsimaginationen, deren Basisstruktur die gleiche ist: die Vorstellung, ein Eigenheim zu besitzen.

3. Die Landwirte

Der Generationenwechsel als ferne Zukunftsperspektive

Für die befragten Landwirte ist die Weitergabe des Betriebes an die nächste Generation ein wichtiges Movens ihrer wirtschaftlichen Tätigkeit. In diese Perspektive sind Aushandlungen über Vergangenheit, Gegenwart und Zukunft eingebettet. So ziehen die Landwirte den Vergleich zur Vergangenheit im Sinne der vergangenen Generation häufig, wenn es um den aktuellen technischen Fortschritt geht:

> „Und wenn die das sehen würden, wie wir hier wirtschaften, das wäre für die ein Riesending, wenn die die Schlepper sehen würden! Ihr seid ja nicht mehr klor [Dialekt: „bei Verstand", J.S.], seid verrückt und was noch nicht alles. Und da sag' ich: Opa, wie viel Hektar hast du? 11 Hektar, 12 Hektar? Rätst du mal, was dein Urenkel hat? Der liegt bei 180 Hektar." (Landwirt 1, 2016)

Der Landwirt imaginiert den Großvater, der angesichts der Größe der landwirtschaftlichen Maschinen perplex wäre. Allerdings zeigt er hier auch gleich in einer imaginierten Auseinandersetzung den Größenunterschied in der Bearbeitungsfläche. Der Rückbezug auf die Vergangenheit stärkt die gegenwärtige Position des Landwirts. Ebenso stärkt der Generationenbegriff mit Blick auf die Zukunft die gegenwärtige Position der Landwirte:

> „Einen Teil der Weinberge haben schon Generationen vor mir bewirtschaftet. Die werden von einer Generation zur nächsten weitergegeben. Und werden so gepflegt, dass sie die Basis der nächsten Generation für ihren Lebensunterhalt auch sind." (Landwirt 5, 2017)

Der Begriff der Generation dient den Landwirten im Denken sowohl über die Vergangenheit als auch über die Zukunft zur Legitimation der Gegenwart. So spiegelt sich in dem Wunsch der Weitergabe des Betriebs an die nächste Generation die ferne Zukunftsperspektive. Diese ferne Zukunftsperspektive dient als Folie des Handelns in der Gegenwart. Die nahe und die unmittelbare Zukunftsperspektive können die Fiktion der fernen Zukunft allerdings infrage stellen.

Die nahe Zukunftsperspektive: Mehr Druck durch Mindestlohn

Begannen die Landwirte, ihre Gegenwart näher zu beschreiben, wurde vor allem deutlich, dass sie sich in einer starken wirtschaftlichen Abhängigkeit zu arbeitsrechtlichen Entscheidungen befinden: Den 2015 eingeführten Mindestlohn bewerteten alle befragten Landwirte problematisch. Hierbei geht es um Kostenkalkulationen: Da die Landwirte wettbewerbsfähig bleiben müssen, sind sie nur in ganz geringem Ausmaß in der Lage, die gestiegenen Lohnkosten auf das zu vertreibende Produkt umzuschlagen. Sie konkurrieren nicht nur auf dem nationalen Markt, sondern auf dem Weltmarkt. So schilderte ein Landwirt, dass seine Chancen, mit dem Anbau und Verkauf von Zwetschgen Gewinn zu machen, gleich null seien – es sei denn, in Polen gebe es Blütenfrost, sodass den Anbietenden dort die Hälfte der Ernte fehlt. Zum Glück, so sagte er, passiere dies alle zwei, drei Jahre. Außerdem müssten seine Produkte mit Süßkirschen und Spargel aus Peru konkurrieren; hier komme es seinem Geschäft jedoch zugute, dass regionale Produkte gerade sehr beliebt seien, wodurch er sowohl im Lebensmitteleinzelhandel als auch im eigenen Hofladen wirtschaftliche Vorteile habe. Der gestiegene Mindestlohn verschärft den Druck auf die Wirtschaftsfähigkeit der Betriebe: Sie sind mit größeren Ausgaben konfrontiert, ohne höhere Einnahmen generieren zu können. Zudem haben sie zahlreiche maschinelle Investitionen zu tätigen, um in der Schnelligkeit und Effizienz der Bearbeitung ihrer Anbaufläche wettbewerbsfähig zu bleiben. Ob sich die Arbeit eines Wirtschaftsjahres gelohnt hat, zeigt sich häufig erst am Ende desselben:

> „Und dann muss ich sagen, wir müssen jedes Jahr durchrechnen, und gerechnet wird nicht mitten in der Saison, sondern am Ende der Saison, weil es gibt immer mal eine Anlage, die nicht so ist, und auch mal 'ne Kultur, die nicht so viel Geld bringt, und dafür bringt eine andere vielleicht mehr, und dann wird das verrechnet. Und wir gucken: Ist diese Kultur in den letzten drei Jahren so schlecht gewesen, dann muss die verschwinden." (Landwirt 1, 2016)

Hier zeigt sich deutlich das Zusammenspiel der Zeitebenen: Die Erfahrung der vergangenen Jahre wird genutzt, um in den folgenden Jahren eine bessere Bilanz verzeichnen zu können. Die nahe Zukunft ist bei den Landwirten ausschlaggebend für Überlegungen, die die ferne Zukunft positiv beeinflussen können, ist gleichzeitig Aushandlungsebene von Überlegungen zur Betriebsaufgabe:

> „Wenn ich innerhalb von einem Jahr Stopp gemacht hätte, hätte ich '14, hätten alle Bauern [des betreffenden Mainzer Stadtteils, J.S.] den Laden dichtgemacht. [...] Aber die haben gesagt: ‚Okay, dieses Jahr hilft uns die Bank, ins nächste Jahr zu kommen, und im nächsten Jahr klappt's vielleicht wieder.' Und '15 war wieder relativ gut, deswegen hat der Mindestlohn keine Rolle gespielt. Wenn das gut ist, spielt der Mindestlohn keine Rolle. Da geht uns das irgendwo vorbei, da sagen wir: Das zahlen wir, und wir zahlen es gerne, unsere Leute sind zufrieden und das ist doch bombig. Das ist für uns gut, für die ist das gut, spielt doch keine Rolle." (Landwirt 1, 2016)

Ein schlechtes Jahr zwingt noch nicht zur Betriebsaufgabe, wenn danach wieder ein gutes Jahr zu erhoffen ist. Kommen allerdings andere Negativfaktoren zu einem schlechten Erntejahr hinzu, wie hier der angesprochene Mindestlohn, wird der Kalkulationsspielraum kleiner. Die Betriebskosten lasten auf den Landwirten und nehmen keine Rücksicht auf Witterungsbedingungen.

Die unmittelbare Zukunftsperspektive: Ein gutes Arbeitsverhältnis fördert den Gewinn

Die unmittelbare Zukunftsperspektive zeigt sich vor allem in dem Verhältnis zu den saisonalen Arbeitskräften: Die Landwirte sind auf die Mitarbeit ihrer Arbeitskräfte angewiesen und entsprechend darauf bedacht, dass diese nicht früher abreisen und ihre Arbeit ordentlich verrichten.

> „Denn wenn die nicht zufrieden sind, kann ich garantieren, kommt nächstes Jahr keiner. Oder du musst 'ne ganz neue Mannschaft haben und das ist ja scheiße! Weil du jeden neu [an]lernen musst, wenn du einen hast, zumindest einer, der schon zwei Jahre die Sache macht, der weiß alles aus dem Effeff. Mit dem kannst du reden und kannst sagen: ‚Du hör mal, wir müssten jetzt hier das machen.'" (Landwirt 1, 2016)

Die Einstellung neuer Arbeitskräfte bedeutet Zeit- und Qualitätseinbußen. Zusätzlich muss der Landwirt darauf achten, dass die Arbeit der Saisonarbeitskräfte nicht zu eintönig wird, sonst entsteht die Gefahr, dass sie ihre Arbeit frühzeitig abbrechen:

> „Und bei den Sauerkirschen, der maschinellen Ernte, muss ich die Truppe, also einen Tag kann ich sie Maximum da drin beschäftigen. Dann sind die fertig, dann kann ich die nicht mehr da mitlaufen lassen, sonst habe ich sie innerhalb von zwei Tagen total verschlissen. Da brauchen sie wieder zwei Tage zur Regeneration. Und das muss ich wissen, das ist ja keine Sklavenarbeit, wäre es Sklavenarbeit, da kommen die ein Jahr und das noch nicht mal, da fahren sie früher heim oder sonst was, Arbeit gibt es in ganz Eu-

ropa, das muss jeder wissen, und da fahren die halt woanders hin.“ (Landwirt 1, 2016)

Nicht nur die Art und Weise des Umgangs ist somit ausschlaggebend für ein gutes Arbeitsverhältnis, sondern auch die Art der Arbeit. Der Landwirt ist sich seiner unsicheren Wettbewerbslage deutlich bewusst:

> „Und das ist das Problem, man erntet, aber man weiß noch nicht, was man dafür kriegt. Der Mitarbeiter weiß es, aber du weißt es nicht. Und deswegen ist ständig der Bleistift mit dabei, der Bauer, der fährt, der muss auch seinen Leuten sagen können: Leute, das hat sich jetzt rentiert und morgen müssen wir gucken, weil das ist ein neues Spiel.“ (Landwirt 1, 2016)

Der Landwirt hat feste Ausgaben, zum Beispiel für seine Arbeitskräfte. Ob allerdings sein Absatz hoch genug ist, um auch einen Gewinn zu erzielen, wird immer wieder neu berechnet. Es kann passieren, dass sich die Arbeit der Saisonarbeitskräfte nicht lohnt, da kein Gewinn mit dieser erzielt werden kann. Die unmittelbare Zukunft ist bei den Landwirten geprägt von Kalkulationen bezogen auf die Gewinnspanne und korrespondiert mit der fernen Zukunftsvorstellung, deren Erreichen immer wieder neu verhandelt wird. Hier zeigt sich die deutlichste Ungewissheit. Als Risikofaktoren spielen schlechte Arbeitskräfte, die vorzeitige Abreise der Arbeitskräfte sowie der zu erzielende Preis für das Produkt in der Aushandlung um die Wirtschaftlichkeit des Hofes eine Rolle.

4 Das gute Leben: Ein Vergleich

Im Vergleich zum Zukunftshorizont der Saisonarbeitskräfte stellt sich jener der Landwirte deutlicher geprägt von wirtschaftlichen Kalkulationen und Prognosen dar: Bekommen sie gute Arbeitskräfte und stimmen die Witterungsbedingen, haben sie die Möglichkeit, hohe Gewinne zu machen – andernfalls nicht. Müssen sie mehrere Jahre hintereinander unter schlechten Bedingungen wirtschaften, gerät die langfristige Zukunftsperspektive des Generationenwechsels im Betrieb ins Wanken. Zeigt sich bei den Saisonarbeitskräften gerade der ferne Zukunftshorizont stabil, während der Weg dorthin variabel ist, stellt sich bei den Landwirten ein recht deutlich kalkuliertes Bild des Scheiterns heraus, das sich als von äußeren Umstanden wie Witterungsbedingungen, Arbeitsmarkt- und Weltmarktentwicklungen abhängig präsentiert. Während die Landwirte auf größtmögliche Konstanz in Bezug auf ihre saisonalen Arbeitskräfte Wert legen, befinden sich die Saisonarbeitskräfte auf der Suche nach dem besten Angebot. Dies korrespondiert mit den jeweiligen fernen Zukunftshorizonten Hausbau und Generationenwechsel. Der Hausbau ist kostenintensiv und zeitaufwendig, entsprechend suchen die Arbeitskräfte nach dem besten Lohnangebot. Der Generationenwechsel ist jedoch ein auf Nachhaltigkeit angelegtes Konzept, das Kontinuität und Sicherheit benötigt. Zu viele Unsicherheiten können betriebsschädigend sein beziehungsweise den Landwirt zur Aufgabe des Betriebs zwingen. So unterschiedlich und gegenläufig die fernen Zukunftsperspektiven der beiden vorgestellten Akteur*innengruppen auch sein mögen, spiegelt sich doch gerade in der fernen Zukunftsperspektive die Vorstellung eines guten Lebens. Appadurai plädiert für eine Zuwendung zum guten Leben als einer Landschaft aus sichtbaren Zielen und praktischen Wegen zum Erreichen dieser Ziele:

> „This requires a move away from the anthropological emphasis on cultures as logics of reproduction to a fuller picture in which cultural systems also shape specific images of the good life as a map of the journey from here to there and from now to then, as part of the ethics of everyday life." (Appadurai 2013: 292)

Vorstellungen des guten Lebens formen den Weg von der Gegenwart in die Zukunft und beeinflussen entsprechend gegenwärtiges Handeln, das gewissermaßen immer schon Zukunftshandeln ist. Das gute Leben zeigt sich in der Aushandlung der fernen Zukunft: Referenzpunkte sind entweder das Haus oder der Generationenwechsel. Das gute Leben, wie es sich an den vorgestellten Beispielen präsentiert, zeigt einen deutlichen Fokus auf die Reproduktion, ohne dass hier eine anthropologische Fokussierung an das Quellenmaterial herangetragen worden wäre. Hier wird ein kulturelles Wertesystem deutlich, dem die Akteur*innen gerne entsprechen möchten. Die „ethics of everyday life" werden verhandelt auf Basis der fernen Zukunft. Die ferne Zukunft ist im Gegensatz zu den beiden anderen Zukunftsperspektiven recht deutlich formuliert, es gibt ein Ziel, auf das beide Gruppen hinarbeiten, eine teleologische Struktur:

> „[I]n the choice of alternative means to the end, insofar as the situation allows alternatives, there is a ‚normative orientation' of action. […] What is essential to the concept of action is that there should be a normative orientation, not that this should be of any particular type." (Parsons 1968: 44f.)

Diese Ziele sind mit kulturellen Werten verhaftet, auf der einen Seite das Hinterlassen einer intakten Landwirtschaft an die Nachkommenschaft, auf der anderen Seite der Aufbau eines Heims für die Nachkommenschaft. Dies bildet die *normative orientation* in den Handlungen der Akteur*innen auf allen unterschiedlichen Zeitebenen. In beiden Fällen zeigt sich eine tiefe familiäre Verbundenheit, der Wunsch, dass die Nachkommen es einmal besser haben als die aktuellen Akteur*innen. Die ferne Zukunft repräsentiert hier für beide Akteur*innengruppen eine jeweils ähnliche „Zukunftssemantik" (Reckwitz 2016: 119).

5 Gehen oder Bleiben als Aushandlungspraxis und Zukunftssemantik. Ein Fazit

Auf der Ebene der unmittelbaren und nahen Zukunft zeigt sich die Verwobenheit der Saisonarbeitskräfte und der Landwirte. Die unmittelbare Zukunft der Saisonarbeitskräfte hängt von der Art der Arbeit in Deutschland ab, wird in dem Kosten-Nutzen-Kalkül des Bleibens verarbeitet. Dessen sind sich die Landwirte bewusst, und sie gehen direkt einen Schritt weiter in die nahe Zukunft: Sie gehen davon aus, dass die Arbeitskräfte im nächsten Jahr nicht wiederkommen, wenn sie schlecht behandelt werden. Während die Saisonkräfte bereits innerhalb der Saison ein Abwägen zwischen Gehen oder Bleiben vollziehen, stellt sich diese Frage bei den Landwirten in Bezug auf die nahe Zukunftsperspektive: Wie entwickelt sich der Betrieb mit Berücksichtigung von Preisverfall, internationalem Wettbewerb und veränderten Lohnkosten? Innerhalb von wenigen Jahren kann die Entscheidung getroffen werden, dass der Betrieb nicht zu halten ist, er weichen muss, anstatt zu wachsen. Bei den Saisonarbeitskräften erfährt die Zukunftssemantik somit wenig Veränderung, während sowohl die nahe als auch die unmittelbare Zukunft flexibel und anpassungsfähig perspektiviert und gestaltet wird. Einfluss auf die ferne Zukunft haben diese Veränderungen jedoch zunächst nicht, sie dienen vielmehr weiterhin der Aufrechterhaltung der fernen Zukunftsperspektive. Bei den Landwirten zeigt sich eine deutlichere Vergegenwärtigung der Möglichkeit der Veränderung ihrer Zukunftssemantik: Die Gefahr, das ferne Ziel des Generationenwechsels zu verfehlen und den landwirtschaftlichen Betrieb aufgeben zu müssen, schwingt in den Gesprächen mit. Diese neue Zukunftssemantik wäre aus der gegenwärtigen Perspektive das Scheitern. Interessant wäre es hier, näher zu untersuchen, wie sich diese Imaginationen und Interpretationen im Angesicht der Betriebsaufgabe verändern.

Gehen oder Bleiben wird in den vorgestellten Akteur*innengruppen unterschiedlich verhandelt. Bei den Saisonarbeitskräften ist dies charakterisiert durch die effektivste Art, das in der fernen Zukunft liegende Ziel zu erreichen. Bei den Landwirten kann diese Abwägung die Aufgabe des fernen Zukunftsziels bedeuten. Gehen oder Bleiben bedeutet für die Saisonarbeitskräfte eine Aushandlungspraxis auf der Ebene der unmittelbaren und nahen Zukunft, während es bei den Landwirten die Funktion einer Zukunftssemantik annimmt, nach deren Auswertung die unmittelbare und die nahe Zukunftsperspektive ausgerichtet werden.

Literatur

Aka Christine: „Jetzt mit Mindestlohn, da müssen die Langsamen eben weg." Temporäre Arbeitsmigration in der Landwirtschaft des Oldenburger Münsterlandes. In: Alltag Kultur Wissenschaft. Beiträge zur Europäischen Ethnologie 2 (2015), S. 11–34.

Dies.: Sonderkulturen. Polnische Saisonarbeiter zwischen Container und Erdbeerfeld. In: Rheinisch-westfälische Zeitschrift für Volkskunde 52 (2007), S. 157–182.

Anghel Remus Gabriel: Prestige or Economic Calculus? Reflections on Migrant's Houses in Romania. In: *Raluca Betea, Beate Wild* (Hrsg.). Brave New World – Romanian Migrants' Dream Houses. Bucharest 2016, S. 58–67.

Appadurai Arjun: The Future as Cultural Fact. Essays on the Global Condition. London, New York 2013.

Becker Jörg: Erdbeerpflücker, Spargelstecher, Erntehelfer. Polnische Saisonarbeiter in Deutschland – temporäre Arbeitsmigration im neuen Europa. Bielefeld 2010.

Beckert Jens: Imaginierte Zukunft. Fiktionale Erwartungen und die Dynamik des Kapitalismus. Übersetzt aus dem Englischen von Stephan Gebauer. Berlin 2018.

Ders.: Imaginierte Zukunft. Wie fiktionale Erwartungen wirtschaftliche Dynamik vorantreiben. In: MPIfG Jahrbuch 2015/2016. Köln 2016, S. 29–36.

Gransche Bruno: Vorausschauendes Denken. Philosophie und Zukunftsforschung jenseits von Statistik und Kalkül. Bielefeld 2015.

Moisa Daniela: From Occidental Houses to Case Făloase. Material Cultures of Success in Oaş Country, Romania. In: *Raluca Betea, Beate Wild* (Hrsg.): Brave New World – Romanian Migrants' Dream Houses. Bucharest 2016, S. 68–83.

Parsons Talcott: The Structure of Social Action. A Study in Social Theory with Special Reference to a Group of Recent European Writers. New York 1949.

Reckwitz Andreas: Kreativität und soziale Praxis. Studien zur Sozial- und Gesellschaftstheorie. Bielefeld 2016.

Schmidt Judith: „Man erntet, aber man weiß noch nicht, was man dafür kriegt": Kalkulationen deutscher Landwirte und rumänischer Saisonarbeitskräfte. In: *Stefan Groth, Sarah May, Johannes Müske* (Hrsg.): Vernetzt, entgrenzt, prekär? Kulturwissenschaftliche Perspektiven auf Arbeit im Wandel. (=Arbeit und Alltag 17). Frankfurt/New York 2020, S. 67–88.

Wagner Bettina, Hassel Anke: Europäische Arbeitskräftemobilität nach Deutschland. Ein Überblick über Entsendung, Arbeitnehmerfreizügigkeit und Niederlassungsfreiheit von EU-Bürgern in Deutschland. Düsseldorf 2015.

Wagner Matthias, Fialkowska Kamila, Piechowska Maria, Lukowski Wojciech (Hrsg.): Deutsches Waschpulver und polnische Wirtschaft. Die Lebenswelt polnischer Saisonarbeiter. Bielefeld 2013.

Weber Max: Entwickelungstendenzen in der Lage der ostelbischen Landarbeiter. In: *Max Weber* (Hrsg.): Gesammelte Aufsätze zur Sozial und Wirtschaftsgeschichte. Tübingen 1924, S. 470–507.

Quellen

Interview mit Dan, geführt am 13.6.2014 von Judith Schmidt und Inge Schuller.
Interview mit Ana, geführt am 11.7.2017 von Judith Schmidt.
Interview mit Mihai, geführt am 24.11.2017 von Judith Schmidt.
Interview mit Florin, geführt am 31.7.2018 von Judith Schmidt.
Interviews mit Landwirt 1, geführt am 2.2. und 12.2.2018 von Judith Schmidt.
Interview mit Landwirt 2, geführt am 22.2.2016 von Judith Schmidt.
Interview mit Landwirt 4, geführt am 11.3.2016 von Judith Schmidt.
Interview mit Landwirt 5, geführt am 13.10.2017 von Judith Schmidt.

Maximilian Jablonowski

Nach der Zukunft streben: Technikkulturen als privilegierte Orte des Zukünftigen

„To cast off means that the boat and its sailors entrust themselves to their technologies and their social contract, for they leave the port fully armed, from head to toe, with proud yards and boom aimed toward the future."
(Serres 1998: 123)

„Es gab noch keine Handys
Es war alles Gegenwart
Die Zukunft fand ausschließlich
In Science-Fiction-Filmen statt."
(Tocotronic 2018)

An einem von Schallschutzwänden gesäumten amerikanischen Highway steht ein Schild: Keep left lane free for driverless cars. [Na klar: Freie Fahrt für fahrerfreie Autos!]

***

Ein älterer Herr mit Gehstock wartet an einem Zebrastreifen. Das Verkehrsschild auf dem Trottoir warnt heranfahrende Autos: Drones watching! [Anachronismus: Brauchen die selbstfahrenden Autos der Zukunft wirklich noch eine Kontrolle durch Drohnen der Verkehrspolizei?]

***

Ein Hinweisschild an der Wand einer Londoner U-Bahn-Station informiert die Pendler*innen: Until late November, we will be deploying and testing our Beta fleet of Service Robots for Inspection, Cleaning and Maintenance. If you find any of them by chance, please do not engage in conversation or distract them. [Warum lassen sich die Roboter denn so leicht ablenken? Und warum können sie überhaupt reden, wenn man sich doch nicht mit ihnen unterhalten darf? Handelt es sich etwa um umgeschulte Pflegeroboter?]

***

Eine Frau läuft alleine durch den Fußgängertunnel einer New Yorker U-Bahn-Station. Die Displays in Plakatgröße an den Wänden verbinden sich mit ihren Social-Media-Accounts und zeigen ihr personalisierte Botschaften an: Hey @jenny from Brooklyn, have a nice day. Don't forget your appointment at 1.30 pm today. Recommended: West End Line. Get a thicker jacket for this evening. You have 6 new followers. Take care! [Kann nur sie die Plakate sehen? Was passiert bei der üblichen Überfüllung zu Stoßzeiten? Teilen sich die Plakatwände dann in hunderte kleine, also unleserliche Split Screens?]

1. Warnungen und Werbungen

Diese einleitenden Vignetten reflektieren Bilder des Projekts *Signs From the Near Future*, das der Grafikdesigner und Werbetexter Fernando Barbella 2014 begonnen hat.[1] Darin stellt er sich die Frage, welche Warn- und Hinweisschilder wir zur sicheren Navigation unserer zukünftigen Alltage benötigen werden. Seine durch leicht erkennbare Photoshop-Montagen entstandenen Bilder erinnern an generische Stock-Photography und sind in technikaffinen Medien und Blogs auf große Resonanz gestoßen. Die meisten seiner Illustrationen sind in ihrer Bildsprache sehr plakativ – im ganz wörtlichen Sinne, es geht schließlich um Schilder und Plakate. Man merkt ihnen den Kommunikationsstil der Werbeagentur an. Dennoch sind ihre Botschaften nicht eindeutig: Bei Barbellas Bildern ist nie klar, ob sie sich selbst als Warnhinweise oder Werbetafeln verstehen.

Warnhinweise – oder auch Verbotsschilder – sind ein gut gewähltes Beispiel für die von Sheila Jasanoff (2008) beschriebene Ko-Produktion von juridischen oder sozialen Normen und wissenschaftlichem oder technischem Wissen: Große Erzählungen über die Möglichkeiten und Grenzen des technischen Fortschritts werden in den Warnschildern zu kleinen Geschichten unserer alltäglichen Aushandlung von Sein und Sollen umformuliert. Die Schilder affizieren die Betrachter*innen, die sich ob der ungewohnten Hinweise fragen mögen: Ist der Hinweis sinnvoll oder übertrieben? Bin ich mit den Praktiken, auf die hingewiesen oder vor denen gewarnt wird, einverstanden? Was bedeutet dies für meinen Alltag? Was löse ich mit einer Übertretung des Verbots aus? Bin ich bereit, dieses Risiko einzugehen? Und, grundlegend: Will

1 Alle hier beschriebenen und noch weitere Bilder sind auf Fernando Barbellas Webseite (https://cargocollective.com/ferbarbella/SIGNS-FROM-THE-NEAR-FUTURE [27.3.2019]) oder in seinem Tumblr-Account (http://signsfromthenearfuture.tumblr.com/ [27.3.2019]) einsehbar.

ich in Zukunft wirklich mit solchen Hinweisen konfrontiert sein? Ist das die Zukunft, die ich mir für mich und die Gesellschaft wünsche?

In diesem Essay werfe ich einige Schlaglichter auf solche Aushandlungen von und mit alltäglicher Zukunft am Schnittpunkt von empirischer Kulturwissenschaft und gegenwärtigen Technikkulturen. Ich beginne im nächsten Abschnitt mit einer allgemeineren Reflexion zum Verhältnis von Potenzialität und Historizität, um dann in den zwei folgenden Abschnitten aktuelle Diskurse um unser gegenwärtiges Verhältnis zur Zukunft zu skizzieren: Zunächst geht es um die Frage, ob wir uns gegenwärtig in einer Konjunktur des Zukünftigen befinden; daran anschließend wird reflektiert, welche Rolle Technikkulturen in diesen Konjunkturen des Zukünftigen spielen. Ich argumentiere, dass Technikkulturen privilegierte Agenturen des Zukünftigen in der Gegenwart sind. Abschließend formuliere ich einen Wunsch für die zukünftige kulturwissenschaftliche Beschäftigung mit der Zukunft.

2. Dem Möglichen ins Auge sehen

Fernando Barbellas Bilder eröffnen den Betrachter*innen einen Zugang zum gegenwärtigen soziotechnischen Imaginären. Dieser Begriff – „sociotechnical imaginaries“ – wurde von Sheila Jasanoff (2015a, b) in die Diskussion der Science and Technology Studies eingebracht. Sie bezeichnet damit „collectively held, institutionally stabilized, and publicly performed visions of desirable futures, animated by shared understandings of forms of social life and social order attainable through, and supportive of, advances in science and technology“ (Jasanoff 2015a: 4). Das Imaginieren möglicher Zukünfte ist in Jasanoffs Konzept explizit eine soziale Praktik, also etwas, das Menschen machen – sowohl individuell als auch in Gruppen und Institutionen, und mit unterschiedlichen Reichweiten, von lokal bis global. Soziotechnische Imaginäre sind damit zentrale Kräfte sozialen und technischen Wandels: Sie machen nicht nur die historische oder gegenwärtige Gestalt der Gesellschaft verstehbar, mit ihnen werden auch Konflikte um ihre zukünftige Gestaltung ausgetragen. Sie sind ein Feld hegemonialer Auseinandersetzung.

Trotz dieser reflexiven Ebene hat Barbellas Projekt eine gewisse Schlagseite: Es entwirft ausschließlich *technische* Zukünfte. Barbella fokussiert insbesondere auf symbolisch aufgeladene Technologien wie Drohnen, selbstfahrende Autos, Social Media oder transhumanistische Biotechnologien, an denen sich gegenwärtig Aushandlungen des soziotechnischen Imaginären zuspitzen, also „the kind of stuff that wows audiences at TED Conferences“ (Morozov

2013: 6).[2] Mit einer an Martin Scharfe (1993) angelehnten, mehrfach paradoxen Formulierung ausgedrückt: Dies sind die Leitfossilien unserer gegenwärtigen Zukünfte.

Barbellas Bilder verweisen zwar auf die Ko-Produktion von Technik und Gesellschaft, mit ihrem ausschließlichen Fokus auf technische Innovationen identifizieren sie dennoch ganz eindeutig Technologie als Motor und Herausforderung der Zukunft. Sie schreiben somit die mythische Aufladung disruptiver Innovation durch gegenwärtige Technik- und Innovationskulturen fort. Andere Zukünfte, die von Visionen sozial-ökologischen Fortschritts getragen werden, wie sie aktuelle Kämpfe gegen Diskriminierung oder um Klima- und Geschlechtergerechtigkeit (zum Beispiel *Fridays for Future*, *#metoo*, *Black Lives Matter*) explizit artikulieren, finden sich in Barbellas Zukunftsportfolio nicht. Barbellas Projekt korrespondiert so mit der Strategie, die der belarussische Technikkritiker Evgeny Morozov (2013) *Solutionism* nennt. Damit meint Morozov das Reframing von sozialen, ökonomischen und ökologischen Problemen als ausschließlich technische Probleme, aber auch grundlegender, dass alle Aufgabenstellungen von vornherein nur mehr so eng formuliert werden, dass sie mit technischen Prozessen, insbesondere Algorithmen, abbildbar und lösbar sind; alle Situationen, die gar nicht in technischen Prozessen abbildbar sind, werden deshalb wiederum nur noch als Problem wahrgenommen.

Barbellas Designs illustrieren: Das spielerische Nachdenken über die Zukünfte, die uns erwarten mögen, ist sehr vergnüglich und erkenntnisbringend. Es bereitet aber auch Unbehagen. Allzu schnell gerät man in ein schwärmerisches Register, allzu leicht lässt man sich zu Prognosen hinreißen, allzu oft scheitern diese Prognosen kläglich. Der US-amerikanische Schriftsteller Adam Rothstein (2011: o.S.) weist darauf hin, dass die Genrezugehörigkeit solcher Prognosen wöchentlich zwischen Blockbuster und Schlagzeile hin- und herschwankt: „It's all a little too real. It's all a little too much." Über all diesen Überlegungen schwebt gefährlich nah das problematische Label der „Futurologie", die in ihren extremeren Ausprägungen einen Hang zu totalitären Weltentwürfen aufweist. Der Kulturanthropologe Tom Boellstorff (2012: 56) hat dieses Unbehagen auf den Punkt gebracht: „The problem with the future is that there is no way to research it." Die Medienhistorikerin Caetlin Benson-Allot (2015: 123) adressiert auf sarkastischere Weise das gleiche Unbehagen: „the surest way to be wrong about the future is to predict it." Beide

2 Die TED-Konferenz (*Technology, Entertainment, Design*) fand ursprünglich jährlich in Kalifornien statt, inzwischen mehrfach jährlich an verschiedenen Orten weltweit, und ist durch die Veröffentlichung der Vorträge auf *YouTube* ein populäres Format zur Vermittlung von Wissen über technische Innovationen und sozialen Wandel geworden.

Aussagen sind auf den ersten Blick richtig. Sie führen dennoch an dem vorbei, was für die empirische Kulturwissenschaft eigentlich am Thema Zukunft interessant ist: Sich über nicht eingetroffene Vorhersagen und ihre unsichere Datenlage zu amüsieren, ist letztlich ein allzu einfacher Scherz auf Kosten des historischen Verstehens von „lost futures" (Fisher 2013: 27).

Unser objektives Nichtwissenkönnen der Zukunft ist in pointierten Bildern beschrieben worden. Eines der prominentesten Beispiele ist Walter Benjamins (1991) Reflexion über Paul Klees aquarellierte Zeichnung *Angelus Novus* in seinem bekannten Aufsatz Über den Begriff der Geschichte von 1940. Benjamins mythischer Engel der Geschichte starrt mit weit aufgerissenen Augen auf die Zerstörungen der Vergangenheit, von denen er durch den unerbittlichen Sturm des Fortschritts weggetrieben wird, einer Zukunft entgegen, die er nicht sehen kann, weil sie in seinem Rücken liegt – die angesichts der Trümmer der Vergangenheit jedoch kaum Anlass für Optimismus bietet.

Ein eher technisches Bild hat Jean-Paul Sartre 1947 in einer Rezension zu William Faulkners Roman *Sound and Fury* entworfen. Darin vergleicht er die menschliche Zeitwahrnehmung mit einer Autofahrt an einem Sitzplatz entgegen der Fahrtrichtung. Die Landschaft in Richtung der Reise, die Zukunft, ist nicht zu sehen. Jener Teil der Umgebung, der sich gerade auf gleicher Höhe mit dem Sitz des Passagiers befindet, die Gegenwart also, rast vorbei und ist nur verschwommen aus dem Augenwinkel wahrzunehmen. Die Vergangenheit, im Bild die Landschaft, an der man bereits vorbeigefahren ist, wird zunächst deutlicher erkennbar, ehe sie an Detailschärfe verliert und sich letztlich in der Entfernung kaum noch zu bewegen scheint (vgl. Sartre 1973).

Beide Denkbilder illustrieren ein ähnliches Zeiterleben, wenn auch mit sehr unterschiedlicher emotionaler Tönung: Die Zukunft liegt in unserem Rücken. Sie kommt über uns, überfällt uns plötzlich und unerwartet von hinten. Wir können nichts über sie wissen. Die Gegenwart ist verschwommen und flüchtig, deshalb schwer fassbar. Nur die Vergangenheit ist uns verfügbar und einsichtig. Aus dieser Vergangenheit müssen wir Lehren für die kommenden Zeiten ziehen. Dies ist der einzige, indirekte und moralisch-pädagogische Zugriff auf Zukunft, der uns zur Verfügung steht.

Im Alltag hingegen werfen wir regelmäßig einen Blick über die Schulter in Fahrtrichtung. Wir alle planen, hoffen, fürchten, versprechen, träumen – wir rechnen mit der Zukunft; wir versuchen, individuell wie als Gesellschaft, auf alles Mögliche vorbereitet zu sein – und stecken eine große Menge an diskursiven, affektiven und auch ökonomischen Ressourcen in die Abwehr des Unvorbereitetseins (vgl. Lakoff 2017). Die Zukunft ist einerseits eine kognitive Praktik des Imaginierens, andererseits auch ein emotionales Selbstverhältnis, in dem wir die Möglichkeiten des Lebens für uns selbst sinnlich erfahrbar machen. Um unsere Alltage gestalten zu können, sind wir notwendigerweise darauf angewiesen, mit Zukünften umgehen zu können.

Der Gedanke, dass die Vergangenheit Einfluss auf die Zukunft hat, ist sofort einsichtig: Die Vergangenheit ist Bestandteil der Zukunft. Andersherum ist dieses Verhältnis in einem linearen Zeitverständnis, wie es für die Moderne kennzeichnend ist, nur schwer zu denken. Der Soziologe Alberto Melucci hat jedoch angemerkt, dass die alltägliche Wahrnehmung ‚unserer' Zeit keineswegs linear sein muss:

> „While we remain aware that the future is born of the past, it is equally true that the past is also continuously shaped by the future. Whenever we confront the possible – as in planning the future – when we make a decision that anticipates the action to come, the past is re-examined, amended, and given a new meaning. We thus continually rewrite our own pasts and that of the world." (Melucci 1996: 12)

Es ist also keineswegs so, als wäre die Zukunft für uns völlig unverfügbar. So wenig, wie uns die Vergangenheit objektiv, also unsituiert und ungerichtet, zur Verfügung steht, so wenig gilt dies für die Zukunft. Beide sind gleichermaßen auf die Gegenwart gerichtet. Und beide sind plastisch, wir formen sie ständig nach unseren momentanen emotionalen, kommunikativen oder strategischen Bedürfnissen um. Nicht nur unsere Erfahrungen aus der Vergangenheit, sondern auch unsere Erwartungen an die Zukunft sind für unsere Wahrnehmungen, unser Handeln und unser Fühlen in der Gegenwart entscheidend. Die Zukunft findet keineswegs nur in Science-Fiction-Filmen statt, wie Dirk von Lowtzow (*Tocotronic*) im eingangs zitierten Song *Unwiederbringlich* singt. Wir sehen alltäglich dem Möglichen ins Auge – „we confront the possible" (Melucci 1996: 12) –, anders geht es gar nicht. Wenn man Martin Scharfe folgen mag und Möglichkeit als eine „wahrhaft humane Kategorie" (1999: 130) versteht, sind wir auf die *Potenzialität* der Zukunft, „those things that are immanent, present yet absent in the now" (Bryant/Knight 2019: 107), angewiesen, um überhaupt handlungsfähig zu sein und uns als selbstwirksam zu erleben.

Kultur wurde und wird hingegen immer noch sehr stark über Historizität definiert: Es geht um das Gewordensein der Dinge, Praktiken und Bedeutungen. Auch wenn die empirische Kulturwissenschaft anders als die romantische Volkskunde nicht mehr Kontinuität und Tradition, sondern Wandel und Brüche betont, geht der Blick häufig zurück. Das Betonen der Historizität von Kultur war in den Umbruchszeiten der Volkskunde eine notwendige Reaktion auf die, so Hermann Bausinger 1978 in den *Grundzügen der Volkskunde*,

„Enthistorisierung des Volksguts" durch die romantische Volkskunde. Diese nahm „ungeheure geschichtliche Anstrengungen auf sich [...], um letztlich das Geschichtliche hinter sich zu lassen" (Bausinger 1999: 9). Tradition und geschichtliche Dauer hatten dabei eher mythische als historische Qualität (ebd.). Martin Scharfe spricht deshalb im gleichen Band von einer „geschichtlich hergestellte[n] Geschichtslosigkeit" (Scharfe 1999: 128). Die Orientierung der empirischen Kulturwissenschaft auf die Vergangenheit ist deshalb historisch verstehbar, aber nicht kulturtheoretisch begründbar.[3] Die sich modernisierende Volkskunde war möglicherweise selbst ein wenig wie Benjamins Engel der Geschichte: so gebannt von der neuen Komplexität der Vergangenheit, dass schlichtweg die Zeit fehlte für einen Blick über die Schulter – in die Zukunft.

3. Sadly, The Future Is No Longer What It Was[4]

Der deutsche Pop-Kritiker Georg Seeßlen hat in seinem Buch *Is this the end?* der auf Wachstum statt Fortschritt orientierten neoliberalen Kultur der Gegenwart eine „fundamentale Abneigung gegen ‚Zukunft'" attestiert (Seeßlen 2018: 16). Damit greift er Überlegungen auf, die in den Cultural Studies schon länger diskutiert werden. Der italienische Autor und Aktivist Franco Berardi hat in seinem Buch *After the Future* eine mit Beginn der neoliberalen Hegemonie Ende der 1970er Jahre einsetzende „slow cancellation of the future" diagnostiziert (Berardi 2011: 18). Den Effekt dieses langsamen Abschaffens der Zukunft hat der britische Kulturtheoretiker Mark Fisher als „capitalist realism" beschrieben, ein affektives und diskursives Regime, welches das hoffnungsvolle Nachdenken über alternative Zukünfte jenseits des Neoliberalismus verhindert und die solidarische Fortschrittssemantik des sozialdemokratischen „popular modernism" der Nachkriegszeit diskreditiert habe (Fisher 2009; Fisher/Gilbert 2013).

Scheinbar im Gegensatz zu diesen Gegenwartsdiagnosen hat der Begriff Zukunft in der letzten Zeit wieder Konjunktur erhalten. Der Kunstwissenschaftler Daniel Hornuff argumentiert in einem Essay des Deutschlandfunks sogar, dass „die Zukunft zu den am härtesten umkämpften Themen unserer Zeit" gehöre:

3 Rebecca Bryant und Daniel M. Knight (2019: 4–6) argumentieren ähnlich für die Kultur- und Sozialanthropologie, deren Vergangenheitsorientierung im Zuge der kritischen Auseinandersetzung mit der Ahistorizität evolutionistischer und funktionalistischer Kulturbegriffe entstanden sei.

4 Leyland Kirby 2009.

> „Denn so sehr bemängelt wird, dass unserer Gegenwart die großen Utopien fehlen, so sprudelnd sind die Visionen davon, wie Zukunft aussehen soll: Künstliche Intelligenz, Digitalisierung der Lebenswelt, Mensch-Maschine-Verknüpfungen, die Ausdehnung der Lebenszeit bis hin zur Unsterblichkeit, die Besiedelung neuer Planeten: Dies sind Plots, mit denen Zukunft heute erzählt wird." (Hornuff 2019: o.S.)

Hornuffs Aufzählung der sprudelnden Visionen verdeutlicht nochmals, dass vor allem von technischen Zukünften die Rede ist. Die Technik- und Innovationskulturen, insbesondere des Silicon Valleys, böten, so der Philosoph Nils Markwardt, etwas, „was im politisch müde gewordenen Westen kaum noch produziert wird: eine radikale Fortschrittserzählung" (Markwardt 2018: o.S.). Gleichzeitig, so merkt Markwardt an, aktualisieren diese Fortschrittserzählungen wiederum lang gehegte Begehren der frühen Moderne wie das Erreichen der Unsterblichkeit oder die Besiedelung des Weltraums – nun allerdings nicht mehr als universelles Fortschrittsversprechen, sondern im Modus eines elitären und kompetitiven Individualismus. Die scheinbar radikalen Zukunftsvisionen der Gegenwart sind letztlich selbst ein Retrophänomen. Mit etwas Willen zur Zuspitzung lässt sich somit eine Parallelität zwischen der zeitlichen Orientierung der romantischen Volkskunde mit der Zeitlichkeit neoliberaler Kultur feststellen: Während die romantische Volkskunde die Geschichte bemüht hat, um Geschichtslosigkeit herzustellen, bemüht der Neoliberalismus letztlich die ausschließlich technisch vorgestellte Zukunft, um Zukunftslosigkeit – Alternativlosigkeit – herzustellen.

4. Privilegierte Zukünfte

Die Konjunktur des Zukünftigen zeigt sich jedoch nicht nur in technikkulturellen Hegemoniekämpfen, sondern auch in den Sozial- und Geisteswissenschaften. In den aktuellen Skizzen zu einer historischen Zukunftsforschung (z.B. Radkau 2017; Hölscher 2017) werden die großen Fortschrittnarrative des 20. Jahrhundert rekapituliert und ab- beziehungsweise neu aufgelegt. Andere Beiträge beschäftigen sich auf unterschiedliche Weise mit der Bedeutung des Zukünftigen in unseren gegenwärtigen Alltagen (vgl. Anderson 2010; Adey/Anderson 2012; Beckert 2016; Bryant/Knight 2019). Das prominenteste, aber keineswegs einzige Beispiel aus dem erweiterten Fachzusammenhang der empirischen Kulturwissenschaft[5] sind sicherlich Paul Rabinows Arbeiten der

5 Für die Sozial- und Kulturanthropologie siehe den umfassenden Forschungsstand bei Bryant/Knight 2019.

letzten Jahrzehnte zu einer Anthropologie des Gegenwärtigen, die er explizit als eine „anthropology of the recent past and near future" (Rabinow 2003: 80) konzipiert hat. In dieser theoretischen Arbeit verzichtet Rabinow jedoch weitgehend auf den Kulturbegriff. Dieser scheint immer noch zu fest mit dem Primat der Geschichte über die Zukunft, der Erinnerung über das Vorstellen verbunden zu sein.

Diese einseitige Orientierung hat Arjun Appadurai bereits 2004 in seinem Aufsatz *The Capacity to Aspire* kritisiert: „For more than a century, culture has been viewed as a matter of one or other kind of pastness – the keywords here are habit, custom, heritage, tradition. [...] [T]he future remains a stranger to most anthropological models of culture" (Appadurai 2004: 60). Er lenkt deshalb den kulturwissenschaftlichen Blick auf die titelgebende „capacity to aspire" (ebd.: 67), also die Fähigkeit, oder besser: das Vermögen, nach etwas zu streben. Zukunft und das Streben nach ihr sei eine universelle menschliche Fähigkeit (vgl. ebd.: 62). Kultur lässt sich nicht nur über ihr Gewordensein verstehen, ebenso wichtig ist ihr Werden. Potenzialität muss gleichberechtigt neben Historizität als Verstehensdimension von Kultur treten (vgl. Bryant/Knight 2019: 115).

Besonders interessant ist Appadurais Konzept vor allem deshalb, weil er darauf hinweist, dass diese Fähigkeit, nach etwas zu streben, bei aller Universalität höchst ungleich verteilt ist: „It is not evenly distributed in any society. It is a sort of metacapacity, and the relatively rich and powerful invariably have a more fully developed capacity to aspire." (Appadurai 2004: 68)

Das Imaginieren von Zukunft wird so als Teil von Kämpfen um kulturelle Hegemonie erkennbar: „Das Erzählen von der Zukunft ist beileibe kein unschuldiger Akt. Vielmehr wird bereits durch die Wahl des Themas und die Art des Erzählens dem eigenen Machtanspruch Geltung verschafft." (Hornuff 2019: o.S.) Diese strukturelle Ungleichheit wird nicht ausschließlich, aber vermutlich am prägnantesten am Beispiel gegenwärtiger Technikkulturen deutlich: Diese haben nicht nur ein Interesse daran, technische Zukünfte gegenüber anderen Zukünften zu privilegieren, sondern auch die ökonomische und politische Macht, dieses Privileg zu verteidigen. Dabei geht es Appadurai jedoch nicht bloß um die Fähigkeit, Visionen tatsächlich umzusetzen. Appadurais Problematisierung setzt bereits einen Schritt davor an. Es geht ihm grundsätzlicher um die Verfügungsgewalt über Zukunft als affektive und kommunikative Ressource, die erst ermöglicht, Alternativen zur eigenen Lebenssituation zu formulieren und sich in Auseinandersetzungen um ein anderes, besseres Leben als selbstwirksam zu erleben:

> „[T]he capacity to aspire, like any complex cultural capacity, thrives and survives on practice, repetition, exploration, conjecture, and refutation. Where the opportunities for such conjecture and refutation in regard to the future are limited (and this may well be one way to define poverty), it follows that the capacity itself remains relatively less developed." (Appadurai 2004: 69)

Denkt man an prominente und – teilweise im Wortsinne – hochfliegende Visionen gegenwärtiger technischer Zukünfte, zum Beispiel *Amazons* Plan, Pakete mit Drohnen auszuliefern, 3D-Druck (vgl. Schönholz 2017), transhumanistische Unsterblichkeitsversprechen (vgl. Markwardt 2018) oder Elon Musks geplante Marsmissionen, wird deutlich: Diese sind zunächst einmal Investitionen in das Imaginäre, denen es nicht unmittelbar um einen *Return on Investment* geht. Es reicht schon, überhaupt die Vision als eine ernstzunehmende Zukunftsvorstellung formulieren zu können, um den eigenen hegemonialen Anspruch auf das soziotechnische Imaginäre markieren zu können. Gegenwärtige Technikkulturen haben erkannt, dass sie ihre Visionen nicht umsetzen müssen, um sie in Wert setzen zu können.

Martin Scharfe hat in seinem Vortrag auf dem dgv-Kongress 1991 in Hagen von einem „Widerspruchsgeflecht von Utopie und Physik" (1993: 80) gesprochen, das die Gesellschaften der Moderne auszeichne. In den Imaginationen gegenwärtiger Technikkulturen, wie etwa der des Silicon Valley, erscheint dieser Widerspruch nicht mehr als eine grundlegende Aporie der westlichen Moderne, sondern als *challenge* oder *opportunity*, die es anzunehmen und zu überwinden gilt. Utopie und Physik, das Imaginäre und das Reale, das Semiotische und das Materielle, das Wollen und das Können, die fiktionalen und die faktischen Narrative unserer gegenwärtigen Gesellschaften werden tendenziell ununterscheidbar. Dabei geht es ganz undialektisch – und mit einer gewissen geschichtsvergessenen Arroganz – nicht einmal um eine Aufhebung, sondern um die Abschaffung der Widersprüche der Moderne. Dieser Diskursstil etabliert Technikkulturen als privilegierte Orte des Nachdenkens über die Zukunft. Das Imaginieren von Zukünften wird, so Daniel Hornuff, zu einer

> „[…] Geste der Überlegenheit: Der eigenen Zeit scheinbar voraus, wähnt man sich als Vorhut. Plötzlich wirken die Zeitgenossen rückständig und im Vergangenen verhaftet – wohingegen der Zukunftserzähler für sich in Anspruch nimmt, den Weg der Avantgarde eingeschlagen zu haben." (Hornuff 2019: o.S.)

5. Künstliche Verknappung? Künstlicher Überfluss!

Gegenwärtige Technik- und Innovationskulturen sind zentrale und mächtige Agenturen des Zukünftigen im Jetzt. Der Kultursoziologe Andreas Reckwitz hat in einem Aufsatz zu Zukunftspraktiken und der Zeitlichkeit des Sozialen vor einer allzu starken Engführung von Zukunft mit einer spezifischen modernistischen Fortschrittssemantik gewarnt, da sie „den Blick für die heterogenen sozialen und kulturellen Umgangsweisen mit dem Zukünftigen" verstelle (Reckwitz 2016: 116). Stattdessen ließe sich „[d]ie Frage nach der Rolle des Zukünftigen in der Sozialwelt [...] nur in einem größeren Rahmen stellen: nämlich dem der Zeitstruktur von Sozialität" (ebd.). Reckwitz' Forderung ist grundsätzlich zuzustimmen. Mit Blick auf die gesellschaftliche Bedeutung einer spezifischen technikzentrierten, neoliberalen Zukunftssemantik und deren Privilegierung gegenüber anderen Entwürfen sozialen Fortschritts sowie den ungleichen Zugang zu Zukunft als kulturelle Ressource im Alltag möchte ich jedoch dafür plädieren, sich nicht nur mit der „Zeitstruktur von Sozialität" zu beschäftigen, sondern expliziter über etwas nachzudenken, was man die „Sozialstruktur von Zeitlichkeit" nennen könnte.

Angesichts der spannungsreichen Gleichzeitigkeit der strategischen Produktion von Alternativlosigkeit im „capitalist realism" (Fisher 2009), der Ubiquität von Retrophänomenen (vgl. Reynolds 2011), der populären, radikalindividualistischen Zukunftsvisionen der „californian ideology" (Barbrook/Cameron 1995) und prekarisierter utopischer Praxis in Teilen der Pop- und Populärkultur wird deutlich, dass das Verhältnis unserer Gegenwart zur Zukunft vielleicht wieder umkämpfter ist, als man denken mag, nicht nur an Freitagen. Zukunft ist zweifelsohne eine wertvolle Ressource der Gegenwart. Daniel Hornuffs Einschätzung, dass sich niemand „die Zukunft auch nur halbwegs verbindlich aneignen" könne (Hornuff 2019: o.S.), ist deshalb zu widersprechen. Der Aneignung der Zukunft durch die einen steht jedoch die Enteignung der anderen gegenüber: Zukunft ist im autoritären Neoliberalismus der Gegenwart schlichtweg nicht für alle da. Sie ist eine *künstlich verknappte Ressource*. Die Frage „Wer kann für wen was für Zukünfte entwerfen – und wer kann kaum einmal seine eigene nahe Zukunft planen?" ist gerade in als krisenhaft imaginierten Zeiten sich ausbreitender ökonomischer und ökologischer Verunsicherung relevant. Nicht alle können auf gleiche Weise einen Blick über die Schulter nach vorne werfen.

Vielleicht sollten wir als Kulturwissenschaftler*innen auf diese künstliche Verknappung bewusst mit künstlichem Überfluss reagieren – wenn auch nur, um unsere *capacity to aspire* zu trainieren, unsere ‚spekulative Sensibilität‘ (Savransky/Wilkie/Rosengarten 2017) dafür, dass etwas wirklich anders werden kann. In jeder (Lebens-)Welt, auf die wir unseren analytischen Blick richten, steckt immer auch das Potenzial, anders – vielleicht schlimmer, vielleicht besser – zu werden. Ob und wie dieses Potenzial realisiert wird, hat auch mit uns als Wissenschaftler*innen zu tun, denn „it matters how we enter the future, what senses of futurity we bring into play, which modes of relating to the not-yet we enable knowing and thinking practices to nurture“ (ebd.: 5). Der kulturwissenschaftliche Blick über die Schulter sollte deshalb vorsichtig und verantwortungsbewusst, aber nicht verstohlen sein. Sehen wir nur das Gewordensein von (Lebens-)Welten, partizipieren wir allenfalls an der künstlichen Verknappung von Zukunft; versuchen wir jedoch Potenzialität zu denken, wird aus dem künstlichen Überfluss an Möglichem vielleicht an der einen oder anderen Stelle auch tatsächliche Möglichkeit.

Literatur

Adey Peter, Anderson Ben: Guest Editorial Future Geographies. In: Environment and Planning A 44 (2012), S. 1529–1535.

Anderson Ben: Preemption, Precaution, Preparedness. Anticipatory Actions and Future Geographies. In: Progress in Human Geography 34 (2010), 6, S. 777–798.

Appadurai Arjun: The Capacity to Aspire. Culture and the Terms of Recognition. In: *Vijayendra Rao, Michael Walton* (Hrsg.): Culture and Public Action. Stanford 2004, S. 59–84.

Barbrook Richard, Cameron Andy: The Californian Ideology. 1995, verfügbar unter: http://www.imaginaryfutures.net/2007/04/17/the-californian-ideology-2/ [27.3.2019].

Bausinger Hermann: Volkskunde im Wandel. In: *Ders., Utz Jeggle, Gottfried Korff, Martin Scharfe* (Hrsg.): Grundzüge der Volkskunde. Darmstadt 1999, S. 1–15.

Beckert Jens: Imagined Futures. Fictional Expectations and Capitalist Dynamics. Cambridge, MA 2016.

Benjamin Walter: Über den Begriff der Geschichte [1940]. In: *Rolf Tiedemann, Hermann Schweppenhäuser* (Hrsg.): Walter Benjamin Gesammelte Schriften, Bd. 1/1. Frankfurt am Main 1991, S. 691–704.

Benson-Allott Caetlin: Remote Control. New York, London 2015.

Boellstorf Tom: Rethinking Digital Anthropology. In: *Heather A. Horst, Daniel Miller* (Hrsg.): Digital Anthropology. London, New York 2012, S. 39–60.

Bryant Rebecca, Knight Daniel M.: The Anthropology of the Future. Cambridge 2019.

Fisher Mark: Ghosts of my Life. Writings on Depression, Hauntology and Lost Futures. Winchester, Washington, DC 2013.

Ders.: Capitalist Realism. Is There No Alternative? Winchester, Washington, DC 2009.

Fisher Mark, Gilbert Jeremy: Capitalist Realism and Neoliberal Hegemony. A Dialogue. In: New Formations 80/81 (2013), S. 89–101.

Hölscher Lucian: Theoretische Grundlagen der historischen Zukunftsforschung. In: *Ders.* (Hrsg.): Die Zukunft des 20. Jahrhunderts. Dimensionen einer historischen Zukunftsforschung. Frankfurt am Main 2017, S. 7–37.

Hornuff Daniel: Von der Zukunft erzählen. In: Deutschlandfunk. Essay und Diskurs, 2019, verfügbar unter: https://www.deutschlandfunk.de/koelner-kongress-2019-von-der-zukunft-erzaehlen.1184.de.html?dram:article_id=440729 [27.3.2019].

Jasanoff Sheila: Future Imperfect. Science, Technology, and the Imagination of Modernity. In: *Dies., Kim Sang-Hyun* (Hrsg.): Dreamscapes of Modernity. Sociotechnical Imaginaries and the Fabrication of Power. Chicago, London 2015a, S. 1–33.

Dies.: Imagined and Invented Worlds. In: *Dies., Kim Sang-Hyun* (Hrsg.): Dreamscapes of Modernity. Sociotechnical Imaginaries and the Fabrication of Power. Chicago, London 2015b, S. 321–3341.

Dies.: Making Order. Law and Science in Action. In: *Edward J. Hackett, Olga Amsterdamska, Michael E. Lynch, Judy Wajcman* (Hrsg.): The Handbook of Science and Technology Studies. 3. Auflage Cambridge, MA 2008, S. 761–786.

Lakoff Andrew: Unprepared. Global Health in a Time of Emergency. Oakland, CA 2017.

Markwardt Nils: Silicon Sowjets. In: Zeit Online, 8.4.2018, verfügbar unter: https://www.zeit.de/kultur/2018-04/unsterblichkeit-silicon-valley-sowjetunion-technologie-philosophie [28.3.2019].

Melucci Alberto: The Playing Self. Person and Meaning in the Planetary Society. Cambridge 1996.

Morozov Evgeny: To Save Everything, Click Here. Technology, Solutionism, and the Urge to Fix Problems that Don't Exist. London 2013.

Rabinow Paul: Anthropos Today. Reflections on Modern Equipment. Princeton, Oxford 2003.

Radkau Joachim: Geschichte der Zukunft. Prognosen, Visionen, Irrungen in Deutschland von 1945 bis heute. München 2017.

Reckwitz Andreas: Zukunftspraktiken. Die Zeitlichkeit des Sozialen und die Krise der modernen Rationalisierung der Zukunft. In: *Ders.:* Kreativität und soziale Praxis. Studien zur Sozial- und Gesellschaftstheorie. Bielefeld 2016, S. 115–135.

Reynolds Simon: Retromania. Pop Culture's Addiction to its Own Past. London 2011.

Rothstein Adam: Drone Ethnograpy. In: Rhizome, 2011, verfügbar unter: http://rhizome.org/editorial/2011/jul/20/drone-ethnography/ [31.10.2018].

Sartre Jean-Paul: Die Zeitlichkeit bei William Faulkner. Nach seinem Roman „Schall und Wahn". In: *Gerd Haffmanns* (Hrsg.): Über William Faulkner. Aufsätze und Rezensionen von Malcolm Cowley bis Siegfried Lenz. Zürich 1973, S. 117–126.

Savransky Martin, Wilkie Alex, Rosengarten Marsha: The Lure of Possible Futures. On Speculative Research. In: *Dies.* (Hrsg.): Speculative Research. The Lure of Possible Futures. Abingdon 2017, S. 1–17.

Scharfe Martin: Geschichtlichkeit. In: *Hermann Bausinger, Utz Jeggle, Gottfried Korff, Martin Scharfe* (Hrsg.): Grundzüge der Volkskunde. Darmstadt 1999, S. 127–203.

Ders.: Utopie und Physik. Zum Lebensstil der Moderne. In: *Michael Dauskardt, Helge Gerndt* (Hrsg.): Der industrialisierte Mensch. Vorträge des 28. Deutschen Volkskundekongresses in Hagen vom 7. bis 11.10.1991. Münster 1993, S. 73–90.

Schönholz Christian: Das Ausbleiben einer Revolution. Anmerkungen zum Verhältnis von Maker Movement und Do-it-yourself Praktiken anhand des 3D-Druckers. In: *Nikola Langreiter, Klara Löffler* (Hrsg.): Selber machen. Diskurse und Praktiken des „Do it yourself". Bielefeld 2017, S. 131–147.

Seeßlen Georg: Is this the End? Pop zwischen Unterdrückung und Befreiung. Berlin 2018.

Serres Michel: The Natural Contract. Ann Arbor 1998.

Quellen

Leyland Kirby: Sadly, The Future Is No Longer What It Was. 6 LPs. UK 2009.

Tocotronic: Unwiederbringlich. In: Die Unendlichkeit. 2 LPs. Deutschland 2018.

Martina Röthl

„Wen die Götter verderben wollen, den schlagen sie mit Blindheit“ – Über Denkfiguren des Zukünftigen und den empirischen Zugriff auf Subjektivierungsprozesse

1. Denkweisen des Zukünftigen, Denkweisen des Selbst?

„Der Mensch als weltoffenes Wesen, genötigt, sein Leben zu führen, bleibt auf Zukunftssicht verwiesen, um existieren zu können. Die empirische Unerfahrbarkeit seiner Zukunft muß er, um handeln zu können, einplanen. Er muß sie, ob zutreffend oder nicht, voraussehen“ (Koselleck 2000: 205). Der Tatbestand ihrer empirischen Unerfahrbarkeit, hier von Reinhart Koselleck mit loser Bezugnahme auf Immanuel Kant ins Spiel gebracht, lässt sich als Hauptgrund dafür nennen, in diesem Beitrag nicht *Zukunft*, sondern Denkweisen des Zukünftigen beziehungsweise imaginierte Zukunft, also *Bezugnahmen auf Zukunft*, zum Gegenstand zu machen. Denn egal, wie nahe wir der realen Welt kommen, sie ist uns nicht anders als durch unsere Auffassung dieser Welt zugänglich (vgl. Mahr 2015: 113).

Aus welchen Aushandlungsprozessen Zukunftsvorstellungen hervorgehen, wie Zukunft gedacht wird und welche Spielräume sich Einzelne im Hinblick auf die Gestaltung der (eigenen) Zukunft ‚erlauben‘, interessiert aus europäisch-ethnologischer/kulturanthropologischer Sicht unter anderem dann, wenn die Frage nach gezielten Annäherungen an Subjektivierungsprozesse aufgeworfen ist. Unter heuristischen Gesichtspunkten wiegt diesbezüglich schwer, dass sich weder Subjektivierungsprozesse noch die in sie investierte Arbeit am Selbst von *Selbstentwürfen* ablösen lässt, die es subjektseitig jeweils real – aber eben zu je in der Zukunft liegenden Zeitpunkten – einzuholen gilt. So wird die Aneignung von Subjektivität im Folgenden als Prozess in Anschlag gebracht, der sich quasi-prognostisch an Zukunft beziehungsweise an möglichen und vorstellbaren ‚Zukünften‘ ausrichtet. Die Materialien, die ich diesbezüglich in Dialog treten lasse, stammen zum einen aus einem Forschungsprojekt, das Subjektivierungspotenzialen feministischer Diskurse nachspürt, zum anderen Teil aber auch noch aus meinem Dissertationsprojekt, das sich mit tourismusinduzierten Subjektivierungen beschäftigte – und im Zuge dessen auch die meisten der hier dargelegten theoretischen Überlegungen angestellt wurden (vgl. Röthl 2015; Röthl 2018).

Für beide genannten Projekte war es lohnend, Subjektivierung streng mit Michel Foucault zu fassen, das heißt als das Herstellen von Selbstverhältnissen oder Selbstbeziehungen (z.B. Foucault 2007: 265), denn so lässt sich im Sinne von – in Sozial- und Kulturwissenschaften zum aktuellen Zeitpunkt als Desiderat verhandelten – *Subjektivierungsweisen* anschließen. Subjektivierung wird hier also als ‚tatsächliche' Aneignung aufgegriffen, sprich als über unterschiedliche Praktiken angeeignete Subjektivität, die über diese Praktiken auch empirisch verfolgbar gemacht werden kann (vgl. z.B. Bührmann/ Schneider 2008: 100). Weil der Fokus auf Praktiken der Aneignung nicht ausreichen würde, das Spektrum möglicher Zugriffe zu begrenzen, lenkt dieser Beitrag die Aufmerksamkeit gezielt auf Aneignungspraktiken, die *Denkweisen* – Denkweisen des Zukünftigen korrespondierend mit Denkweisen des Selbst – als konstitutive Praktiken erkennbar werden lassen. Hier ansetzend wird der Bogen in drei Schritten zur Analyse von Subjektivierungsprozessen gespannt: Zunächst wird gezeigt, inwiefern Denkweisen des Zukünftigen mit der Aneignung von Subjektivität zu tun haben. Im Anschluss daran erfolgt die Diskussion empirischer Fragmente, die die Vorstellung beeinflussbarer Zukunft mit der Identifikation von Subjektivierungspotenzialen zusammenbringen. Ein weiterer Punkt, der die Analysekategorie Zukunft theoretisch verhandelt, ist als dispositivtheoretische Zuspitzung zu verstehen, die ins Fazit mündet.

2. Zukunft, prognostisches Wissen, Subjekt

Die Art und Weise, wie wir Zukunft denken, hat sehr viel damit zu tun, wie wir ‚uns selbst' denken. Mit Andreas Hartmann und Oliwia Murawska könnte man so weit gehen zu sagen, unser Selbst und unsere Subjektivität seien Produkte oder zumindest Effekte jener „Erdächtnishaftigkeit", die Hartmann und Murawska als Komplementärbegriff zum Gedächtnis einführen (Hartmann/ Murawska 2015). Diesen Zusammenhang spiegeln auch alle drei der in den Titel der Bonner Hochschultagung genommenen Begriffe, *Planen, Hoffen und Fürchten*, wider, die ohne die Rückbindung an Subjekte beziehungsweise ohne die Vorstellung von Zukunft buchstäblich unsinnig wären. Dasselbe gilt nun für den Großteil jener Wendungen, die – im Interviewmaterial des schon erwähnten Dissertationsprojektes aussageanalytisch isoliert – zur Kategorisierung möglicher Modi der Aneignung herangezogen wurden. Es seien hier nur einige der sprachlichen Bilder genannt, die auf je unterschiedliche Weise, aber ungewöhnlich häufig mit imaginierter Zukunft korrespondierten: ‚sich gewöhnen', ‚durchhalten', ‚auf sich achten', ‚ein Ziel verfolgen', ‚sich bemühen', ‚sich vorbereiten‘, ‚sich auf jemanden/etwas einstellen‘, ‚sich auf etwas freuen‘, ‚sich entwickeln‘, ‚ein Risiko eingehen‘, ‚auf etwas spekulieren‘, ‚lernen‘, ‚mit etwas rechnen‘, ‚jemandem nacheifern‘, ‚am Selbstbewusstsein arbeiten‘, ‚etwas erreichen‘, ‚etwas bewältigen‘, ‚es sich anders überlegen‘, ‚sparen‘, ‚erwarten‘, ‚investieren‘, ‚vorsorgen‘ (vgl. Röthl 2018: 507).

Bei diesen Teilanalysen wurde so unter anderem evident, dass auf Subjektivierungsweisen zielende Untersuchungen durch die Berücksichtigung von Denkweisen und Vorstellungsbildern profitieren. Anders gesagt: Wenn im Hinblick auf das Subjekt von konstitutiven Praktiken die Rede ist, sind ‚vorstellen‘ und ‚denken‘, vielleicht besser ‚Sich-Vorstellen‘ und ‚Sich-Denken‘ in jedem Fall zu diesen konstitutiven Praktiken zu zählen. Versteht man Denkweisen *als* Praktiken, so ist damit vorausgesetzt, dass diese an Subjekte, konkret an zeitgenössische, an sich arbeitende Subjekte gebunden sind, an ‚Subjekte unterwegs‘, wenn man so will, also an Subjekte, deren Selbstentwürfe sich an imaginierter Zukunft orientieren – die wiederum, und wie schon angedeutet, erst zu je in der Zukunft liegenden Zeitpunkten real einzuholen sind. In dieser Lesart sind nicht nur Denkweisen des Zukünftigen, sondern auch Denkweisen des Selbst unauflösbar an Wissensbestände geknüpft, die der Kategorie des prognostischen Wissens zuzuordnen sind. Und solches Wissen ist, „soziokulturell und diskursiv gerahmt und geformt, an die unterschiedlichsten Akteure gebunden und zugleich subjektübergreifend und subjektenthoben in Medien, Objekten, Institutionen, Riten und Kommunikationstechniken eingelagert“ (Hartmann/Murawska 2015: 10). Vor diesem Hintergrund ist dies die geeignete Stelle, das folgende Quellenfragment zu präsentieren, aus dem auch ein Teil des Beitragstitels entwendet ist: Im Sommer 1980 gab die *Tiroler Tageszeitung* dem Leiter der Gruppe *Fremdenverkehr und Gewebeförderung*, namentlich dem Ministerialrat Anton Würzl, Gelegenheit zu einer Tourismus-Diagnose. Betont wurde, dass Würzl das Wort nicht nur zur „Diagnose“, sondern „auch zur mittel- und langfristigen Prognose“ erteilt war. Das eigentlich Bemerkenswerte ist aber, dass sich neben dem Text eine kurze Passage folgenden Inhalts fand: „[D]er Sinn einer Prognose [liegt] nicht in der Frage und Untersuchung, ob sie eingetroffen ist, sondern vielmehr in ihrem Charakter als Rat und Warnung.“ Prognosen würden „kaum“ eintreffen, wenn die richtigen Schlüsse gezogen würden. „Allerdings“, hieß es am Ende mit drohendem Unterton: „Wen die Götter verderben wollen, den schlagen sie mit Blindheit“ (Würzl 1980: 11, vgl. Röthl 2018: 367f.).

Mit diesem Ausschnitt lässt sich nun nicht nur auf die diskursive Rahmung prognostischen Wissens hinweisen, er verdeutlicht auch, dass prognostisches Wissen hohes Potenzial hat, von Akteur*innen als handlungsleitendes

Wissen herangezogen zu werden. Prognostisches Wissen ist geeigneter als andere Wissensformen, in Praktiken überführt zu werden, um letztlich – und im gouvernementalen Sinn – in „auf Handeln gerichtetem Handeln" aufzugehen, wie Michel Foucault die Machtform der Regierung bekanntlich definiert (Foucault 2005: 287). So gewendet zeigt sich die gouvernementale Technik zumindest anteilig als auf das Regieren über eine unsichere Zukunft gerichtet: Die liberale Regierungskunst bedarf der „Kultur der Gefahr" (Foucault 2017: 102). Es erübrigt sich fast anzumerken, dass es sich bei Gefahr und Bedrohung um an Zukunft gebundene Denkfiguren handelt, insgesamt scheinen ‚Führung und Lenkung' beziehungsweise das Zusammenspiel von Fremd- und Selbstführung nur in Rekurs auf imaginierte Zukunft zu funktionieren. Oder auf der Ebene der Subjektivierungen: Das Herstellen von Selbstverhältnissen stützt sich auf Erwartbarkeit und ist auf prognostisches Wissen angewiesen.

3. Zum Vorstellungsbild beeinflussbarer Zukunft – empirische Zugriffe

Hinsichtlich der Analyse von Subjektivierungsprozessen führt *ein* heuristisch gangbarer Weg über die Annäherung an die Modi der Aneignung. Dabei lässt sich bei konkreten Praktiken ansetzen, die auf die Herstellung beziehungsweise die Stabilisierung von Selbstverhältnissen hinauslaufen. Eine bloße Fokussierung auf programmatisch adressierte Subjektvorgaben griffe analytisch zu kurz (vgl. Bührmann 2012: 152), Subjektvorgaben und Identitätsangebote sind jedoch als Effekte dispositiver Bedingungen – und das heißt auch ‚inklusive' ihrer Gewordenheit betreffende Informationen – in solche Untersuchungen einzubinden. Im Hinblick auf die Analysekategorie Zukunft wäre so etwa auch aufzugreifen, dass sich gegenwärtige Alltagsmenschen an ihrem Vermögen gemessen sehen, Zukünftiges vorhersehen, richtig einschätzen und letztlich auch Einfluss darauf nehmen zu können. In loser Anlehnung an eine Formulierung Michel Foucaults lässt sich sagen, dass jemand, der davon ausgeht, an der Gestaltung von Zukunft zu partizipieren und sie beeinflussen zu können, ein anderes Selbstverhältnis hat als jemand, der meint, dies nicht zu tun oder dies nicht zu vermögen (vgl. Foucault 2007: 265).

Somit ist zu den empirischen Fragmenten aus dem laufenden Forschungsprojekt zu kommen, das sich mit den Subjektivierungspotenzialen feministischer Diskurse auseinandersetzt. In Anbetracht der Heterogenität feministischer Diskurse, die in manchen Bereichen bis an die Grenze der Widersprüchlichkeit reicht, ist zum aktuellen Zeitpunkt eher von ‚Feminismen' denn von ‚dem Feminismus' die Rede. Einen kleinsten gemeinsamen Nenner abzuheben ist nicht einfach, gelingt aber in Rückgriff auf imaginierte Zukunft: Wenn ein Ziel zu benennen ist, das (fast) alle feministischen Diskurse zu verklammern vermag, dann ist es das Ziel, zukünftig auf eine bessere, gerechtere, sprich eine geschlechtergerechtere Gesellschaft hinauszukommen. Und ganz allgemein gilt für Subjektivierungspotenziale, dass Einzelne deren Attraktivität nur auf der Basis einer erwarteten Zukunft bewerten können.

3.1 Die Zukunft ist weiblich – Kämpfe um die ‚bessere' Zukunft

Mitte des Jahres 2017 berichtete ich einer Bekannten – Nadja, einer selbst im Bereich der Gender Studies verorteten Anglistin[1] – über den Fortgang meiner Forschung. Dabei erwähnte ich, dass Interviewpartner*innen, die sich selbst als Feminist*innen verstanden, ihren Einstieg in den Feminismus entlang von Erzählungen über wegweisende Begegnungen und ‚Aha-Momente' beschrieben, die es durchaus wert wären, als Erleuchtungs- und Erweckungsnarrative untersucht zu werden.

Abbildung 1:
Button „Die Zukunft ist weiblich", Quelle: Das Bild wurde von der Feldakteurin zur Veröffentlichung freigegeben.

1 Die Namen der Feldakteurinnen wurden anonymisiert.

Ganz unvermittelt wartete Nadja daraufhin mit einer ebensolchen Erzählung auf: Der in Abbildung 1 gezeigte Button – das Bild schickte Nadja noch am selben Abend – habe sie von ihrer Mutter bekommen, als sie circa 14 Jahre alt war. Dadurch sei sie erstmals mit Feminismus in Berührung gekommen. Nadja berichtete stolz von der selbstbestimmten Mutter und dass diese sie wohl stark geprägt habe (vgl. Röthl, Feldnotiz 26.6.2017).

Etwa ein Jahr später führte ich ein Interview mit Nadja, etwas später dann auch mit ihrer Mutter Lilli. Mit letzterer sprach ich ebenfalls über den Button, Lilli erinnerte sich jedoch anders als ihre Tochter: Nadja habe sich den Button selbst aus der Schmuckschatulle genommen, „da hat sie [Nadja] sich den rausgesucht und fand den wohl interessant" (Röthl, Int. Nr. 9). Auch Nadja hatte ihre vor über einem Jahr erzählte Geschichte im Interview relativiert: Sie sagte zwar nach wie vor, die Mutter habe ihr den Sticker gegeben und sie so zum Feminismus geführt, das feministische Erweckungserlebnis trat nun aber abgeschwächt, nämlich als Begleiterscheinung einer widerständigen adoleszenten Phase, in Erscheinung: „Das war zu dem Zeitpunkt, wo ich alles doof fand und alles anders machen wollte. Das hatte nicht konkret nur irgendwas mit Feminismus eigentlich so zu tun" (Röthl, Int. Nr. 8). Im Interview gab es außerdem eine Sequenz, in der sich Nadja von der Mutter distanzierte: „Jetzt, mit mehr Wissen und mehr Gesprächen mit ihr [der Mutter], dann trenn' ich mich dann trotzdem auch wieder ein Stück weit ab" (ebd.). In Bezug auf diese Distanzierung ist es wichtig zu ergänzen, dass Lilli sich stark vom Alice-Schwarzer-Feminismus beeinflusst zeigte, während Nadja gerade diese feministische Richtung als Hemmnis nannte, sich selbst uneingeschränkt als Feministin definieren zu können. An dieser Diskrepanz dürften sich schon einige Konflikte zwischen Mutter und Tochter entzündet haben. Der zentrale Streitpunkt lässt sich mit der folgenden Interviewpassage umreißen, in der Lilli die Debatte um Kopftücher für Mädchen und „arabische Bedrohung", ganz dezidiert aber auch Zukunftsangst ins Spiel bringt: „Und heute muss ich sagen, wo jetzt hier diese 1,4 Millionen Araber ins Land gekommen sind, sehe ich ein Riesenproblem [betont] auf uns zukommen, die werden unsere gesamte Gesellschaft umkrempeln und wir werden uns plötzlich wieder in den [19]20er Jahren wiederfinden, wenn die so weitermachen" (Röthl, Int. Nr. 9).

Zieht man anhand dieser wenigen Fragmente Bilanz, welche Hinweise auf Subjektivierungspotenziale sich mithilfe der Analysekategorie Zukunft abheben lassen, interessiert sicher nicht, wie sich die Sache mit Nadjas Sticker damals *wirklich* zugetragen hat. Relevant ist jedoch erstens, dass Lilli sich in ihrer Selbsterzählung als Subjekt hervorbringt, das es vermochte, die Zukunft der Tochter in Richtung Kampf für Geschlechtergerechtigkeit zu lenken, diese aber nicht in diese Richtung gedrängt zu haben. Gewichtig ist zweitens – und darauf verweisen vorläufige Ergebnisse stark –, dass Subjektivierungspotenziale feministischer Diskurse in dem Maße als attraktiv und ermöglichend eingestuft werden, in dem sie Chancen auf Legitimation widerspenstigen Handelns versprechen und ihnen ein kämpferisches Moment eingeschrieben ist. Dem Bild des Kampfes ist wiederum – drittens – das der Zukunft immanent, worauf sich am einfachsten mit der Frage ‚Kämpfen wofür?' hinweisen lässt. Viertens lässt sich mit dem Mutter-Tochter-Setting auf ein klassisches intergenerationales Motiv anspielen, gemeint ist das Motiv, dass es die Kinder beziehungsweise die nachfolgenden Generationen einmal besser haben sollen. Dieses Motiv ist hinsichtlich der gouvernementalen Vernutzung ähnlich anfällig wie das des Typs ‚Bedrohungsszenario', welches sich im Interview mit Lilli – Stichwort ‚arabische Bedrohung' – ja auch gezeichnet fand. Dennoch wurde das innerfamiliär tradierte Wissen hier aus Sicht beider Akteurinnen *erfolgreich* weitergegeben, dies trotz des Umstandes, dass die beiden offenbar völlig uneins darüber sind, mit welcher Art Feminismus der Kampf um eine bessere Zukunft aussichtsreicher zu führen sei.

3.2 No Future – nichts zu verlieren?

Wenn wir ‚gegenwärtige Alltagsmenschen' in Anschlag bringen, die sich jeweils mehr oder minder bewusst sind, dass Bewertungen ihrer Person mit der Güte ihres Zukunftsmanagements zusammenspielen, ist in der Konsequenz auch von Alltagsmenschen auszugehen, die Zukunft – selbstverständlich auf unterschiedlichen Reflexionsniveaus, selbstverständlich auf Grundlage je unterschiedlicher ideologischer Vorzeichen – als eine ihnen ins Fenster gestellte Rute begreifen. Für sie ist es gewissermaßen *wahr*, dass sie über ihre Zukunftsvorstellungen, ihre Wünsche und Erwartungen korrumpierbar sind. So lassen sich Äußerungen, die eine Verweigerung von Zukunft implizieren, als widerständige Äußerungen klassifizieren. Das ist nicht neu – denn dass in der Verneinung der Zukunft Widerständigkeit und/oder etwas Sehnsuchtsvolles liegt, zeigt sich nicht nur mit Blick auf die von den Punkbewegungen der späten 1970er Jahre ausgerufene Parole „No Future": John Lennon etwa verlangte in seinem Song *Imagine* nicht nur „imagine there's no heaven", es heißt dort auch: „imagine all the people living for today" (Lennon 1971) und selbst im Bereich des volkstümlichen Schlagers wird man schnell fündig: „Denke heute nicht an Morgen" und „lebe nur den Augenblick", heißt es in einem Lied der *Heimatsänger* (Reli/Schöll 1957).

Die Vorstellung, sich von Zukunft frei machen zu können, geht mit etwas Verheißungsvollem beziehungsweise einem verführerischen Versprechen einher. Da Verheißung nirgendwo anders hinweisen kann als in die Zukunft und auch das Versprechen den Rahmen des Zukünftigen braucht, trägt dies einigermaßen paradoxe Züge. In Bezug auf das Versprechen – und so auch in Anknüpfung an Alexa Färbers Keynote – ist auf einen Gedanken Eva Illouz' hinzuweisen: Illouz geht davon aus, dass Versprechen in Zeiten des auf Selbstverwirklichung und Selbstoptimierung ausgerichteten Subjekts in abnehmendem Maße funktionieren, denn: Wer nicht weiß, wer er oder sie morgen sein wird oder sein will, den überfordert das Versprechen (vgl. Illouz 2012: 188ff.). Zusammenfassend lässt sich abermals mit Foucaults Formulierung zum Selbstverhältnis kokettieren: Jemand, der bewusst an seinem zukünftigen Erfolg arbeitet, hat ein anderes Selbstverhältnis als jemand, der versucht, die Zukunft zu verneinen. Und ein Selbstverhältnis als ein verlässliches, Versprechen einhaltendes Subjekt wird eventuell nur dort hergestellt, wo es dem (unternehmerischen) Selbst nützlich ist, also etwa dort, wo ihm aus der Vertrauenswürdigkeit heraus Vorteile entstehen. So gesehen ist das unternehmerische Selbst ein Subjekt, das von einer berechen- und beeinflussbaren Zukunft profitiert. Dies erklärt die Motivation gegenwärtiger Alltagsmenschen, an der Gestaltung von Zukunft partizipieren zu wollen. Als Konkurrenzsubjekt ist das unternehmerische Selbst jedoch denkbar ungeeignet, Kämpfe für eine gerechtere Gesellschaft zu führen, und als Investitionssubjekt kann es Kämpfe grundsätzlich nicht ohne Rücksicht auf Verluste führen.

3.3 „[…] ob er das jemals vergessen wird" – Zukunft und das Prinzip der Hegemonie

Um Annäherungen an die Subjektivierungspotenziale von Gegendiskursen vorzunehmen zu können, werden im laufenden Projekt auch Bezugnahmen auf antifeministische Diskurse unter die Lupe genommen. Auch diese sind heterogen – und auch für sie lässt sich die gemeinsame Schnittmenge in Rückbezug auf imaginierte Zukunft benennen: Zwar handelt es sich bei antifeministischen Diskursen um wertkonservative, je nach Standpunkt sogar um rückwärtsgewandte Diskurse, aus Sicht antifeministischer Akteur*innen markiert ‚Feminismus' jedoch das, was es im Hinblick auf eine gute, geordnete und sichere Zukunft einzudämmen beziehungsweise zu verhindern gilt. Exemplarisch kann hier auf Jordan Peterson, Professor für klinische Psychologie an der Universität Toronto, eingegangen werden, der seit der Publikation seines umstrittenes Buches *12 Rules for Life* (Peterson 2018) quasi zu *dem* Vorzeige-Intellektuellen antifeministischer Szenen avancierte. Das Buch trägt den Untertitel *An Antidote to Chaos*. Schuld am Chaos hat aus Petersons Sicht ein Gleichheit forcierender Feminismus, dessen Akteur*innen er als „radikale Linke“ und „Autoritäre“ versteht. In einem sehr bekannt gewordenen *Channel 4*-Interview spricht Peterson davon, dass junge Männer heute zu wenig Ermutigung erhielten und Rahmenbedingungen vorfänden, die ihnen das Erwachsenwerden und das Übernehmen von Verantwortung nahezu verunmöglichten. Sie könnten nicht zu Sinn im Leben finden, der sie durch schwere Zeiten führt. „Und diese schweren Zeiten werden sicher kommen“, ist Peterson überzeugt. Daher richte er sich an junge Männer, „die etwas zu geben haben“, nämlich die Fähigkeit, „die Welt geradezurücken“ (*Channel 4*-Interview mit Cathy Newman, Januar 2018). In diesem Zusammenhang ist erstens von Belang, dass Peterson Feminismus – beziehungsweise die Gleichwertigkeit der Geschlechter, welche er wie viele andere antifeministische Akteur*innen als *Gleichheit* missversteht oder als ‚Gleichmacherei‘ missverstanden wissen will – als etwas Dystopisches kennzeichnet und Gegenentwürfe platziert. Mit solchen wird eine breite Palette von Subjektivierungsangeboten adressierbar – Angebote, die in Petersons Fall übrigens von einer rasant wachsenden Anhängerschaft aufgegriffen werden. Zweitens: Petersons zentrale Botschaft ist, dass Menschen Verantwortung dafür tragen sollen, die Welt besser zu machen. Diese im Stile eines leeren Signifikanten gehaltene Botschaft würden wohl viele Feminist*innen bereitwillig unterschreiben, solange im Dunkeln bleibt, dass hier vor allem männliche Menschen gemeint sind. Anhand dieser Ausschnitte wird deutlich, dass die sich an der vielzitierten Geschlechterfront gegenüberstehenden Antagonist*innen ihr allgemeinstes Ziel annähernd gleich benennen: Beide Gruppen sagen, auf eine bessere Zukunft hinauskommen zu wollen. Diesem Sachverhalt haftet nun – drittens – nur bei oberflächlicher Betrachtung etwas Paradoxes an, denn im Grunde trifft er nichts anderes als den Kern der Absicht, je eigene Positionen als hegemonial durchzusetzen: Die bessere Welt, die nicht chaotische, nicht ungerechte Zukunft, die abzuwendende Bedrohung, der zu bekämpfende Notstand, das Gemeinwohl – das sind Plots, über die sich Zustimmung organisieren lässt (vgl. Marchart 2008: 80). Subjektivierungspotenziale ergeben sich hier, das zeigen geführte Interviews mit bekennenden Feminist*innen wie mit antifeministisch orientierten Personen, über die Einschreibung in eine Bewegung, das Vorantreiben einer gemeinsamen Sache und das gestalterische Moment. Gerade mit dem gestalterischen Moment sind Subjektivierungsangebote ins Spiel gebracht, die sich Einzelnen in Bezug auf die Herstellung von Selbstverhältnissen als äußerst attraktive Bausteine darstellen müssen, weil sie ‚Bleibendes' versprechen, sprich die Möglichkeit, auf jemand oder etwas bleibenden Einfluss zu nehmen, eine Person, eine Sache oder gar den Gang der Geschichte zu verändern, ihr einen Stempel aufzudrücken etc.

Um zu verdeutlichen, dass es auf der Mikroebene oft nur ganz kleine, beiläufige Hinweise sind, die dieses Muster widerspiegeln, folgt noch ein Beispiel, in dem ein letztes Mal Nadjas Button eine Rolle spielt: Im Anschluss an die schon präsentierten Sequenzen berichtete Nadja im Interview von einem Erlebnis mit einem Sicherheitsmitarbeiter am Flughafen: „Also, ich hatte den [Button] da so rangemacht und die Jacke ging durch die Kontrolle. Und ein Typ gibt mir die zurück, als dann alles in Ordnung war, und sagte: ‚Naja, bist du dir da sicher?', und guckte eben auf diesen Button." Nadja betonte, mit einem überaus coolen „Immer" geantwortet zu haben, und ergänzte: „Weil die Zukunft ist halt immer weiblich, egal, wie man es eben auslegt. Ob grammatikalisch oder halt eben dann, ne, feministisch." Abgesehen davon, dass Nadja das schon einige Zeit zurückliegende Ereignis in Erinnerung behalten hat, ist aufschlussreich, wie Nadja fortsetzte, denn sie sagte: „Und ich frag' mich halt bis heute, ob er das jemals vergessen wird." Meinen Einwand, der Mann könnte vielleicht nicht richtig verstanden haben, wies Nadja mit den folgenden, vehementen Worten zurück: „Doch, er hat es kapiert! Das hat man gesehen in seinen Augen" (Röthl, Int. Nr. 8). Unbeabsichtigt hatte ich hier wohl den Plan der Interviewpartnerin durchkreuzt, sich im Gespräch als ein Subjekt hervorzubringen, dem es gelungen ist/gelingen kann, nachhaltigen Einfluss auf den Lauf der Dinge und ‚die anderen' zu nehmen. Wie in den oben diskutierten Sequenzen aus dem Interview mit Lilli geschieht die Aneignung hier wieder im Modus des selbstreferenziellen Sprechens und spielt mit der konstitutiven Praxis des „Sich denken als …" zusammen (vgl. Röthl 2018: 502ff.). Das Beispiel weist so auch darauf hin, dass es im Hinblick auf Subjektanalysen lohnt, auf das Zusammenspiel unterschiedlicher Aneignungspraktiken zu achten, weshalb sich mit ihm besonders gut zur nun folgenden methodisch-theoretischen Synopse überleiten lässt: Wo sich heuristischer Mehrwert abzeichnet, kann dieser auch auf die methodologische Ebene überführt werden.

4. Zukunft als Analysekategorie – dispositivtheoretische Zuspitzung

Selbstentwürfe Einzelner orientieren sich an der Vorstellung eines möglichst idealen, zukünftigen Selbst und müssen ‚real‘, das heißt über ganze Bündel von Aneignungspraktiken, eingeholt werden. Selbstentwürfe sind nicht mit Subjektivierungen gleichzusetzen, wohl aber werden Subjektivierungsweisen als ‚das Einholen von Selbstentwürfen‘ greifbar. Zentral ist diesbezüglich, dass es die dispositivtheoretische Rahmung ermöglicht, die hier zum heuristischen Ausgangspunkt gemachten Selbstentwürfe als konsequent nichtontologisch, sondern ihrerseits mit dispositiven Bedingungen korrespondierend und ‚geworden‘ zu fassen. In dispositivtheoretischer Lesart kann auch das unter Punkt zwei behandelte prognostische Wissen nicht anders als durch das Zusammenspiel dispositiver Bedingungen produziert gedacht werden. Diesbezüglich wie hinsichtlich der Analysekategorie Zukunft insgesamt ist nun speziell das dispositivtheoretische Fragment *urgence*, synonym dazu der *Strategische Imperativ*, von Interesse: *Urgencies*, also als solche konnotierte Dringlichkeiten, über die sich Dispositive überhaupt erst aufspannen (vgl. Foucault 1978: 119ff.), gestatten den genealogischen Zugriff und die historische Dimensionierung. Bei genauerer Betrachtung wird jedoch deutlich, dass anstelle von *historischer* Dimensionierung eigentlich besser von *zeitlicher* Dimensionierung zu sprechen wäre, denn: Im Rückgriff auf *urgence* lässt sich eine Annäherung an komplexe strategische Situationen vornehmen, in der sich alle Strategien auf ein kollektives Ziel, nämlich auf die Beseitigung des als solchen durchgesetzten Notstandes, richten. Von Foucault als Matrix des Dispositivs ausgewiesen, meint *urgence* wohl eine jeweils gegenwärtige Dringlichkeit mit spezifischer Vergangenheit, strategisch anvisiert ist aber die Bewältigung einer vorstellbar gewordenen, jedoch stets in die Zukunft reichenden oder gänzlich in die Zukunft transferierten Problemlage, welche quasi als Ziel und Motor der Mobilisierung fungiert. Genau hier ist die Schnittstelle zur imaginierten Zukunft verortet, über die sich auf methodischer Ebene die Chance ergibt, Annäherungen an Subjekteffekte sowie deren affektive Kehrseiten vorzunehmen und Modi und Bedingungen der Aneignung beschreibbar zu machen.

Da auf *urgence* gerichtete Strategien strenggenommen als Strategien „ohne dahinterstehende Strategen“ aufzufassen sind (Foucault 1978: 133), geraten Subjektivierungsweisen zwangsläufig als an überindividuelle Strategien gebunden in den Blick. Forschungspraktisch lässt sich hier einerseits mit der Frage nach dem Verhältnis zwischen kollektiven und individuellen Strategien beziehungsweise Einzelinteressen anschließen. Andererseits ist hervorzuheben, dass dem Strategiebegriff im Hinblick auf die sich in Bezugnahmen auf Zukünftiges äußernde Subjektivität insgesamt große Bedeutung zukommt, schließlich ist jede Strategie auf Zukünftiges gerichtet. ‚Strategie' ist eine Denkfigur, die Begehren wie Bedenken in die Zukunft projiziert, auf diese Weise Zeitlichkeit erzeugt und das Greifen gouvernementaler Techniken überhaupt erst ermöglicht. Hier einhakend, ist zu ergänzen, dass sich ohne den Begriff der *urgence* vielleicht gar nicht vollumfänglich erschließt, was Michel Foucault mit dem „Dispositiv der Gouvernementalität" (vgl. z.B. Foucault 2017: 106f.) meint.

5. Fazit und Ausblick(e)

Imaginierte Zukunft, Zukunftserwartungen und Zukunftsängste, formen unsere Selbstentwürfe, leiten den Großteil unserer alltäglich vollführten Praktiken an und bestimmen mit, wer wir sind. Bei der Analyse von Subjektivierungsprozessen auf Michel Foucaults Theorieangebot zurückzugreifen, heißt, sie dispositivtheoretisch zu denken. Dies ermöglicht unterschiedliche Perspektivierungen, wie gezeigt etwa jene, die sich über das Herstellen von Selbstverhältnissen, die Arbeit am Selbst, Selbstoptimierung und das unternehmerische Selbst erreichen lassen. Über *urgence* gelingt der Brückenschlag zu gouvernementalen Techniken – und auch in Richtung des Hegemonialen: Mit der Bewältigung der Problemlage, dem Abwenden einer Bedrohung etc. ist auf die Benennung eines Gemeinwohls hinauszukommen, mit dem In-Aussicht-Stellen der besseren Zukunft lässt sich Zustimmung organisieren. Die bessere Zukunft hat jedoch tausend Gesichter, und wäre ein Preisgeld darauf ausgesetzt, mit welcher Frage sich die tendenziell subjektivsten Antworten provozieren ließen, so müsste die Frage nach der besseren Zukunft sehr weit vorne rangieren[2] – weshalb sich die Frage nach den aus Subjektsicht für attraktiv erachteten Subjektivierungsangeboten auch so vortrefflich an diese Frage knüpfen lässt. So läuft mein Fazit wenig überraschend auf ein Plädoyer hinaus, diesen Fragen forschungspraktisch auch tatsächlich nachzugehen, bei Subjektanalysen Denkweisen als konstitutive Praktiken zu berücksichtigen und zu ihnen im Verhältnis stehende *urgencies* aufzuspüren.

2 Ansetzend beim Verhältnis zwischen dem je eigenen Konzept von Zukunft, Zukunftsperspektive und Geschichtsverständnis (Hermann Bausinger), dann weiter unter ideologiekritischen Vorzeichen (Hermann Bausinger, Nis R. Nissen, Günter Wiegelmann, Fred Binder, Helge Gerndt und Dieter Kramer), war diese Frage übrigens auch bei der Falkensteiner Tagung im September 1970 aufgeworfen. Vgl. er 1971: 240f.

In Rückbezug auf *urgence*, über die sich für Dispositive eine implizite Offenheit in Richtung Zukunft abhebt, lassen sich noch kurz einige Ausblicke beziehungsweise theoretische Anknüpfungsmöglichkeiten skizzieren: Erstens ist auf Reinhart Koselleck zurückzukommen, konkret auf sein Konzept von „Erfahrungsraum und Erwartungshorizont" (Koselleck 1979: 349ff.), für welches die Immanenz des Zukünftigen außer Frage steht, das aber außerdem eine theoretische Nähe zum foucaultschen Dispositivmodell aufweist (vgl. Wimmer 2013: 126). Zweitens lässt sich mit dem im Tagungsgeschehen merkwürdig abwesenden Ernst Bloch beziehungsweise seinem „Prinzip Hoffnung" (Bloch 1959) Aufmerksamkeit für das *Noch-Nicht* einfordern: Als Überschreiten des Vergangenen und Gegenwärtigen rückt Bloch den Begriff des Denkens nah an das Zukünftige, und wenn er die strategische Funktion des in die Zukunft weisenden Tagtraums betont, ist hier durchaus eine Verwandtschaft zur antiken Selbstpraxis der *praemeditatio malorum*, wie Foucault sie deutet, zu erkennen: „Was finden wir, wenn wir all diese Schreckgespenster entlarven?" (Foucault 2009: 576; vgl. ebd.: 564ff). Ein weiterer Anknüpfungspunkt ergibt sich über François Ewald, der seinen – von Ulrich Beck abgegrenzten – Risikobegriff auf *urgence* baute: Wo Foucault gesagt hätte, dass alles als dringlich konnotiert oder problematisiert werden könnte, heißt es bei Ewald eher, es könne „prinzipiell alles als ein Risiko behandelt werden" (Lemke 2007: 52, Ewald 1993). Mit beiden Formulierungen ist der Tatbestand fokussiert, dass die Hervorbringung neoliberaler Rationalität(en) an die Disziplinierung der Zukunft gekettet ist. In Bezug auf die Forschungspraxis scheint es vielversprechend, die Aufmerksamkeit nicht nur auf das ‚Dass' dieses Sachverhalts zu richten, sondern auch der Frage nachzugehen, wie sich Annäherungen an das ‚Wie' und ‚Wofür' der Disziplinierung der Zukunft erreichen lassen – imaginierte Zukunft bestimmt Richtung beziehungsweise Ziel der Arbeit am Selbst, Zukunft ist aber nicht nur Ort der Verführung und Instrument von Regierung/Disziplinierung, sondern auch Grundbedingung der Überschreitung und Voraussetzung der Utopie.

Literatur

Bloch Ernst: Das Prinzip Hoffnung. Frankfurt am Main 1959.

Bührmann Andrea D., Schneider Werner: Vom Diskurs zum Dispositiv. Eine Einführung in die Dispositivanalyse. Bielefeld 2008.

Bührmann Andrea D.: Das unternehmerische Selbst. Subjektivierungsform oder Subjektivierungsweise? In: *Reiner Keller, Werner Schneider, Willy Viehöver*

(Hrsg.): Diskurs – Macht – Subjekt. Theorie und Empirie von Subjektivierung in der Diskursforschung. Wiesbaden 2012, S. 145–164.

Brückner Wolfgang (Hrsg.): Falkensteiner Protokolle. Frankfurt am Main 1971.

Ewald François: Der Vorsorgestaat. Frankfurt am Main 1993.

Foucault Michel: Die Geburt der Biopolitik. Geschichte der Gouvernementalität II. 5. Auflage Frankfurt am Main 2017.

Ders.: Hermeneutik des Subjekts. Vorlesungen am Collège de France (1981/82). Frankfurt am Main 2009.

Ders.: Die Ethik der Sorge um sich als Praxis der Freiheit. In: *Ders., Daniel Defert, Martin Saar:* Ästhetik der Existenz. Schriften zur Lebenskunst. Frankfurt am Main 2007, S. 253–279.

Ders.: Subjekt und Macht. In: *Daniel Defert, François Ewald* (Hrsg.): Michel Foucault. Schriften 4. Frankfurt am Main 2005, S. 269–294.

Ders.: Ein Spiel um die Psychoanalyse. In: *Ders.* (Hrsg.): Dispositive der Macht. Über Sexualität, Wissen und Wahrheit. Berlin 1978, S. 118–175.

Hartmann Andreas, Murawska Oliwia: Das Erdächtnis. Zur kulturellen Logik der Zukunft. In: *Dies.* (Hrsg.): Representing the Future. Zur kulturellen Logik der Zukunft. Bielefeld 2015, S. 7–15.

Illouz Eva: Warum Liebe weh tut. Eine soziologische Erklärung. 2. Auflage Berlin 2012.

Koselleck Reinhart: Vergangene Zukunft. Zur Semantik geschichtlicher Zeiten. Frankfurt am Main 1979.

Ders., Gadamer Hans-Georg: Zeitschichten. Studien zur Historik. Frankfurt am Main 2000.

Lemke Thomas: Gouvernementalität und Biopolitik. Hamburg 2007.

Mahr Bernd: Modelle der Bezugnahme auf Zukünftiges. In: *Andreas Hartmann, Oliwia Murawska* (Hrsg.): Representing the Future. Zur kulturellen Logik der Zukunft. Bielefeld 2015, S. 111–178.

Marchart Oliver: Cultural Studies. Konstanz 2008.

Röthl Martina: Tiroler Privat(zimmer)vermietung. Dispositive Bedingungen. Subjekteffekte. Aneignungsweisen. Münster 2018.

Dies.: „Normale Leute". Tiroler Privat(zimmer)vermietung, Tourismus als Dispositiv und die Aneignung von Subjektivität. Dissertation, Innsbruck 2015.

Wimmer Mario: Dispositiv. In: *Ute Frietsch, Jörg Rogge* (Hrsg.): Über die Praxis des kulturwissenschaftlichen Arbeitens. Ein Handwörterbuch. Bielefeld 2013, S. 123–128.

Quellen

Lennon John: Imagine. Apple Records 1971.

Newman Cathy: Channel 4 Interview mit Jordan Peterson im Januar 2018, verfügbar unter: https://www.youtube.com/watch?v=aMcjxSThD54 [6.1.2019].

Peterson Jordan B.: 12 Rules for Life. An Antidote to Chaos. New York 2018.

Relin Joachim, Schöll Peter: Denke heute nicht an Morgen. Decca 1957.

Röthl Martina: Feldnotiz vom 26.6.2017.
Röthl Martina: Interview Nr. 8 mit Nadja Möllitz am 6.7.2018, geführt in Kiel.
Röthl Martina: Interview Nr. 9 mit Lilli Möllitz am 20.7.2018, geführt in Tornesch.
Würzl Anton: Wo steht der österreichische Fremdenverkehr heute? In: Tiroler Tageszeitung, 9.8.1980, S. 11.

Stefan Groth

Kontingente Praxen, Antizipation als Kompetenz

1. Einleitung: „Zerfall der Selbstverständlichkeiten"

Unsicherheit, Risiko, Fluidität: Folgt man entsprechenden Diagnosen, die ebenso in gesellschaftlichen Debatten resonieren, scheint die Gegenwart – in Gestalt der „Moderne" auch die bereits etwas weiter zurückliegende – durch einen rasanten Anstieg an Komplexität und Kontingenz gekennzeichnet, durch den Lebenswelten unüberschaubarer werden und individualisierte Akteure kaum noch Rückhalt in tradierten Ordnungs- und Sinnsystemen finden. Diese Unsicherheit bezieht sich nicht nur auf die Gegenwart, sondern auch auf den Umgang mit Zukunft: Wie planen Akteure ihre Handlungen, welche Zukunftsvorstellungen leiten sie bei Entscheidungen und wie gehen sie damit um, dass die Zukunft komplexer wird? In diesem Beitrag wird dieser Umgang mit dem Konzept der kontingenten Praxen gefasst und es wird mit Antizipation ein zentraler Aspekt diskutiert. Antizipation bezieht sich dabei auf die Fähigkeit, mit Bedingungen der Unsicherheit ‚gut' umzugehen. In einem ersten Schritt wird hierfür dargelegt, wie sich die Diagnose einer gesteigerten Unsicherheit zu zeitlichen Kategorien verhält. In einem weiteren Schritt wird erläutert, was unter kontingenten Praxen verstanden werden kann, bevor in den letzten Teilen des Beitrags das Verhältnis von Antizipation und Zukunft, Antizipation als Kompetenz und Antizipation und Strategie diskutiert wird.

Die ab den 1980er Jahren einsetzende Modernisierungsdiskussion und die in der jüngeren Vergangenheit auch im deutschen Sprachraum intensiver behandelte Globalgeschichte stellen zwei maßgebliche Pfeiler dieser Diagnosen dar. Individualisierung, Enttraditionalisierung und -standardisierung (vgl. U. Beck 1986) sowie auch weiter zurückreichende globale Verflechtungen und Mobilitäten (vgl. Conrad 2013) stellen Individuen vor Herausforderungen, sich selbst zu verorten und andere einzuordnen. In der Empirischen Kulturwissenschaft finden die damit aufgeworfenen Probleme fachspezifisch dadurch Beachtung, dass nicht größere Strukturzusammenhänge oder Erklärungsansätze, sondern der lebensweltliche Umgang mit dieser Situation ins Zentrum gesetzt wird. So fand etwa der 33. Kongress der Deutschen Gesellschaft für Volkskunde 2001 unter dem Titel *Komplexe Welten* (Göttsch-Elten/Köhle-Hezinger 2003) statt und stellte die Frage nach der „Erfahrung des

Menschen mit der tatsächlichen oder vielleicht auch nur geglaubten Komplexität der Welt“ (Göttsch 2003: XI).

Bei der Analyse „kultureller Ordnungssysteme als Orientierung“ (so der Untertitel des Kongresses) kann das Fach auf eine Breite ideengeschichtlicher Versuche der Konzeptualisierung von Ordnungen zurückgreifen, die oftmals auf eine relativ stabile „Kultur“ und damit verbundene Eigenschaften verweisen (vgl. Groth 2019a: 20ff.). Damit sind nicht nur essenzialisierende Zuschreibungen etwa eines Nationalcharakters oder die Vorstellung kultureller Holismen angesprochen, sondern ebenso semiotische und praxeologische Verständnisse von Kultur oder unterschiedliche Kritiken an „Differenzpolitiken“ des Eigenen und des Anderen (Kaschuba 2007: 68): Mit dem Blick auf die Konstituierung von Ordnungssystemen wie auch mit deren Dekonstruktion verbunden ist die prinzipielle Annahme von Ordnungen im Alltag, die wirkmächtig sind. Diese Wirkmacht zeigt sich zum einen in der je spezifischen Gegenwart, in der die Überschreitung von Ordnungen sanktioniert, deren Einhaltung befördert und deren Reproduktion etwa auch durch Traditionen sichergestellt wird; zum anderen deutet die geschichtliche Erfahrung, die in solchen Traditionen sedimentiert, auf die relative Dauerhaftigkeit von Ordnungssystemen hin.

Diese beiden Zeitdimensionen verweisen auf die Zukunft. Indem die „wirklichkeitsgesättigt[e]“ Erfahrung (Koselleck 2000: 357) im Alltag vergegenwärtigt wird, bietet sie Orientierung für das, was zu erwarten ist. Die Zukunft ergibt sich hier aus dem, was bereits *war* und was gerade *ist*. Doch diese Annahme ist – hier kommen wir zurück zu Diagnosen von Unsicherheit, Risiko und Fluidität – zeitlich begrenzt und verliert ihre Gültigkeit mit dem Auseinanderdriften von „Erfahrungsraum“ und „Erwartungshorizont“ (ebd.), das in der Neuzeit einsetzt. Aus der vergangenen und gegenwärtigen Erfahrung lassen sich – so Reinhart Koselleck – keine verlässlichen Erwartungen über die Zukunft mehr ableiten. Konrad Köstlin spricht in diesem Zusammenhang vom „Zerfall“ (Köstlin 1967: 104) oder vom „Ende der Selbstverständlichkeiten“ (Köstlin 1991: 57):

> „Nichts ist mehr einfach so, wie es einmal war, und niemand weiss, was einmal sein wird und wo eine oder einer einmal stehen wird: Die Tochter einer Hausherrin konnte vielleicht damit rechnen, dereinst einmal so arbeiten und leben zu können, wie sie es bei der Mutter gesehen hatte, und die Tochter einer Magd hatte ihre Perspektive einigermassen verlässlich vor Augen, auch wenn diese Verlässlichkeit noch so prekär gewesen sein mochte.“ (Ebd.)

Aus einer relativen „Sicherheit im Volksleben“ (Köstlin 1967) mit Möglichkeiten zur Prognose, die in gemeinschaftlichen Erfahrungsrepertoires begründet liegen, wird eine Unsicherheit, bei der Erwartungen mit unbekannten Kategorien und Prozessen konfrontiert werden. Der Folklorismus als Rückgriff auf traditionelle Bestände im Kontext der gesellschaftlichen Enttraditionalisierung (vgl. U. Beck 1986) bleibt zwar ein Weg, mit der resultierenden Kontingenz umzugehen (vgl. Eggmann 2013) – angesichts einer „immer schneller werdende[n] Modernisierung“ (Köstlin 1991: 50) „versöhnt [er] die Moderne mit der Geschichte und fundiert und planiert den Weg in die Zukunft“ (ebd.: 56). Eine Reduktion von Kontingenz jedoch, die etwa die Erwartbarkeit von Erwerbsbiografien ganz pragmatisch betrifft, geht mit diesem Umgang nicht einher. Auch der Rekurs auf Folklore vermag die Unsicherheit nicht zu vermindern, die durch Umwälzungen auf unterschiedlichen Ebenen hervorgerufen wird.

Unsicherheit und Kontingenz wie auch der Umgang mit ihnen sind zeitgebunden. Sie sind an gesellschaftliche Bedingungen gekoppelt, die relativ stabile Erwartungen über künftige Entwicklungen in unterschiedlichen Bereichen ermöglichen oder nicht. Ob zum Beispiel absehbar ist, wie sich die eigene Erwerbsbiografie entwickelt, hängt zusammen mit der Organisation der Wirtschaft, mit der Reichweite von Handelsbeziehungen oder der Geschwindigkeit von Veränderungen:

> „[D]ie Erwartungen, die in der geschilderten bäuerlich-handwerklichen Welt gehegt wurden und auch nur gehegt werden konnten, speisten sich zur Gänze aus den Erfahrungen der Vorfahren, die auch zu denen der Nachkommen wurden. Und wenn sich etwas geändert hat, dann so langsam und so langfristig, daß der Riß zwischen bisheriger Erfahrung und einer neu zu erschließenden Erwartung nicht die überkommende Lebenswelt aufsprengte.“ (Koselleck 2000: 360–361)

Die enge Bindung landwirtschaftlicher Produktion an natürliche Kreisläufe, das Zunftwesen oder eine hohe Stabilität gesellschaftlicher Strukturen sind einige Faktoren, die den Erwartungshorizont einer „bäuerlich-handwerklichen Welt“ eng mit der alltäglichen Erfahrung verbanden. Diese Orientierungssicherheit der Vormoderne zerfällt unter dem Einfluss von Prozessen der Entstandardisierung und Entgrenzung der Erwerbsarbeit, die durch immer neue Umbrüche und eine gesteigerte Innovationsfrequenz begleitet werden. Sowohl aktuelle Tätigkeiten wie auch Erwartungen an die der nahen Zukunft sind gekennzeichnet durch ständige Veränderung, was Anpassungsleistungen notwendig macht.

Diese zeitliche Gebundenheit von Unsicherheiten erstreckt sich auf Vorstellungen von Zukunft. Auch diese sind in dem Sinne zeitgebunden, dass sie voraussetzungsvoll sind und sich darin unterscheiden, wie weit sie ‚nach vorne' reichen. Versuche, entsprechende Gesetzmäßigkeiten über künftige Entwicklungen zu eruieren, sind umso fehleranfälliger, desto mehr Einflussfaktoren berücksichtigt werden müssen. Ob „Wissen über die Zukunft [...] nichts anderes als eine Form der nach vorne projizierten Vergangenheit" sei (Alfred Schütz, zit. nach Schmoll 2008: 74), hängt davon ab, bis zu welchem Grad man dieser Projektion auch traut. Liegen „Erfahrungsraum" und „Erwartungsraum" (Koselleck) eng zusammen, sind also die „Selbstverständlichkeiten" (Köstlin) verlässlich und die zu berücksichtigenden Faktoren gering, dann kann die Zukunft auch erwartbar erscheinen. Dies ist dann nicht mehr gegeben, wenn die Zahl der Faktoren steigt, Muster durchbrochen und Alternativen vielfältiger werden. Aus der Erwartbarkeit der Zukunft wird der Umgang mit Kontingenz, der teils nicht einmal den nächsten Tag antizipieren kann: „The future emerged as a developing field for anthropology in the 2000s, when the ‚war on terror' and global financial crisis and its aftershocks left many people around the world unable to anticipate the following day." (Bryant/Knight 2019: 9)

2. Kontingente Praxen

Daraus ergibt sich für eine Disziplin, die an den Lebenswelten von Akteuren, an Prozessen der Sinngebung und an der Erzeugung von Differenz interessiert ist, die Frage, wie diese Akteure mit Komplexität und Kontingenz umgehen. Die für eine an gegenwärtigen Prozessen interessierte Disziplin naheliegende und wenig aussagekräftige Antwort hierauf ist, dass sie dies über Praxen bewerkstelligen, die sich empirisch beobachten lassen. Sabine Eggmann etwa zeigt auf, wie Referenzen auf „Volkskultur" als „Kontingenzmanagement" zur „gesellschaftlichen Selbstverständigung" beitragen (Eggmann 2013); aus soziologischer Perspektive betrachtet Stefan Hirschauer, wie ein „doing difference" über konkrete Praxen mit kontingenten sozialen Zugehörigkeiten umgeht (vgl. Hirschauer 2016); und die zahlreichen empirisch-kulturwissenschaftlichen Forschungen zu Prozessen der Entgrenzung (z.B. Herlyn u.a. 2009; für einen aktuellen Überblick vgl. auch Groth/Müske 2019) machen deutlich, welche Routinen, Strategien und Deutungen im Umgang mit Unsicherheiten in der Erwerbsarbeit zum Tragen kommen.

Die Frage ist damit aber aus mehreren Gründen nicht aufgelöst. Erstens kann nicht davon ausgegangen werden, dass die mit dem Umgang mit Kontingenz verbundenen Praxen routinisierte „recurrent processes" (Knorr Cetina 2001: 184) werden, die wiederum relativ erwartbar und standardisiert ablaufen. Karin Knorr Cetina verweist im Kontext der Forschungsarbeit der Lebenswissenschaften darauf, dass „epistemic practices" zwar *auch*, aber nicht nur als Routinen ablaufen. Aus praxistheoretischer Perspektive geht mit dem „growth of knowledge-centered and knowledge-based activities in many areas of social life" (ebd.: 185) ebenso eine gesteigerte Kontingenz von Praxen selbst einher. In seinem Entwurf einer „Praxistheorie 3.0" plädiert Stefan Beck daher im Anschluss an Knorr Cetina dafür, nicht an erster Stelle Praxen, sondern „Handlungsverläufe" und „Organisationsprinzipien" von „Handlungszusammenhängen" zu analysieren (Stefan Beck 2019: 21). Dies trägt der Tatsache Rechnung, dass in soziomateriellen Arrangements dynamische Prozesse nicht in der Form erwartbar sind, dass sie als Routinen oder Muster empirisch auch sinnvoll darstellbar sind. Der kontingente Umgang mit Entgrenzungen in der Erwerbsarbeit wäre entsprechend nicht daraufhin zu befragen, welche Umgangsformen oder Regelmäßigkeiten beobachtbar sind, sondern auf die unterschiedlichen Elemente, die im Umgang mit Kontingenz bestimmend sind und die immer neue Praxen generieren. Die Erforschung des Umgangs mit Unsicherheiten sollte daher Kontingenz nicht auf einige Möglichkeiten des praktischen Umgangs reduzieren, sondern Kontingenz selbst als *einen* konstituierenden Bestandteil von Praxen mitdenken.

Zweitens ist damit nicht nur ein Argument gegen den Versuch einer empirischen Reduktion von Kontingenz auf einige Handlungsalternativen (als „recurrent practices") vorgebracht, sondern auch für eine fachliche Reflexion über den Umgang mit Kontingenz. Wolfgang Knöbl hat für makrosoziologische Theorien gezeigt, dass diese bislang die empirischen Befunde der oben bereits erwähnten Globalgeschichte nur unzureichend rezipieren und die darin aufgezeigten Kontingenzen vielfach nicht über theoretische Prämissen gefasst werden könnten (vgl. Knöbl 2007). Aufgabe der Makrosoziologie sei es deswegen auch, über den Blick auf regional anders verlaufende Entwicklungen – Knöbl diskutiert hier China, den Süden der USA und Lateinamerika – Kontingenzen der europäischen Modernisierungsprozesse aufzuzeigen und diese in die Theoriebildung einzubeziehen. Jens Wietschorke argumentiert in ganz ähnlicher Weise aus der Perspektive einer historischen Anthropologie, dass es einer „kritischen Historisierungsstrategie" (Wietschorke 2013: 154) bedürfe, um nicht geschichtliche Verlaufsformen zu plausibilisieren und zu rationalisieren, sondern um Kontingenzen und Brüche in der Geschichte zu beleuchten. Nicht also die Betonung von Gründen für stattgefundene Entwicklungen, sondern der Verweis auf Alternativen und mögliche andere Wege steht hier im Fokus. Diese beiden Ansätze sind nicht auf die Vergangenheit beschränkt, sondern erstrecken sich auf die Gegenwart. Indem sie Unsicherheiten in der Theoriebildung und alternative geschichtliche Entwicklungen aufzeigen, lenken sie den Blick ebenso auf Kontingenzen des Gegenwärtigen. Eine historische Einordnung von Phänomenen dient damit auch dazu, ihnen „den Schein des Natürlichen zu nehmen" (ebd.) und mögliche andere Verlaufsformen anzudeuten.

Entsprechend ist auch bei der Erforschung von Zukunftserwartungen – also: wie gehen Akteure damit um, dass die Zukunft unsicher ist und nur schwer antizipiert werden kann – danach zu fragen, wie Kontingenz bestimmend ist für Akteursorientierungen. Dabei geht es nicht in erster Linie darum, wie Kontingenz regelmäßig aufgelöst wird, also welche Routinen oder gefestigte Praxen eingesetzt werden, um Unsicherheit zu reduzieren. Vielmehr muss es darum gehen, Praxen selbst als kontingent zu verstehen. Damit wird zum einen eine Externalisierung von Kontingenz vermieden, die Unsicherheiten und Komplexität als Umweltbedingungen begreift, mit denen Akteure erst in einem nächsten Schritt umgehen müssen. Eine solche Sichtweise ist nicht nur aus praxistheoretischer Perspektive kritisiert worden. Zum anderen ist ein Verständnis von kontingenten Praxen in der Lage, das Zusammenkommen unterschiedlicher Faktoren zu analysieren. Die Frage ist dabei nicht, welche Lösungswege Akteure im Umgang mit Unsicherheit beschreiten – also etwa der Rückgriff auf Traditionen als Orientierung –, sondern, welche Elemente bei spezifischen Praxen nach welchen „Organisationsprinzipien" (Stefan Beck) zusammenkommen und wie Handlungen dabei verlaufen oder modifiziert werden. So können auch alternative Praxen in den Blick genommen werden, die zwar nicht von Akteuren verwirklicht werden, die für deren Lebenswelten und für die Zusammensetzung kontingenter Praxen jedoch bedeutsam sind.

3. Antizipation und Zukunft

Im Folgenden soll es nun darum gehen, exemplarisch ein Element genauer zu diskutieren, das für kontingente Praxen im Umgang mit der Zukunft, so möchte ich argumentieren, zentral ist. Es bezieht sich auf die Fähigkeit, mit Bedingungen der Unsicherheit ‚gut' umzugehen; die Fähigkeit möchte ich hier als Antizipation bezeichnen. Darunter soll eine Erwartungshaltung verstanden werden, die bevorstehende Ereignisse oder Entwicklungen geistig bereits vorwegnimmt und entsprechend Einfluss auf Handlungskonstellationen hat. Ein ‚klassisches' Beispiel hierfür sind Antizipationen im Sport: Ein guter Torhüter ist in der Lage, gegnerische Schützen und deren Schüsse bis zu einem gewissen Grad zu antizipieren, also einzuschätzen, wo und wie der Ball auf das eigene Tor treffen wird (vgl. Schultz 2013). An diesem Beispiel zeigt sich die Komplexität der Antizipation: Zunächst besteht sie aus der Erfahrung, die ein Torhüter im Verlauf seiner Karriere gesammelt hat. Sie lässt ihn Wahrscheinlichkeiten, Bewegungsmuster und Strategien einschätzen und trägt dazu bei, dass er besser hält als ein unerfahrener Sportler. Hinzu kommt auch das Wissen über gegnerische Spieler – der eine schießt typischerweise in die untere rechte Ecke, der andere in die obere linke. Die Antizipation schließt aber auch kognitive – die Schnelligkeit der Wahrnehmung, die Orientierung im Raum –, physische – die Umsetzung von Reizen in Bewegungen –, materielle – die Einschätzung des Untergrunds, die Torwarthandschuhe, das Tor –, situative – das Wetter, die Stimmung im Stadium – und emotionale – die Bedeutung des Spiels – Elemente mit ein. Die Aufzählung ist hiermit nicht abgeschlossen und ließe sich durch zahlreiche weitere Faktoren ergänzen. Auf eine stärkere Systematisierung möchte ich an dieser Stelle aber verzichten und besonders darauf eingehen, inwiefern sich diese unterschiedlichen Faktoren als individuelle und kollektive Fähigkeiten verstehen lassen.

In der Antizipation liegt ein Bezug auf die Vergangenheit, indem sie mit individuellen und kollektiven Erfahrungen operiert. Sie greift zurück auf quantifizierte oder nicht-quantifizierte Ergebnisse und Verläufe früherer Phänomene, wie es Fußballspiele, aber eben auch Erwerbsbiografien sind. Diese können expliziert oder aufbereitet sein als Statistiken, aber auch nur implizit oder „tacit" (vgl. Polanyi 1966) im Sinne kultureller Repertoires bestehen. Im Moment der Antizipation liegt nun aber nur begrenzt ein reflexiver Bezug auf diesen Erfahrungsdimensionen – sie rücken situativ in den Hintergrund, bleiben als Grundierung aber bestehen. Dies unterscheidet die Antizipation etwa von der ebenfalls erfahrungsgesättigten Erwartung, die mit starkem Rückgriff auf die Vergangenheit insbesondere deshalb plausibel erscheint, weil sie im Vergleich mit früheren Verlaufsformen Ähnlichkeiten aufweist. Der Bezug auf die Vergangenheit ist hier noch deutlicher gegeben und ist zudem deutlich reflektierter. Bryant und Knight formulieren in ihrem Entwurf einer *Anthropology of the Future* hierzu:

> „[E]xpectation may be viewed as a conservative teleology, one that gives thickness to the present through its reliance on the past. To anticipate rain, however, is to feel and smell it in the air, to close one's windows and cover lawn furniture while imagining the future in the present. Anticipation slims

the present, often breaking entirely with the past as it draws present and future into the same activity timespace." (Bryant/Knight 2019: 22)[1]

Deutlicher zeigt sich der unterschiedliche Bezug auf die Vergangenheit noch im Vergleich zum Begriff der Vorhersage oder Prognose (vgl. Groth 2019). Es erfordert ein aktives Handeln, um Prognosen auf Grundlage von Informationen und Wissen zu treffen. Die Prognose impliziert also kognitiv rationale Überlegungen von Akteuren, die sich auf die Vergangenheit beziehen und dabei häufig auf quantifizierte oder modellierte Daten wie Statistiken oder Verlaufstheorien zurückgreifen. Dies beinhaltet auch den Einbezug rationaler Prinzipien oder Kausalitäten – das „Entscheidende an Prognosen" sind Kausalitäten (Schmoll 2008: 81), die auf Annahmen von Gesetzmäßigkeiten und Regeln basieren. In der Abgrenzung zur Antizipation sind also „expectations", wie sie etwa auch beim Begriff des „Erwartungshorizonts" anklingen, und Prognosen weniger durch affektive oder intuitive Aspekte beeinflusst.

4. Antizipation als Kompetenz

An der Stelle von rationalen Überlegungen steht bei der situativen Antizipation eine Betonung präreflexiver, affektiver, emotionaler und kultureller Dimensionen. Dies schließt prognostische und rationalisierte Elemente nicht aus, die etwa auf Statistiken oder modellierte Verhaltensannahmen zurückgreifen. In der Antizipation werden jedoch passive, habitualisierte und stärker implizite Elemente wirksam sowie auch kulturell geprägte Umgangsweisen mit Unsicherheit und Kontingenz im Sinne von individuellen, kollektiven und kulturellen Speichern (vgl. Hartmann/Murawska 2015). Diese sind auf die Zukunft gerichtet und ermöglichen bei situierten Praxen einen Rückgriff auf Erfahrungsdimensionen. Entsprechend ist die Antizipation als ‚guter' Umgang mit Unsicherheit voraussetzungsvoll. Erving Goffman macht dies in seiner Abhandlung über den Begriff des Stigmas deutlich, der Körper-, Geistes- und Charakterdefekte einschließt. Als Ergebnis der alltäglichen „Routine des sozialen Verkehrs" ist es dem Individuum möglich, die „soziale Identität" des Gegenübers über den reinen „Anblick" zu antizipieren (Goffman 2003: 10) – es braucht hierfür, so Goffman, keine weitreichenden Informationen über Herkunft, Beruf oder Einstellungen. Viel eher reichen Aussehen,

1 Die Annahme eines oft vollkommenen Bruches mit der Vergangenheit, den Bryant und Knight hier postulieren, teile ich in der Intensität nicht, da sich Erfahrungsdimensionen nicht einfach ausblenden lassen, auch wenn sie situativ in den Hintergrund treten.

kleine Gesten oder andere äußerliche Merkmale für diese Form der Antizipation aus, um Stereotype zuzuordnen und das Gegenüber einzuordnen. Es liegt ein Umgang mit Unsicherheit vor, der zwar stark vereinfacht, dabei jedoch auf erfahrene „Routinen des sozialen Verkehrs" (Goffman) zurückgreifen muss, um diese Vereinfachung vorzunehmen. Diese kontingente Praxis der Einordnung wird in dem Moment komplexer (und kontingenter), in dem die Fragilität, Unsicherheit und Unordnung des Sozialen zunehmen, soziale Kategorien dekonstruiert werden und die Entdifferenzierung von Lebensstilen zu einer gesteigerten Pluralität möglicher Interpretationen führt (vgl. Boltanski/Thévenot 2006). Für die stereotypisierende Einordnung von anderen, die Goffman beschreibt, mag dies über weitere vereinfachende Zuschreibungen kompensiert werden – für die oben erwähnten Erwerbsbiografien aber kann nicht davon ausgegangen werden, dass die einfache Reproduktion oder Anpassung von Praxen die Komplexität des Umgangs mit Erwartungen verringert.

Entsprechend setzt die Antizipation auch Kompetenz voraus, um einschätzen zu können, ob gegenwärtige Praxen auch in der Zukunft eine Lösung für Probleme des Alltages darstellen, ob sie also heute *und* morgen Einkünfte generieren oder Anstellungen sicherstellen. Diese Antizipation als Kompetenz zeigt sich deutlich stärker in wirtschaftlichen Kontexten, in denen die Fähigkeit, künftige Entwicklungen richtig einzuschätzen, wesentlich ist. Jens Beckert spricht in diesem Zusammenhang von der „imaginierten Zukunft" (Beckert 2018), in der „fiktionale Erwartungen" Grundlage für Wertschöpfung sind. Es muss also antizipiert werden, wie Märkte sich entwickeln, um konkurrenzfähig zu bleiben und auch in der Zukunft über gegenwärtige Investitionen Gewinne erwirtschaften zu können. Dies setzt Erfahrung, ein Wissen über Abläufe und Entwicklungen, aber auch stärker intuitive oder affektive Aspekte voraus, die in der neueren volkswirtschaftlichen, psychologischen und auch anthropologischen Literatur diskutiert worden sind (vgl. Akerlof/Shiller 2009; Slovic u.a. 2007; Leins 2018; vgl. für eine zusammenführende Diskussion auch Groth 2019b). Nicht nur der bisherige Verlauf von Aktienkursen etwa, sondern auch Intuition und Instinkte sind bestimmend für richtige Entscheidungen. So beschreibt der Ethnologe Stefan Leins, wie Finanzanalysten, die Marktentwicklungen vorhersagen und Empfehlungen zur Investition aussprechen, auf „affective elements" der Vorhersage und auf Narrative zurückgreifen, um Erwartungen zu plausibilisieren. Der hier geschilderte Umgang mit Kontingenz ist subjektiv, wird von sinnlichen Praxen und kulturellen Formen des Erzählens beeinflusst (vgl. Leins 2018: 96f.). Zu prognostischen Elementen und erfahrungsgesättigten Erwartungen, die auf Märkten und auch in anderen Feldern die zentrale Rolle spielen, kommt hier also die Antizipation als situative und intuitive Vorwegnahme von Entwicklungen, die auf individuelle und kollektive Erfahrungsdepots Bezug nimmt. Aber so situativ diese auch sein mag: Es bedarf entsprechender Kompetenzen in je spezifischen Feldern, damit diese auch möglichst ‚gut' ist – beim Torhüter, bei Investment-Bankern genauso wie bei Akteuren auf dem Arbeitsmarkt. Antizipation als Kompetenz ist, auf die Zukunft bezogen, hier die Fähigkeit, auch die Temporalität kontingenter Praxen vorwegzunehmen, also abschätzen zu können, wie diese in künftigen Kontexten ablaufen werden.

5. Antizipation und/als Strategie

Ein Beispiel dafür, wie Antizipation auch gezielt ‚geschult' oder verbessert werden kann, liefern Michel Callon, Pierre Lascoumes und Yannick Barthe, die sich mit demokratischen Beteiligungsformen beschäftigen. Sie beschreiben Entscheidungsprozesse, in denen den Gegnern von Projekten in „hybrid forums" die Möglichkeit gegeben wird, ihre Argumente vorzutragen, um – vordergründig – zu einer besseren Entscheidung zu kommen. Dieser Austausch von Argumenten diene jedoch nicht so sehr dem Einbezug von Einwänden, sondern vielmehr der Legitimation von Prozessen und dem „visible aim of anticipating objections the better to be able to brush them aside" (Callon/Lascoumes/Barthe 2009: 155). Sind Argumente also bereits bekannt, so können diese im weiteren Verlauf besser antizipiert werden. Hier wird deutlich, wie verschränkt die situative Antizipation mit stärker rationalen und pragmatischen Elementen ist – und wie Antizipation strategisch eingesetzt werden kann.

Ähnlich sieht dies bei einem zweiten Beispiel aus, das ebenso aus dem Kontext politischer Prozesse kommt. Im Bereich der Klimaverhandlungen wird von den „politics of anticipation" gesprochen (z.B. Granjou/Walker/Salazar 2017), um deutlich zu machen, dass bei der Entscheidungsfindung nicht nur wissenschaftliche Modelle eine Rolle spielen. In verstärktem Ausmaß werden auch spekulative Technologien oder „imaginaries" (Silke Beck/Mahony 2018)the relationship between science and politics is changing. We discuss what this means for the Intergovernmental Panel on Climate Change (IPCC entworfen, die sich dem Bereich des Prognostischen entziehen, um Entwürfe der Zukunft zu konstruieren. Diese Entwürfe, die Alejandro Esguerra aufgrund ihrer sozio-materiellen Qualitäten auch als „future objects" (Esguerra 2019) bezeichnet, können als Visionen von „actionable futures" (Silke Beck/Mahony 2018: 2)the relationship between science and politics is changing. We discuss what this means for the Intergovernmental Panel on Climate Change (IPCC in politischen Prozessen referenziert werden und dienen der Entscheidungsfindung. Auch hier kommt es zu einer Verschränkung unterschiedlicher Dimensionen in der Antizipation. Die reine Prognose und Referenz auf vergangene Klimaentwicklungen spielen als Grundierung eine wesentliche Rolle, werden jedoch wiederum situativ überlagert von performativen und affektiven Aspekten der Antizipation. Im Rahmen der kontingenten Praxis von Klimaverhandlungen wird sie über Zukunftsentwürfe bewusst befördert und ermöglicht so den Umgang mit Unsicherheiten. Während Modelle, Skalen und Prognosen als rationalisierte Formen und als Grundlage im Hintergrund bleiben, sind die Entwürfe der „actionable futures" in der Lage, Unsicherheiten zu überbrücken und antizipiert zu werden. Die „politics of anticipation" greifen entsprechend auf die Qualitäten der Antizipation zurück, um diese als Strategie zu benutzen.

6. Fazit

In diesem Beitrag habe ich den Umgang mit Unsicherheiten, insbesondere mit unsicheren Zukünften, als kontingente Praxen diskutiert. Darunter verstehe ich eine Sichtweise, die Praxen nicht als Umgang mit Kontingenz, sondern selbst als kontingent konzeptualisiert. Danach ist Kontingenz keine äußere Umweltbedingung, sondern Bestandteil von Praxis selbst; sie wird nicht aufgelöst, indem routinisierte Handlungen vollzogen werden, sondern ist ein konstituierender Teil dieser. Gefragt wird demnach nicht, wie Akteure versuchen, mit Unsicherheiten umzugehen, sondern welche Elemente bei spezifischen Praxen wie zusammenkommen und wie Handlungen dabei verlaufen oder modifiziert werden. Dies ermöglicht es, auch alternative Praxen in den Blick zu nehmen, die zwar nicht von Akteuren verwirklicht werden, die für deren Lebenswelten und für die Zusammensetzung kontingenter Praxen jedoch bedeutsam sind – als Imaginaries, als Narrative oder als Entscheidungen anderer etwa. Der Vergleich (vgl. Groth 2019b), die Orientierung an anderen, kulturelle Repertoires der Thematisierung von Unsicherheit sowie Narrative über Zukunft spielen dabei wesentliche Rollen.

Ein Bestandteil solch kontingenter Praxen im Umgang mit unsicheren Zukünften, den ich in diesem Beitrag diskutiert habe, ist die Antizipation. In Abgrenzung zu stärker erfahrungsgesättigten und reflektierten Erwartungen sowie rationalisierten Prognosen meine ich damit einen subjektiven und situativen Umgang mit Zukunft. Dieser kann zwar auch auf quantitative Daten, rationalisierte Modelle, individuelle und kollektive Erfahrungsrepertoires zurückgreifen, die jedoch im Moment der Antizipation in den Hintergrund rücken – zugunsten von affektiven, spontanen, körperlichen und habitualisierten Dimensionen. Diese situative Antizipation ist voraussetzungsvoll und erfordert spezifische Kompetenzen, die zum Teil über Erfahrungen angeeignet werden können, aber auch als Strategie, etwa in politischen Prozessen, zum Einsatz kommen können. Nach einem solchen Verständnis von Antizipation sind im Umgang mit Kontingenz nicht lediglich Handlungen und Entscheidungen sowie deren rationale oder irrationale Grundlagen entscheidend, sondern spontane und kontingente Praxen von Akteuren im Sinne sozio-materieller Arrangements, bei denen auch auf Objekte zurückgegriffen wird. Über den hier geleisteten kursorischen Überblick über einige Elemente solcher Antizipationen hinaus wäre etwa zu fragen, wie kontingente Praxen im Umgang mit der Zukunft sich in konkreten Konstellationen gestalten, welche antizipatorischen, prognostischen oder erwartenden Elemente darin zusammenkommen und nach welchen Prinzipien sie organisiert sind.

Literatur

Akerlof George A., Shiller Robert J.: Animal Spirits. How Human Psychology Drives the Economy, and Why It Matters for Global Capitalism. Princeton 2009.

Beck Silke, Mahony Martin: The Politics of Anticipation. The IPCC and the Negative Emissions Technologies Experience. In: Global Sustainability 1 (2018), e8, verfügbar unter: https://doi.org/10.1017/sus.2018.7 [26.2.2020].

Beck Stefan: Von Praxistheorie 1.0 zu 3.0. Oder: wie analoge und digitale Praxen relationiert werden sollten. In: After Practice. Thinking through Matter(s) and Meaning Relationally, hrsg. von Laboratory (Anthropology of Environment | Human Relations 2), Berlin 2019, S. 9–27.

Beck Ulrich: Risikogesellschaft. Auf dem Weg in eine andere Moderne. Frankfurt am Main 1986.

Beckert Jens: Imaginierte Zukunft. Fiktionale Erwartungen und die Dynamik des Kapitalismus. Frankfurt am Main 2018.

Boltanski Luc, Thévenot Laurent: On Justification. Economies of Worth. Princeton 2006, verfügbar unter: https://www.researchgate.net/publication/240302352_Luc_Boltanski_and_Laurent_Thevenot_On_Justification_Economies_of_Worth [26.2.2020].

Bryant Rebecca, Knight Daniel M.: The Anthropology of the Future. Cambridge 2019.

Callon Michel, Lascoumes Pierre, Barthe Yannick: Acting in an Uncertain World. An Essay on Technical Democracy. Inside Technology. Cambridge, Mass. 2009.

Conrad Sebastian: Globalgeschichte. Eine Einführung (Beck'sche Reihe). München 2013.

Eggmann Sabine: „Volkskulturelles" Kontingenzmanagement – Zur diskursiven Begriffsarchitektur von „Volkskultur" am Anfang des 21. Jahrhunderts. In: *Dies., Karoline Oehme-Jüngling* (Hrsg.): Doing Society. „Volkskultur" als gesellschaftliche Selbstverständigung. Basel 2013, S. 98–110.

Esguerra Alejandro: Future Objects. Tracing the Socio-Material Politics of Anticipation. In: Sustainability Science 14 (2029), 4, S. 963–971, verfügbar unter: https://doi.org/10.1007/s11625-019-00670-3 [27.2.2020].

Goffman Erving: Stigma. Über Techniken der Bewältigung beschädigter Identität. Frankfurt am Main 2003.

Göttsch-Elten Silke: Vorwort. In: *Dies., Christel Köhle-Hezinger* (Hrsg.): Komplexe Welt. Kulturelle Ordnungssysteme als Orientierung. Münster 2003, S. XI–XII.

Dies., Köhle-Hezinger Christel (Hrsg.): Komplexe Welt. Kulturelle Ordnungssysteme als Orientierung. Münster 2003.

Granjou Céline, Walker Jeremy, Salazar Juan Francisco: The Politics of Anticipation. On Knowing and Governing Environmental Futures. In: Futures 2017, 92 (September), S. 5–11, verfügbar unter: https://doi.org/10.1016/j.futures.2017.05.007 [26.2.2020].

Groth Stefan: Ordnungen in Alltag und Gesellschaft. Konzepte, Methoden und Theorien. In: *Ders., Linda Mülli* (Hrsg.): Ordnungen in Alltag und Gesellschaft. Empirisch-kulturwissenschaftliche Perspektiven. Würzburg 2019a, S. 12–36.

Ders.: Vergleiche als antizipierende und relationale Praxis. In: Zeitschrift für Volkskunde 115 (2019b), 2, S. 238–259.

Groth Stefan, Müske Johannes: Arbeit 4.0? Kulturwissenschaftliche Perspektiven auf Arbeit im Wandel. In: AugenBlick. Konstanzer Hefte zur Medienwissenschaft 2019, 73, S. 11–20.

Hartmann Andreas, Murawska Oliwia: Das Erdächtnis. Zur kulturellen Logik der Zukunft. In: *Dies.* (Hrsg.): Representing the Future. Zur kulturellen Logik der Zukunft. Bielefeld 2015, S. 7–15.

Herlyn Gerrit, Müske Johannes, Schönberger Klaus, Sutter Ove (Hrsg.): Arbeit und Nicht-Arbeit. Entgrenzungen und Begrenzungen von Lebensbereichen und Praxen. München 2009, verfügbar unter: https://www.ssoar.info/ssoar/handle/document/32460 [27.2.2020].

Hirschauer Stefan: Un/doing Differences. Die Kontingenz sozialer Zugehörigkeiten. In: Zeitschrift für Soziologie 43 (2016), 3, S. 170–191, verfügbar unter: https://doi.org/10.1515/zfsoz-2014-0302 [27.2.2020].

Kaschuba Wolfgang: Ethnische Parallelgesellschaften? Zur kulturellen Konstruktion des Fremden in der europäischen Migration. In: Zeitschrift für Volkskunde 103 (2007), 1, S. 65–85.

Knöbl Wolfgang: Die Kontingenz der Moderne. Wege in Europa, Asien und Amerika. Frankfurt am Main 2007.

Knorr Cetina Karen: Objectual Practice. In: *Theodore Schatzki, Karin Knorr Cetina, Eike von Savigny* (Hrsg.): The Practice Turn in Contemporary Theory. New York 2001, S. 184–197.

Koselleck Reinhart: „Erfahrungsraum“ und „Erwartungshorizont“ – zwei historische Kategorien. In: *Ders.:* Vergangene Zukunft. Zur Semantik geschichtlicher Zeiten. Frankfurt am Main 2000, S. 349–375.

Köstlin Konrad: „Folklore, Folklorismus und Modernisierung“. In: Schweizerisches Archiv für Volkskunde 87 (1991), (1–2), S.: 46–66, verfügbar unter: https://doi.org/10.5169/seals-117762 [27.2.2020].

Ders.: „Sicherheit im Volksleben“. Phil. Diss., München 1967.

Leins Stefan: Stories of Capitalism. Inside the Role of Financial Analysts. Chicago 2018.

Polanyi Michael: The Tacit Dimension. London 1966.

Schmoll Friedemann: Prognose oder Suggestion? Die Zukunft, die Volkskunde und die Geisteswissenschaften. In: *Hartmut Heller* (Hrsg.): Kulturethologie zwischen Analyse und Prognose. Münster 2008, S. 73–83.

Schultz Florian: Antizipation von Fußballtorhütern. Untersuchung zur Konzeption einer kognitiven Leistungsdiagnostik im Kontext der sportwissenschaftlichen Talentforschung. Diss., Tübingen 2013, verfügbar unter: https://publikationen.uni-tuebingen.de/xmlui/bitstream/handle/10900/48021/pdf/Dissertation_Florian_Schultz_finale_Version_09.07.13.pdf [27.2.2020].

Slovic Paul, Finucane Melissa L., Peters Ellen, MacGregor Donald G.: The Affect Heuristic. In: European Journal of Operational Research 177 (2007), 3, S. 1333–1352, verfügbar unter: https://doi.org/10.1016/j.ejor.2005.04.006 [27.2.2020].

Wietschorke Jens: Bourdieu und der Raum der Geschichte. Zur Historizität der Gegenwart in der kulturanthropologischen Forschung. In: Schweizerisches Archiv für Volkskunde 109 (2013), 2, S. 149–66, verfügbar unter: https://doi.org/10.5169/seals-358011 [27.2.2020].

Lina Franken

Methodologie der Zukunft? Automatisierungspotenziale in kulturwissenschaftlicher Forschung

1. Einleitung und Kontextualisierung: Automatisierung von kulturwissenschaftlicher Forschung?

Was haben Methoden und Methodologie mit Zukunft zu tun, mit der Frage nach Planen, Hoffen und Fürchten? Unter Schlagwörtern wie Automatisierung oder Digital Humanities entwickeln Wissenschaftler*innen neue Methoden, die zukünftige Forschung digital erleichtern und erweitern sollen. Diese können auch als Methodologien der Zukunft bezeichnet werden und sollen im Folgenden aus kulturanthropologischer Perspektive auf ihren Mehrwert hin befragt werden. Digitalisierung, das ruft auch außerhalb der Wissenschaft Imaginationen von Zukünften hervor (vgl. Willim 2017). So sind etwa die Vorstellungen vom Haushalt ohne Care-Arbeit, von der Fabrik ohne Menschen, vom selbstlernenden Internet der Dinge mit Hoffnungen und Befürchtungen auf vielfältige Weise verbunden. Verheißungsvoll scheint Digitalisierung auch unsere Wissensarbeit, vor allem unsere wissenschaftliche *Fleißarbeit* vollkommen übernehmen zu können, Stichworte sind hier künstliche Intelligenz oder maschinelles Lernen. Um diese besser einschätzen zu können und epistemologische Konsequenzen zu berücksichtigen, betrachtet der vorliegende Beitrag Potenziale der Digitalisierung von Methoden für zukünftige Forschungen: Was für Möglichkeiten bestehen schon heute und welche davon sind sinnvoll weiterzudenken? Wo sind wir als kritisch denkende Forscher*innen unerlässlich, welche Arbeiten können wir zielführend einer Automatisierung überlassen?

Mit der Digitalisierung ändern sich die Forschungsprozesse; die Wege dessen, wie wir zu unseren Aussagen über Alltagskultur kommen, die in der Gegenwart in weiten Teilen digital stattfindet oder digital begleitet ist. Dies wird sich in Zukunft verstärken, und auch die Kulturanthropologie könnte von digitalen Methoden profitieren, um neue Zugänge für und Perspektiven auf unsere Forschungsfelder zu erlangen. Zunächst werde ich diese Überlegungen kontextualisieren. Danach zeige ich auf, welche Möglichkeiten der Automatisierung schon bestehen, insbesondere beim Suchen oder Filtern und beim Annotieren von Forschungsmaterial. Abschließend möchte ich einen Blick darauf werfen, welche Weiterentwicklungen unsere Perspektive unterstützen würden und was das für die methodologischen Grundlagen einer Kulturanalyse bedeutet.

Es geht im Folgenden nicht darum, die Möglichkeiten und Grenzen einer digitalen Ethnografie aufzuzeigen. Dies hat Gertraud Koch an verschiedener Stelle bereits getan (vgl. Koch 2014, 2015a, 2017), international sind die entsprechenden Weiterentwicklungen ebenfalls breit diskutiert (vgl. Hine 2015; Kozinets 2011). Auch die Datifizierung weiter Teile unseres Forschungsprozesses, die sich unter dem Stichwort Forschungsdatenmanagement subsummieren lässt (vgl. Koch 2020; Kitchin 2014), steht hier nicht im Zentrum. Zunächst mache ich bewusst einen Unterschied zwischen Daten und Quellen und verstehe Quellen als unseren Forschungsgegenstand, der im nichtdigitalen Forschen oft nicht an ein konkretes Objekt gebunden ist. In einem eher analogen Modus, wie er auch in Einführungswerken verwendet wird (vgl. die Benennungen nicht nur der Beiträge zur historischen Anthropologie in Bischoff/Oehme-Jüngling/Leimgruber 2014; vgl. auch Kaschuba 2012: 208ff.), sind es diverse, unterschiedlich gewichtete und dokumentierte Zeugnisse und Materialien, aber auch Wissensbestände der Forschenden, die als Quellen in die Analyse eingehen. Erst mit der Bezugnahme auf Forschungsdaten, insbesondere durch die Prozesse des Forschungsdatenmanagements, und mit der parallel zunehmenden Verwendung von digitalen Verfahren und Tools wird der Begriff der Daten in unsere Forschungsverständnisse hineingetragen. Es geht mir darum, die epistemologischen Grundlagen des kulturanalytischen Forschens dahingehend zu befragen, welche Möglichkeiten und auch Grenzen es für das Arbeiten mit den vielfältigen kulturwissenschaftlichen Quellen gibt. Wie verändert sich unsere Methodologie aufgrund des und mit dem digitalen Arbeitsalltag?

Auch wenn eine kulturanthropologische Forschung thematisch keine digitalen Alltage und Phänomene untersucht – Digitales spielt heute immer auf die eine oder andere Weise eine Rolle. Ob nun der Computer vorrangig als Werkzeug für den Schreibprozess genutzt wird oder mit ihm das Quellenmaterial organisiert und ausgewertet wird: Digitales Arbeiten ist zunehmend präsent im wissenschaftlichen Alltag. Gerade wenn es um die Analyse des Forschungsmaterials geht, stehen im Zuge der Annotation digitale Möglichkeiten zur Verfügung. Annotationen, das sind Hinzufügungen zu einem bestehenden Text, Anreicherungen mit Kategorien und Interpretationen. In dieser – oft vorläufigen und fluiden – Forschungsleistung werden mehr oder weniger formalisiert Hinzufügungen zu einem Text gemacht, die Generalisierungen vornehmen und Text in eine Struktur und Vergleichbarkeit überführen (vgl. Rapp 2017; McGann 2016; Zinsmeister 2015; Koch 2015b). In der Grounded Theory wird dieses Annotieren als Codierung mit mehreren Phasen bezeichnet (vgl. Glaser/Strauss 1967; aus Fachperspektive Götzö 2014: insb. 450f.). In fast jeder kulturanthropologischen Forschung wird auf die eine oder andere Weise Quellenmaterial annotiert, diese Praxis wird aber selten als solche reflektiert oder methodisch bewusst aufgegriffen.

Es ist erstaunlich, wie wenig Reflexionen zu Annotationen im „Analogen" sich auch in methodischen Ausführungen und Grundlagenwerken finden. Diese unsichtbare Arbeit („invisible work" nach Star/Strauss 1999) in der Wissenschaft wird offensichtlich als selbstverständlich vorausgesetzt und nicht als wissenschaftliche Arbeit explizit gemacht. Damit wird auch unsichtbar, wie umfangreich und interpretativ dieser Schritt im Forschungsprozess ist oder doch sein kann. Mit den von Susan Leigh Star und Anselm Strauss aufgemachten Kategorien kann Annotieren als „disembedding background work" (ebd.: 15) verstanden werden – denn die wissenschaftliche Arbeit im umfassenderen Sinne ist durchaus sichtbar, nicht aber die konkrete Praktik des Annotierens, die als gegeben angenommen wird, „the taken for granted status means that it is functionally invisible" (ebd.: 20). Diese Feststellung betrifft auch zahlreiche andere Arbeitsschritte in der Wissenschaft, wie etwa den Umgang mit Feldnotizen.

Im Forschungsverbund *Automatisierte Modellierung hermeneutischer Prozesse (hermA)*[1] stehen Annotationen und die Potenziale ihrer Automatisierung im Zentrum des Interesses. Dabei arbeitet das Hamburger Institut für Volkskunde/Kulturanthropologie mit Wissenschaftler*innen der Literaturwissenschaft, Linguistik und Informatik zusammen. Wir nutzen induktive und abduktive, aber auch deduktive Ansätze. Ziel des Projektes ist es, bestehende interdisziplinäre Forschungsansätze zu erproben und zu reflektieren, um Automatisierungen in hermeneutischen Analysen zu modellieren (vgl. Koch 2015b; Gaidys u.a. 2017). Gerade in diesen Verfahren sind Annotationen (oder Codierungen) zentral, da wir im hermeneutischen Zirkel damit die Inhalte des Textes beschreiben und relevante Passagen für unsere Fragestellung festlegen.

Das kulturanthropologische (Teil-)Projekt im Forschungsverbund untersucht die Akzeptanzproblematiken der Telemedizin diskursanalytisch, wobei

1 Der Forschungsverbund zwischen Informatik, Computerlinguistik, Germanistik, Pflegewissenschaft und Kulturanthropologie ist eine Kooperation der Universität Hamburg, der Technischen Universität Hamburg sowie der Hochschule für Angewandte Wissenschaften Hamburg und wird durch die Landesforschungsförderung Hamburg finanziert. Projektleitung: Gertraud Koch (Kulturanthropologin) und Heike Zinsmeister (Computerlinguistin). Vgl. herma.uni-hamburg.de.

im Folgenden auf den Gegenstand der Telemedizin nicht weiter eingegangen wird. Das Projekt pendelt zwischen Methoden- und Themenschwerpunkten: Die inhaltliche Fragestellung wird zum Anlass genommen, unterschiedliche methodologische Schritte zu reflektieren und zu fragen: Was bedeuten die Automatisierung und ein zunehmendes Verständnis unserer Quellen als Daten für unsere Wissensproduktion?

Das Teilprojekt kreist dabei um folgende Grundfragen, die auch in den interdisziplinären Diskussionen immer relevant werden:

- Big Data oder Small Data: Wie groß soll unsere Datengrundlage für valide Aussagen sein? Wie viel Quellenmaterial kann oder soll ein*e Forscher*in sichten?
- Nutzen wir strukturierte oder unstrukturierte Daten? Also: Wie können unsere in der Regel unstrukturiert vorliegenden Quellen strukturiert aufgearbeitet werden und inwiefern ist dies hilfreich für unseren Erkenntnisprozess?
- Kontext- oder Detailannotationen: Beim Markieren von Texten für bestimmte Fragestellungen kann man kontextbezogen vorgehen, also größere Textstellen als relevant hervorheben, um sie später erneut zu sichten. Oder man kann kleinteilig annotieren, womit eher eine Orientierung an strukturierten Daten vorgenommen wird und schon sehr ausdifferenzierte Analyseschemata vorhanden sein müssen. Was ist sinnvoller? Inwieweit beeinflussen Fragestellung und Vorwissen die Annotationsstrategien? Und welchen Raum nimmt der Annotationsprozess im kulturanalytischen Forschungsprozess überhaupt ein?
- Forschende werden in der Nutzung von digitalen Tools durch programmierte Verfahren auf Auffälligkeiten oder Regelmäßigkeiten hingewiesen. Unregelmäßigkeiten oder nicht durch den Algorithmus abgedeckte Muster werden hingegen nicht berücksichtigt. Das kann Suchbewegungen und Aufmerksamkeitsrichtungen lenken. Was soll und was kann für kulturanalytische Fragestellungen und Forschungsprozesse automatisiert werden? Ist hermeneutische Kulturanalyse überhaupt automatisierbar, und falls ja, in welchen Teilbereichen?

Der vorliegende Beitrag gibt erste Einschätzungen und vorläufige Antworten auf diese umfassenden Fragestellungen. Dabei wird die Anwendung von bestehenden Automatisierungen für die kulturanalytischen Anforderungen und Spezifika insbesondere für Suchbewegungen und Annotationen vorgestellt. Im Anschluss werden potenzielle methodologische Zukünfte umrissen, die entsprechende Forschungsprozesse systematisch unterstützen können und etwa in Form einer Toolbox nutzbar gemacht werden könnten. Die Überlegungen sind konzeptioneller Art und möchten jene der Digital Humanities weiterentwickeln, um sie für qualitativ-empirische Forschungen anschlussfähig zu machen. Der Aufsatz schließt mit einer Zusammenfassung und einem Ausblick auf mögliche Methodologien der Zukunft.

2. Mögliche Ansätze mit bestehenden Automatisierungen

Trotz des (gerade) anfangs sehr offenen methodischen Vorgehens von Ethnografien im Allgemeinen und Diskursethnografien im Speziellen (vgl. Keller 2011: 192) muss für jegliche Form von Automatisierung im Forschungsprozesses eine gewisse Kenntnis des Forschungsgegenstandes vorhanden sein und entsprechend reflektiert werden. Hierfür sind Vorentscheidungen auf Grundlage von Vorwissen notwendig, um automatische oder halbautomatische Filterprozesse gezielt einsetzen zu können (vgl. Koch/Franken 2019). Denn nur eine fokussierte Automatisierung ist unterstützend bei der Beantwortung von Fragestellungen. Diese Fokussierung kann auch auf den Forschungsprozess bezogen werden, der in idealtypischer Form in Abbildung 1 dargestellt ist.

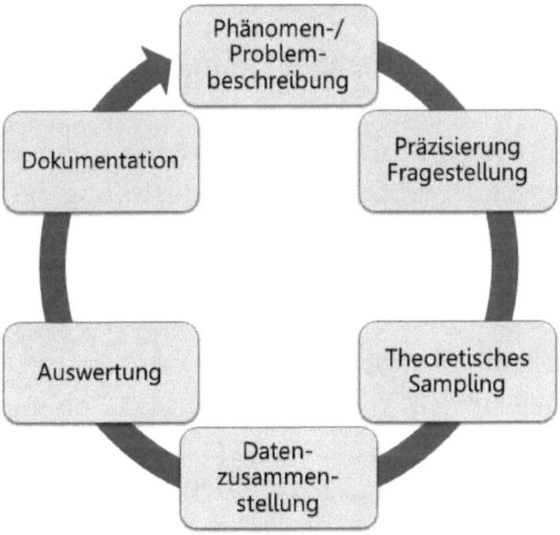

Abbildung 1: Idealtypischer Forschungsprozess, Quelle: eigene Darstellung

Jeder der in der Abbildung dargestellten Schritte des Forschungsprozesses enthält wiederum kleinteilige Vorgehensweisen und Entscheidungen: Nach einer Phänomen- und Problembeschreibung erfolgen Präzisierungen der Fragestellung, auf die ein theoretisches Sampling folgt, das eng mit der Datenzusammenstellung für die eigentliche Auswertung verbunden ist. Mit und nach dieser folgt die Dokumentation, die wiederum zu neuen Problembeschreibungen führt. Die für Automatisierung vielversprechenden Schritte können im Rahmen einer Fokussierung unterschieden werden in (1.) Suchschritte, hier als theoretisches Sampling und Datenzusammenstellung gefasst, sowie (2.) Analyseschritte, hier die Auswertung und Dokumentation. Beide können methodologisch betrachtet in einem weiteren Schritt zur Erkenntnisgenerierung beitragen. Es geht damit um Korpusbildung, Annotation und Interpretation. Unser Forschungsprozess ist nicht linear, oft zirkular, sodass diese Arbeitsschritte und Strategien dafür ineinander verwoben umgesetzt werden (vgl. Muri 2014; zur qualitativen Sozialforschung allgemeiner Flick 2012) – eine solche Unterscheidung wird im Forschungsalltag oft nicht bewusst vorgenommen. Für Forschungsprozesse ohne digitale Unterstützung und Automatisierung ist dies selten explizit notwendig, da Suchbewegungen in und aus dem Feld und Quellenmaterial sich dem Modell mehr oder weniger idealtypisch annähern, auch wenn sie nicht in die entsprechenden Schritte unterschieden werden. Um jedoch die Automatisierungsmöglichkeiten entschlüsseln zu können, müssen die verschiedenen Arbeitsschritte im Forschungsprozess analytisch voneinander getrennt werden.

2.1 Automatisierungen von Suchbewegungen

Welche Rolle können Automatisierungen bei den Suchbewegungen des theoretischen Samplings und der Datenzusammenstellung spielen? Eine automatisierte Unterstützung bei der Recherche und fundierten Auswahl von zu untersuchenden Quellen könnte viel Zeit sparen und gleichzeitig den Suchradius enorm erweitern. Das heißt nicht, dass Suchtreffer etwa aus dem Internet ohne Quellenkritik als Grundlage von Forschungen herangezogen werden könnten. Ganz im Gegenteil: Was wie gefunden wird, ob und warum es relevant ist, gilt es in Zeiten von Big Data umso genauer und kritischer zu prüfen (vgl. kritisch dazu Kinder-Kurlanda 2017; Kitchin 2014).

Eine interdisziplinäre Gemeinsamkeit (nicht nur) im *hermA*-Projekt ist, dass Geistes- und Sozialwissenschaftler*innen immer wieder – ob reflektiert oder intuitiv – mit Wortfeldern von Schlagwörtern arbeiten, die Suchabfragen strukturieren und leiten. Im Alltag tun wir dies, indem wir zum Beispiel in Suchmaschinen nicht nur einen Begriff eingeben, sondern (gerade wenn die erzielten Ergebnisse nicht ausreichend sind) einen zweiten, verwandten oder synonymen Begriff verwenden und durch Kombinationen von Begriffen die Suche eingrenzen. In der Wissenschaft hat sich diese (digitale) schlagwortbasierte Suche insbesondere in der Literaturrecherche in den letzten zehn bis zwanzig Jahren zum Standard entwickelt, sie ist vom analogen Zettelkasten zur digitalen Datenbank übergegangen (vgl. Löfgren 2014). Doch auch für die Recherche nach Quellen für unsere inhaltliche Fragestellung arbeiten wir mit Suchbegriffen, die es sich lohnt zu hinterfragen. Durch unterschiedliche Generierungen von Wortfeldern (vgl. Adelmann u.a. 2019) kann die Suche systematisch unterstützt und erweitert werden. Meist reflektieren wir bei unseren Suchergebnissen nicht, welche Eingrenzungen im Hintergrund wirksam sind: Zum Beispiel die Filterblase von Google, aber auch andere Indexierungen sind dabei enorm relevant. Im ersten Schritt ist es deshalb zentral, sich diese Bedeutungsverschiebungen im Digitalen deutlich zu machen.

Sogenannte Webcrawler sind eine gute Alternative, wenn man nicht nur Suchbegriffe über die üblichen Suchmaschinen und Datenbanken laufen lassen möchte. Sie analysieren und indexieren automatisiert Webseiten und werden individuell angepasst – es kann also programmiert werden, wie welche Informationen aufbereitet werden sollen (vgl. Gossen/Demidova/Risse 2016; Waldherr u.a. 2017). Im Detail wird es schnell aber sehr komplex für die Nutzung in kulturanalytischen Zugängen, denn die bestehenden Crawler sind auf strukturierte Daten – wie Telefonnummern oder Mail-Adressen – ausgerichtet. Für Fragestellungen der Kulturanthropologie wäre es jedoch hilfreich, beispielsweise eine Übersicht zu Webseiten und Blogs zu einem Thema zu erstellen. Wie es möglich ist, dass ein Crawler zum Beispiel eine Liste von Webseiten entlang thematischer Schlagwörter oder mit den Überschriften der enthaltenen Texte ausgibt, muss erst erarbeitet werden, wobei die Kooperation mit Informatiker*innen unerlässlich ist. Die Nutzung von Crawlern kann helfen zu prüfen, ob Webinhalte für eine Fragestellung relevant sind; damit kann die Filterblase (zumindest teilweise) selbst beeinflusst werden. Durch die Kombination von umfangreichen Wortfeldern und automatisierten Suchen und Speicherungen in einem eigenen Crawling-Mechanismus ist es möglich, schnell große Mengen von Text online zu sichten. Im nächsten Schritt müssen die damit gewonnenen Quellen wiederum intellektuell-manuell gesichtet, also annotiert und interpretiert werden.

Potenzial für zukünftige Methodologien besteht auch, wenn Aussagen über Texte getroffen werden könnten, ohne diese vorher im Detail zu lesen und zu bearbeiten. Damit könnten wir relevantere Quellen finden und mehr Material einbeziehen, um dies hermeneutisch zu interpretieren. Daran schließt das Verfahren des Distant Reading (vgl. Moretti 2016) an. Dabei werden große Textmengen automatisiert durchgesehen und Worthäufigkeiten ermittelt. Entsprechende Tools[2] bestehen bereits und sind einfach zu bedienen, im Ergebnis zeigen sie Grafiken zur Verteilung von Wörtern über den Text. Bekannte Texte werden so in zentralen Begriffen gut dargestellt, zu unbekannten Texten erhält man erste Eindrücke: Auch ohne den Text zu lesen, könnte ich thematische Voreinschätzungen mit der Automatisierung also relativ gut ermitteln, wenn mir die in den Texten auftretenden Begriffe inhaltlich geläufig sind. Es wird dabei eine reine Worthäufigkeit angezeigt, die ich filtern kann. Ich kann mir außerdem den Verlauf der Worthäufigkeit über den Text hinweg in Form von Verlaufskurven anzeigen lassen. Wenn ich den Text nicht kenne, ist dieser Zugang eine Möglichkeit, gegebenenfalls relevante Textstellen für meine Fragestellung anhand von bestimmten Schlagwörtern zu identifizieren. Distant Reading kann also als Filter für dominante Perspektiven und Topoi innerhalb größerer Textmengen genutzt werden, auch wenn diese noch unbekannt sind. In Kombination versprechen die Verfahren des Crawling und Distant Reading einfachere Zugänge zu Texten.

Ist es schon eine Automatisierung, wenn wir durch eine Suchabfrage mit bestimmten, für unsere Fragestellung relevanten Schlagwörtern auf Texte und Textstellen hingewiesen werden? Dank der Suchfunktionen und Visualisierungen geht das schnell. Ich finde Textpassagen, die ich mit einfachem Lesen ohne automatisierte Unterstützung nie in der Menge und Dichte hätte finden können. Konkret bedeutet Automatisierung in der Forschungspraxis dabei bisher, dass ich selbst Regeln aufstelle, mit denen ich ein durch inhaltliche Überlegungen ausgewähltes Material durchsuche. Automatisierung bedeutet in diesem Zusammenhang, dass ich die Regeln nicht mehr selbst ausführe, sondern ein entsprechendes Softwareprogramm, ein sogenanntes Tool dies übernimmt – im *hermA*-Projekt durch einen Informatiker umgesetzt, der das entsprechende Tool programmiert. Der Preis, den ich für diesen Komfort zahle: Ich verlasse mich auf den Algorithmus, denn ich kann nicht mehr (oder nur noch in Stichproben) nachvollziehen, wie es zu den entsprechenden Einträgen in einer Liste oder Grafik kommt. Vielleicht wäre ich beim Durchlesen der Texte zu anderen Einträgen gekommen, hätte damit aber sehr viel mehr Zeit verbracht. Die Modellierung dieses Prozesses, die sich in ihren Denkstrukturen jenen der Informatik annähert (vgl. McCarty 2004: 256), macht außerdem ein detailliertes Durchdenken und Operationalisieren des eigenen Forschungsprozesses notwendig, das ebenfalls zeitaufwendig sein kann.

---

2 Weit verbreitet ist die Freeware *Voyant Tools*, die eine webbasierte Benutzeroberfläche bietet. Performance-Probleme und fehlende Speichermöglichkeiten lassen jedoch Vorsicht gebieten. Andere Tools sind ohne Programmieraufwand meist nicht zu bedienen. Umfangreichere Tools gerade für unstrukturierten Text, wie er in kulturanalytischen Fragen in der Regel begegnet, stehen noch aus.

2.2 Automatisierungen von Annotationen

Wie können aus dem generierten Quellenmaterial, in das erste Einblicke mit Distant Reading möglich sind, für eine Fragestellung besonders relevante Textpassagen gefiltert werden? Dieser Arbeitsschritt der Korpusreduktion liegt zwischen Suche und Analyse. Die begründete Auswahl ist bereits eine Form der Analyse und Relevanzsetzung. Um Textstellen im Material aufzugliedern, ob automatisiert oder manuell, werden Heuristiken benötigt. Denn bevor die hermeneutische Analyse zu einem Forschungsergebnis kommt, ist dieses Annotieren ein großer Teil der wissenschaftlichen Arbeit: das Herausarbeiten von Bedeutungsebenen und Beziehungen sowie das Explizitmachen von Mehrdeutigkeiten.

Die Linguistik hat dafür bereits ausgefeilte Verfahren entwickelt: In der Koreferenz-Annotation etwa werden Sprecher*innen und Akteur*innen markiert und über ein (manchmal automatisiertes) Verfahren zugeordnet, auch wenn sie nicht direkt benannt werden (vgl. Kübler/Zinsmeister 2015: 117). „Die deutsche Kanzlerin" etwa wird mit „Angela Merkel" als synonym gekennzeichnet, ebenso wenn im nächsten Satz dann „sie" für die gleiche Person steht. Das wird über einen längeren Text schnell umfangreich und bei unterschiedlichen Akteur*innen auch komplex. Diese sehr kleinteilige Annotation hat wenig mit einem kulturanalytischen, kontextorientierten Codieren zu tun: Hier würden eher ganze Textpassagen einem bestimmten Thema zugeordnet, also etwa ein ganzer Satz als Kritik an der Kanzlerin markiert, statt nur die bezeichnete Akteurin zu benennen. In der Koreferenz-Annotation geht es um einzelne Begriffe oder Begriffsfolgen, die Annotation ist stark an grammatikalischen Satzstrukturen orientiert. Als Vorverarbeitung wäre dieses Verfahren relevant, wenn diese Annotation selbst automatisiert erfolgte und im Workflow nachgelagert ein automatisches Tool bestünde, das Sprecher*innen- und Subjektpositionen herausfiltert. Für große Textmengen könnten damit Aussagen darüber getroffen werden, wer spricht und über wen (oder was) gesprochen wird. Das Verfahren geht weit über eine Suche nach Begriffen oder Namen hinaus, da unterschiedliche Bezeichnungen einander zugeordnet werden. Dies könnte Kulturanalysen dabei unterstützen, Akteur*innenpositionen zu identifizieren und zu kontrastieren. Leider besteht aber auch ein solches Tool noch nicht in einer Form, die übernommen werden könnte, sondern es wäre erheblicher Programmier- und Entwicklungsaufwand nötig.

Automatisierte Annotationen markieren einzelne Begriffe nach vorab eindeutig definierten und formalisierten Regeln (vgl. Rapp 2017: 261). Offensichtlich ist, dass Annotationen nie alle für eine Fragestellung relevanten

Textpassagen finden – egal, ob sie manuell oder automatisiert stattfinden. Im manuellen Bearbeiten werden vielleicht einzelne Textstellen übersehen, in der automatisierten Annotation wird nur das gefunden, was den Suchkriterien offensichtlich entspricht. Das Festlegen der Entitäten, also der Begriffe, nach denen gesucht werden soll, muss beispielsweise für eine automatische Koreferenz-Annotation vorab von Hand erfolgen. Automatisierungen bedeuten deshalb einen enormen Aufwand in der Vorbereitung und gute bis sehr gute Kenntnisse des Untersuchungsgegenstandes. Erst dann kann die Annotation (teil-)automatisiert erfolgen. Die Trefferquote einer automatischen Koreferenz-Annotation liegt bei circa 60 Prozent[3] – und das auch nur, wenn der Satzbau des Textes nicht zu komplex ist. Dies bedeutet, dass nicht alle Entitäten markiert werden und eine auf diese automatische Vorverarbeitung erfolgende Analyse nur gut die Hälfte der Textstellen berücksichtigt. Für kulturanthropologische Perspektiven ist es deshalb besonders wichtig, solche Quoten zu berücksichtigen und Leerstellen zu reflektieren. Allerdings kann durch solche Vorverarbeitungen eine neue Perspektive auf Quellenmaterial entstehen. Die Automatisierung unterstützt also die Analyse, sie übernimmt sie allerdings nicht. Die durch Automatisierungen veränderte Ausgangslage der Analyse bedarf besonderer Beachtung und Hinterfragung.

Durch Methoden wie Distant Reading oder Koreferenz-Annotationen kann Material schnell auf eine überschaubare Menge reduziert werden – hier sind Suche und Analyse eng verknüpft –, der (wiederum in Handarbeit) Annotationen hinzugefügt werden können. Dabei werden Kategorien entwickelt, die Textstellen nach bestimmten Kontexten aufschlüsseln. Annotationsverfahren sind der einzige Punkt, der bisher auch in der Kulturanalyse und der qualitativen Methodenlehre näher als *computerunterstützt* betrachtet wurde – und zu dem es Reflexionen und Anleitungen gibt (vgl. Sattler 2014; Kelle 2012). Bei diesem Arbeitsschritt helfen schon jetzt die sogenannten QDA-Programme (*Qualitative Data Analysis*), die auch in der Kulturanalyse bereits weit verbreitet sind: *MaxQDA*, *Atlas.ti* und andere (vgl. zur Differenzierung und den großen Gemeinsamkeiten in der Zusammenschau Gibbs/Friese/Mangabeira 2002). Größter Nachteil dieser Softwares ist, dass sie proprietär sind, also Lizenzgebühren erheben und nicht darauf ausgelegt sind, die dort erzeugten Daten außerhalb der Programmoberfläche zu nutzen. In Zeiten von Open Data und Open Science eine Tatsache, die wir dringend ändern sollten. Gerade im Sektor der digitalen Forschungsmethoden benötigen wir überzeugen-

3 Diese Zahl folgt den Berechnungen der Linguisten, wie es in Krug u.a. 2015 dargestellt wird. Hier werden die besonderen Herausforderungen bisher vor allem für literarische Werke untersucht, für unsere pluralen Quellen sind vergleichbare oder noch komplexere Probleme zu erwarten.

de Open-Source-Tools, die in ihrer Funktionalität den Bedürfnissen der Forschenden entsprechen und frei zugänglich sind.[4]

Die Annotation wird in diesen Programmen – ob nun den bestehenden, proprietären oder künftigen Weiterentwicklungen von offenen Ansätzen – allerdings komplett händisch vorgenommen: Es ist keine Automatisierung, sondern lediglich eine Computerunterstützung. Und doch hat auch dies schon Auswirkungen auf das Vorgehen in Datenzusammenstellung, -auswertung und -dokumentation. Die Forschungspraxis wird technisch ermöglicht und begrenzt. Vielleicht würde ich nicht auf die Idee kommen, mir Häufigkeiten von Begriffen anzeigen zu lassen, wenn das Programm es mir nicht anbieten würde. Vielleicht würde ich anders unterstreichen, durchstreichen, am Rand notieren, wenn ich es auf Papier tun würde. Wann arbeite ich außerhalb der Software weiter an der Beantwortung meiner Fragestellung und wie gehe ich mit dem im Programm erzeugten Material – den Texten und den unterschiedlichen annotierten Textfragmenten – weiter um?

Liest man methodologische Texte, so wird immer wieder deutlich, dass die Grundlagen der Grounded Theory und deren methodisches Vorgehen gänzlich ohne Computer oder Automatisierung gedacht wurden: So halten Barney Glaser und Anselm Strauss in ihrem grundlegenden Werk fest: „Zum Kodieren genügt es, die Kategorien an den Rand seiner Feldaufzeichnungen zu schreiben; es kann aber auch ausgefeilter durchgeführt werden (z.B. auf Karteikarten)." (Glaser/Strauss 1967: 120) Gerade die Grounded Theory als jener Ansatz, der die Annotation als Teil des Forschungsprozesses explizit macht und im Verfahren als offenes, axiales und selektives Codieren mit begleitenden Memos ausdifferenziert, wurde nicht an einem QDA-Programm entwickelt, sondern mit Stift und Papier, dazu einer Schreibmaschine. Im Zentrum steht die Kenntnis des eigenen Materials, das immer wiederkehrende Durchsehen der Notizen, das Notieren an den Rand – dies alles ist viel breiter als Suchbewegung angelegt, als es viele Forschende der Gegenwart am PC umsetzen. Schon eine Kategorie wirkt viel definitiver, wenn man ihr eine Bezeichnung geben muss und diese dann in der Liste von Kategorien neben anderen, vielleicht schon viel ausgereifteren Kategorien angezeigt wird. Auch neigen wir durch die Arbeit am PC dazu, viel eher eine Struktur anzulegen und Din-

4 Zwar besteht eine Reihe von frei zugänglichen Annotationstools, diese sind jedoch in der Stabilität und Performance, gerade wenn umfangreichere Textmengen bearbeitet und verwaltet werden sollen, nicht konkurrenzfähig und in der Forschungspraxis kaum einsatzfähig. So ist etwa das in der Germanistik der Universität Hamburg entwickelte Tool *Catma* nicht darauf ausgerichtet, kürzere Texte in größerem Umfang zu verwalten, auch das Anpassen von einmal erstellten Kategorien ist mühsam und mit zu vielen Klicks verbunden, um dies in einer prozessualen Annotationspraxis einzubinden.

ge zu ordnen, als wir dies im analogen Raum eines Schreibtisches tun würden. Die Textarbeit wird fragmentierter, da die annotierten Textstellen aus ihrem Kontext gelöst betrachtet werden, was auf Papier ungleich schwieriger ist. Wie sich der Forschungsprozess mit und durch Computerunterstützung schon jetzt gewandelt hat und was dies mit Forschungsergebnissen macht, wird bisher viel zu wenig reflektiert, auch in den entsprechenden Einführungswerken.

3. Zukünfte: methodologische Möglichkeiten

Wie komme ich von den annotierten Texten zur Interpretation, von der Auswertung zur Dokumentation der Ergebnisse? Auch das ist natürlich eng miteinander verzahnt und in der Forschungspraxis nicht voneinander zu trennen. Gegner*innen von Automatisierungsansätzen argumentieren, dass die Gefahr darin besteht, zunächst die Suche zu automatisieren, dann die Analyse ebenfalls automatisiert erfolgen zu lassen, um im Ergebnis eine automatisierte Erkenntnisgenerierung nutzen zu können. Aber so einfach, wie manche Imaginationen von künstlicher Intelligenz es ausmalen, ist es nicht.

Die bestehenden Auswertungstools entsprechen dem Vorgehen in der Kulturanalyse kaum, dem es selten um Häufigkeiten oder um die Verteilung von Themen über ein Dokument hinweg geht; dies kann lediglich eine erste Suchrichtung angeben oder den fragenden Blick lenken. Über die Praxis des Annotierens beziehungsweise des Arbeitens mit annotiertem Text in der Auswertung wird bisher zu wenig öffentlich reflektiert: Das in der Regel manuelle Arbeiten mit dem Text und dessen Fragmentierung in kleine Textschnipsel (ob am PC oder auf Papier) geschehen intuitiv und mit individuellen Praxen, die stark auf Erfahrung und Vorlieben beruhen. Gleiches gilt auch für die in Folge immer wieder neu zusammengesetzten, zwischendurch ergänzten und eingegrenzten Textpassagen der Analyse sowie die abschließende Verschriftlichung als Dokumentation der Forschungsergebnisse. Hier ist die denkende Forscherin, der informierte und erfahrene Einzelne unerlässlich für das Entwickeln und Validieren von Aussagen und Forschungsergebnissen. Eine Automatisierung der Analyse selbst ist somit eigentlich unmöglich. Es geht darum, die Analyse durch Automatisierungen im Vorfeld und durch digitale Tools bestmöglich zu unterstützen, ohne sie dabei zu verkürzen oder einzuengen.

Wir sollten darüber diskutieren, wie wir methodische Schritte digital besser gestalten können, ohne vom kulturanalytischen Forschungsparadigma abzulassen. Dafür benötigen wir wohl vor allem Tools, die das Filtern von Quellenmaterial und kontextorientierte Annotationen ermöglichen. Oft hilft es, zu den Kontexten strukturierte Informationen anzulegen, etwa zu Sprecher*in oder Subjekt in der jeweiligen Textstelle. Dazu bestehen vielfältige Praktiken, in denen bestehende Tools umgenutzt werden – die aber zeitaufwendig und fehleranfällig sind. Oft ist es wichtig, die Daten in ihrer Chronologie oder räumlich anordnen zu können. Allerdings möchten die Wenigsten Stunden und Tage damit verbringen, diese Informationen manuell zu hinterlegen – dann verliert man sich schnell in Details. Diese strukturierten Informationen könnten mit (relativ) geringem Aufwand automatisiert angelegt werden. Aktuell stehen Fragen und Suchrichtungen im Mittelpunkt, Antworten zu diesen methodologischen Herausforderungen und Übersetzungen in konkrete methodische Schritte im Forschungsprozess sind noch nicht ausdifferenziert.

Wie sehr uns die technischen Möglichkeiten der Programme leiten, wird bisher selten reflektiert. In der Kulturanalyse gehen wir anders an Forschungsmaterial heran als viele andere (auch qualitativ) Forschende: Wir haben kein im Vorfeld klar strukturiertes Kategoriensystem und zugehöriges Codebuch mit Ankerbeispielen, mit denen die Annotation erledigt wird. Wir haben in der Regel auch kein professionelles Wissen über den Forschungsgegenstand, mit dem wir schon im offenen Annotieren relevante Textstellen schnell von wenig relevanten Passagen trennen können. Im Gegenteil: Wir treten mit Fragen an Forschungsfelder heran und gewinnen Expertenwissen erst im Verlauf unserer Erhebungen. Und wir haben zu Beginn unserer Forschung kein festes Set an Quellen, das wir auswerten. Wir gehen viel tastender vor, viel explorativer und viel ungerichteter. Eine Toolbox für unsere Methodologie der Zukunft muss entsprechend gestaltet sein.

Es besteht im Konkreten gerade mit Automatisierungen die Gefahr, sich entweder in den Tiefen des Materials zu verlieren oder im anderen Extremfall oberflächlich am Text zu arbeiten. Die Logiken der jeweiligen Forschungsarbeit bilden ihre eigenen Zwänge. Es lohnt sich aber umso mehr, außerhalb dieser Zwänge mit einer offenen Herangehensweise zu prüfen, was theoretische Ansprüche einer Kulturanalyse mit automatischer Unterstützung sind, was davon technisch in der digitalen Gegenwart bereits möglich ist und was in digitalen Zukünften noch möglich werden könnte.

Selbstverständlich können viele Arbeitsschritte etwa der Annotation auch in Textverarbeitung und Tabellenkalkulationen erledigt, handschriftliche Notizen erstellt und irgendwann alle Forschungsmaterialien zu einer abschließenden Analyse zusammengetragen werden. Das passt jedoch nicht in die Logik und den Anspruch der Wissenschaftsgegenwart, in der Forschungsdaten nachhaltig nutzbar digital abgelegt werden sollen – besonders, wenn wir in Drittmittelprojekten arbeiten. Vor allem würden jedoch Chancen ungenutzt gelassen, die vielleicht neue Zusammenhänge insbesondere an der Textoberfläche systematisch aufzeigen können, die mit bloßer manueller Analyse verborgen blieben.

Von der Logik der Informatik und Informationstechnik in der konkreten Toolentwicklung müssen wir für die eigentliche Fragestellung zurücktreten: Es ist zunächst notwendig, die spezifischen kulturanalytischen Bedürfnisse zu artikulieren. Es geht dabei nicht vorrangig um ein Prüfen der bestehenden Tools, das dient eher der interdisziplinären Verständigung. Größtenteils geht es um die systematische Überprüfung methodologischer und epistemologischer Notwendigkeiten und (theoretischer) Möglichkeiten der Automatisierung. Die Tools müssen dementsprechend zu unserem methodischen Vorgehen passen – und nicht umgekehrt.

4. Zusammenfassung und Ausblick

Der vorliegende Beitrag zeigt auf, welche Anforderungen und Spezifika insbesondere für Suchbewegungen und Annotationen aus Sicht der Kulturanalyse bezüglich Automatisierung bestehen. Potenziale konnten auf verschiedenen Ebenen identifiziert werden, wie exemplarisch an Webcrawling, Distant Reading und Koreferenz-Annotation aufgezeigt wurde. Eine entsprechende Toolbox ist bisher noch nicht entwickelt, es bestehen erste Bausteine für diese, die es weiter zu systematisieren gilt. Bei diesen Überlegungen bleibt das Zusammenspiel zwischen Automatisierung und reflektierender Analyse durch informierte Forschende unerlässlich.

In den Überlegungen zur Automatisierung und zur Übernahme von Vorgehensweisen und Tools aus anderen Disziplinen dürfen die spezifischen Perspektiven und Methoden unseres Faches nicht vergessen werden: Eine Kulturanalyse kann nicht vollautomatisch erledigt werden, sondern sie benötigt die Köpfe der Forschenden und deren Kollaboration, das Wissen und Nachdenken von ganz spezifisch sensibilisierten Forscher*innen. Gerade das offene Vorgehen, die Suchbewegungen im Feld und im Material können nicht durch computerisierte Operationen ersetzt werden. Es ist dabei auch immer wieder zu prüfen, ob eine Automatisierung überhaupt zielführend ist. Das Potenzial ist aber nicht zu unterschätzen, denn wir eröffnen uns mit Automatisierungen vielleicht ganz neue Möglichkeiten einer zukünftigen Kulturanalyse. Diese Methodologie der Zukunft gilt es, weiterhin aktiv mitzugestalten.

Literatur

Adelmann Benedikt, Franken Lina, Gius Evelyn, Krüger Katharina, Vauth Michael: Die Generierung von Wortfeldern und ihre Nutzung als Findeheuristik. Ein Erfahrungsbericht zum Wortfeld „medizinisches Personal". In: *Patrick Sahle* (Hrsg.): 6. Tagung des Verbands Digital Humanities im deutschsprachigen Raum e.V. (DHd 2019). Digital Humanities: multimedial & multimodal. Universitäten zu Mainz und Frankfurt, 25. bis 29.3.2019. Book of Abstracts, S. 114–116, verfügbar unter: https://doi.org/10.5281/zenodo.2596095 [27.2.2020].

Bischoff Christine, Oehme-Jüngling Karoline, Leimgruber Walter (Hrsg.): Methoden der Kulturanthropologie. Bern 2014.

Flick Uwe: Design und Prozess qualitativer Forschung. In: *Ders., Ernst von Kardorff, Ines Steinke* (Hrsg.): Qualitative Forschung. Ein Handbuch. 9. Auflage Reinbek bei Hamburg 2012 [2000], S. 252–265.

Gaidys Uta, Gius Evelyn, Jarchow Margarete, Koch Gertraud, Menzel Wolfgang, Orth Dominik, Zinsmeister Heike: Project Deskription – hermA: Automated Modelling of Hermeneutic Processes. In: Hamburger Journal für Kulturanthropologie 7 (2017), S. 119–123.

Gibbs Graham R., Friese Susanne, Mangabeira Wilma C.: Technikeinsatz im qualitativen Forschungsprozess. Einführung zu FQS 3 (2). In: Forum Qualitative Sozialforschung 3 (2002), verfügbar unter: http://dx.doi.org/10.17169/fqs-3.2.847 [27.2.2020].

Glaser Barney G., Strauss Anselm L.: Grounded Theory. Strategien qualitativer Forschung. Bern 2010 [1967].

Gossen Gerhard, Demidova Elena, Risse Thomas: Analyzing Web Archives through Topic and Event Focused Sub-collections. In: Proceedings of Web Science WebSci 2016 (2016), verfügbar unter: https://www.l3s.de/~gossen/publications/gossen_et_al_websci_2016.pdf [27.2.2020].

Götzö Monika: Theoriebildung nach Grounded Theory. In: *Christine Bischoff, Karoline Oehme-Jüngling, Walter Leimgruber* (Hrsg.): Methoden der Kulturanthropologie. Bern 2014, S. 444–458.

Hine Christine: Ethnography for the Internet. Embedded, Embodied and Everyday. London 2015.

Kaschuba Wolfgang: Einführung in die Europäische Ethnologie. 4., aktualisierte Auflage München 2012 [1999].

Kelle Udo: Computergestützte Analyse qualitativer Daten. In: *Uwe Flick, Ernst von Kardorff, Ines Steinke* (Hrsg.): Qualitative Forschung. Ein Handbuch. 9. Auflage Reinbek bei Hamburg 2012 [2000], S. 485–502.

Keller Reiner: Wissenssoziologische Diskursanalyse. Grundlegung eines Forschungsprogramms. 3. Auflage Wiesbaden 2011 [2005].

Kinder-Kurlanda Katharina E.: Big Data. In: *Gertraud Koch* (Hrsg.): Digitalisierung. Theorien und Konzepte für die empirische Kulturforschung. Konstanz, München 2017, S. 217–240.

Kitchin Rob: The Data Revolution. Big Data, Open Data, Data Infrastructures & their Consequences. Los Angeles, London, New Dehli 2014.

Koch Gertraud: Zur „Datafication" der Wissensproduktion in der qualitativen Forschung. In: *Jens Klingner / Merve Lühr* (Hrsg.): Forschungsdesign 4.0. Datengenerierung und Wissenstransfer in interdisziplinärer Perspektive (ISGV digital. Studien zur Landesgeschichte und Kulturanthropologie 1). Dresden 2019, S. 180-195, verfügbar unter: https://doi.org/10.25366/2019.04 [13.05.2020].

Dies.: Ethnografie digitaler Infrastrukturen. In: *Dies.* (Hrsg.): Digitalisierung. Theorien und Konzepte für die empirische Kulturforschung. Konstanz, München 2017, S. 107–126.

Dies.: Empirische Kulturanalyse in digitalisierten Lebenswelten. In: Zeitschrift für Volkskunde 111 (2015a), S. 179–200.

Dies.: Kultur digital. Tradieren und Produzieren unter neuen Vorzeichen. In: *Eckhard Bolenz, Lina Franken, Dagmar Hänel* (Hrsg.): Wenn das Erbe in die Wolke kommt. Digitalisierung und kulturelles Erbe. Essen 2015b, S. 15–28.

Dies.: Ethnografieren im Internet. In: *Christine Bischoff, Karoline Oehme-Jüngling, Walter Leimgruber* (Hrsg.): Methoden der Kulturanthropologie. Bern 2014, S. 367–382.

Dies., Franken Lina: Automatisierungspotenziale in der qualitativen Diskursanalyse. Das Prinzip des „Filterns". In: *Patrick Sahle* (Hrsg.): 6. Tagung des Verbands Digital Humanities im deutschsprachigen Raum e.V. (DHd 2019). Digital Humanities: multimedial & multimodal. Universitäten zu Mainz und Frankfurt, 25. bis 29.3.2019. Book of Abstracts, S. 89–91, verfügbar unter: https://doi.org/10.5281/zenodo.2596095 [27.2.2020].

Kozinets Robert V.: Netnography. Doing Ethnographic Research Online. Los Angeles 2011.

Krug Markus, Puppe Frank, Jannidis Fotis, Macharowsky Luisa, Reger Isabella, Weimer Lukas: Rule-based Coreference Resolution in German Historic Novels. In: Proceedings of NAACL-HLT Fourth Workshop on Computational Linguistics for Literature. Denver, Colorado, June 4, 2015, S. 98–104, verfügbar unter: https://doi.org/10.3115/v1/W15-0711 [27.2.2020].

Kübler Sandra, Zinsmeister Heike: Corpus Linguistics and Linguistically Annotated Corpora. London, New York 2015.

Löfgren Orvar: Routinising Research. Academic Skills in Analogue and Digital Worlds. In: International Journal of Social Research Methodology 17 (2014), 1, S. 73–86.

McCarty Willard: Modeling. A Study in Words and Meanings. In: *Susan Schreibman, Raymond George Siemens, John Unsworth* (Hrsg.): A Companion to Digital Humanities (Blackwell Companions to Literature and Culture 26). Malden 2004, S. 254–270.

McGann Jerome: Marking Texts of Many Dimensions. In: *Susan Schreibman, Raymond George Siemens, John Unsworth* (Hrsg.): A New Companion to Digital Humanities (Blackwell Companions to Literature and Culture 93). Chichester, West Sussex, Malden, MA, Oxford 2016, S. 358–376.

Moretti Franco: Distant Reading. Göttingen 2016.

Muri Gabriela: Triangulationsverfahren im Forschungsprozess. In: *Christine Bischoff, Karoline Oehme-Jüngling, Walter Leimgruber* (Hrsg.): Methoden der Kulturanthropologie. Bern 2014, S. 459–473.

Rapp Andrea: Manuelle und automatische Annotation. In: *Fotis Jannidis, Hubertus Kohle, Malte Rehbein* (Hrsg.): Digital Humanities. Eine Einführung. Stuttgart 2017, S. 253–267.

Sattler Simone: Computergestützte qualitative Datenbearbeitung. In: *Christine Bischoff, Karoline Oehme-Jüngling, Walter Leimgruber* (Hrsg.): Methoden der Kulturanthropologie. Bern 2014, S. 476–487.

Star Susan Leigh, Strauss Anselm L.: Layers of Silence, Arenas of Voice. The Ecology of Visible and Invisible Work. In: Computer Supported Cooperative Work 8 (1999), S. 9–30.

Waldherr Annie, Maier Daniel, Miltner Peter, Günther Enrico: Big Data, Big Noise. The Challenge of Finding Issue Networks on the Web. In: Social Science Computer Review 35 (2017), 4, S. 427–443.

Willim Robert: Das unvollständige Imaginäre. In: *Gertraud Koch* (Hrsg.): Digitalisierung. Theorien und Konzepte für die empirische Kulturforschung. Konstanz, München 2017, S. 55–87.

Zinsmeister Heike: Chancen und Grenzen von automatischer Annotation. In: Zeitschrift für germanistische Linguistik 43 (2015), S. 84–111.

Autorinnen und Autoren

Cornelia Dlabaja studierte Soziologie und Raumplanung in Wien, Darmstadt und Paris. Sie ist im Bereich der Stadt- und Wohnbauforschung tätig, zuletzt als operative Leitung des Besiedelungsmonitoring Seestadt Aspern. Aktuell promoviert sie am Institut für europäische Ethnologie der Universität Wien als wissenschaftliche Mitarbeiterin zur Seestadt Aspern wo sie auch zu Recht auf Stadt Bewegungen in Venedig forscht. Weitere Forschungsschwerpunkte sind städtischer Wandel, öffentlicher Raum und Stadt und Migration.

Alexa Färber, Professorin für Europäische Ethnologie mit der Perspektive „Historische Dimensionierung von Alltagskulturen", Institut für Europäische Ethnologie, Universität Wien. Alexa Färber vertritt eine an wissensanthropologischen Fragestellungen und Zugängen orientierte Alltagskulturanalyse mit dem Schwerpunkt Stadtforschung und audio-visuelle Forschung. Ihre auf Stadt bezogenen Veröffentlichungen kreisen um Konzepte der „Greifbarkeit der Stadt" (2010), „Low-budget urbanity" (2016, 2020) und Stadt als „promissory assemblage" (2019, 2020).

Lina Franken erforscht den Wandel von wissenschaftlichem Arbeiten im Digitalen, von Methoden und Epistemologien mit der Digitalisierung. Weitere Forschungsschwerpunkte sind Kulturen des Lehrens und Schulkulturen, immaterielles Kulturerbe sowie Arbeits- und Nahrungskulturen. Sie ist wissenschaftliche Mitarbeiterin am Institut für Volkskunde/Kulturanthropologie der Universität Hamburg und koordiniert dort den Forschungsverbund „Automatisierte Modellierung hermeneutischer Prozesse (hermA)". Zuvor war sie wissenschaftliche Mitarbeiterin an den Universitäten Bonn, Regensburg und Bamberg und koordinierte das DFG-Projekt „Digitales Portal Alltagskulturen im Rheinland" beim Landschaftsverband Rheinland. Promotion an der Universität Regensburg 2017.

Julian Genner promovierte 2015 in Kulturanthropologie an der Universität Basel. Seine Arbeit „Vom Nackt- zum Sicherheitsscanner. Wie Sicherheit zu einer Ware wird" wurde mit dem Fakultätspreis ausgezeichnet. Seit seiner Promotion war er unter anderem als wissenschaftlicher Mitarbeiter für das Bundesamt für Kultur, am SFB Medien der Kooperation der Universität Siegen und an der Universität Basel tätig. Seit 2017 forscht er zu Preppern in einem Postdoc-Projekt mit dem Arbeitstitel „Die Zukunft überleben: Krisenimagination und Vorsorge im Kontext der Prepper-Bewegung". Seit dem Wintersemester 2019 ist er Vertretungsprofessor am Institut für Kulturanthropologie und Europäische Ethnologie der Albert-Ludwigs-Universität Freiburg. Forschungsinteressen: anthropology of the future, anthropology of the good & wellbeing, Utopie & Apokalypse, Populärkulturforschung.

Stefan Groth ist Oberassistent am Institut für Sozialanthropologie und Empirische Kulturwissenschaft (ISEK) der Universität Zürich und leitet das Labor Populäre Kulturen. Er arbeitet zu politischen Narrativen sowie zur Produktion Europas in alltäglichen Kontexten außerhalb Europas. Zu seinen aktuellen Veröffentlichungen zählen die Sammelbände „Vernetzt, entgrenzt, prekär? Kulturwissenschaftliche Perspektiven auf Arbeit im Wandel (2020, mit Sarah May und Johannes Müske), „Zusammen arbeiten. Praktiken der Koordination und Kooperation in kollaborativen Prozessen" (2019, mit Christian Ritter) und „Ordnungen in Alltag und Gesellschaft: Empirisch-kulturwissenschaftliche Perspektiven" (2019, mit Linda M. Mülli).

Maximilian Jablonowski ist wissenschaftlicher Assistent im Arbeitsbereich Populäre Literaturen und Medien am Institut für Sozialanthropologie und Empirische Kulturwissenschaft der Universität Zürich. 2019 wurde er mit einer Arbeit zur visuellen und narrativen Anthropologie ziviler Drohnen promoviert. Seine Forschungsschwerpunkte umfassen gegenwärtige und historische Schnittfelder von Technik, Medien und Kunst; visuelle Kultur; Popmusik und Popkultur, insbesondere Musikvideos; sowie Science Fiction und Anthropologien des Zukünftigen; er hat Ausstellungen zu Luftbildern und Pop an verschiedenen Orten in der Schweiz (ko-)kuratiert.

Ina Kuhn absolvierte im Jahr 2016 ihr Master-Studium in Kulturanthropologie an der Johannes-Gutenberg-Universität. Ihre Abschlussarbeit „Aufbruch, Freiheit, Selbstbestimmung – Zu Kontinuität und Wandel des Ingelheimer Eurofolkfestivals" wurde mit dem Förderpreis Rheinhessische Geschichte ausgezeichnet. Seit dem Sommersemester 2017 arbeitet sie als wissenschaftliche Mitarbeiterin am Institut für Kulturanthropologie und Europäische Ethnologie der Albert-Ludwigs-Universität Freiburg. In ihrem Promotionsprojekt mit dem aktuellen Arbeitstitel „Laboratorien des guten Lebens. Zur diskursiven und performativen Aushandlung von alternativen Zukunftsentwürfen auf Utopie-Festivals" forscht sie seit 2018 zu gegenwärtigen Vorstellungen des guten Lebens. Forschungsinteressen: anthropology of the future, anthropology of the good & wellbeing, Utopie & Apokalypse, Populärkulturforschung.

Jan Lange ist stellvertretender Leiter der Stabsstelle des Zuwanderungs- und Integrationsbüros der Landeshauptstadt Saarbrücken. 2017–2019 war er wissenschaftlicher Mitarbeiter am Ludwig-Uhland-Institut für Empirische Kulturwissenschaft der Universität Tübingen sowie Projektmitarbeiter im städtischen Projekt „Nachbarschaft und Vielfalt“ im Rahmen der nationalen Stadtentwicklungspolitik. Zuvor Studium der Empirischen Kulturwissenschaft, Soziologie und Europäischen Ethnologie in Tübingen und Berlin. Forschungsschwerpunkte: Stadt- und Quartiersentwicklung, Migration und Organisationskulturen.

Manuel Liebig studierte Europäische Ethnologie in München und Berlin und Anthropologie in Buenos Aires. Im Anschluss war er am Berliner Institut für empirische Integrations- und Migrationsforschung tätig. Aktuell promoviert er als wissenschaftlicher Mitarbeiter am Institut für Europäische Ethnologie der Universität Wien zum Zusammenhang von Transformationsprozessen und alltagskulturellen Konflikten in städtischen Quartieren, rassistischem Alltagsverstand und der Konjunktur rechter Parteien. Seine weiteren Schwerpunkte liegen in der Rassismus-, Migrations- und Grenzregimeforschung sowie in der Analyse sozialer Bewegungen.

Johannes Müske, Dr. phil., ist wissenschaftlicher Mitarbeiter an der Universität Freiburg, Zentrum für Populäre Kultur und Musik. Studium der Volkskunde/Kulturanthropologie an den Universitäten Hamburg und Sevilla (MA 2007, NF: BWL, Jura, Museumsmanagement), Doktorat (2008–12) und Postdoc an der Universität Zürich. Weitere Forschungs- und Lehrstationen u.a. an der Indiana University, Bloomington, am Deutschen Museum, München und der LMU München. Arbeitschwerpunkte: Arbeitskulturenforschung, Kulturwissenschaftliche Technikforschung, Kulturerbe und Archive, Medienethnografie, anthropology of the senses.

Martina Röthl studierte Europäische Ethnologie an der LFU Innsbruck und promovierte dort 2015. Seit 2016 ist sie wissenschaftliche Mitarbeiterin am Seminar für Europäische Ethnologie/Volkskunde an der CAU Kiel. Ihre Forschungsschwerpunkte sind: Diskurs-/Dispositivforschung und interpretative Analytik, Tourismusforschung (Fokus Bereistenforschung), Geschlechterforschung. Zum aktuellen Zeitpunkt arbeitet Martina Röthl an einem Forschungsprojekt, das sich mit den Subjektivierungspotenzialen feministischer und antifeministischer Alltagsdiskurse beschäftigt.

Judith Schmidt ist Kulturanthropologin und wissenschaftliche Referentin am LVR-Institut für Landeskunde und Regionalgeschichte in Bonn. Innerhalb des Projektes „Zur Rolle des kulturellen Erbes in Strukturwandlungsprozessen. Die Dörfer der Erkelenzer Börde (Keyenberg, Ober- u. Unterwestrich, Kuckum, Berverath)“ forscht sie zu tagebaubedingten Umsiedlungsprozessen. Ihre Promotion mit dem Titel „Kalkulierte Mobilität. Biographische und ökonomische Perspektiven auf Saisonarbeit. Eine Ethnographie zwischen Deutschland und Rumänien“ wurde vom Schroubek-Fonds östliches Europa gefördert und wird an der Johannes Gutenberg-Universität Mainz betreut. Zu ihren Forschungsschwerpunkten zählen Ökonomische Anthropologie, Agro-Food-Studies, Politische Anthropologie, Mobilität und Migration, Arbeitskulturen und Interkulturalität.

Alexander Schwinghammer ist Kulturanthropologe und lehrt, forscht und verwaltet an der Bauhaus Universität Weimar. Dort vertritt er aktuell die Professur für Geschichte und Theorie der Visuellen Kommunikation. Seine Forschungen zu visuellen Kulturen der Kriegsberichterstattung haben zu Doktoraten am Goldsmiths, University of London und der Goethe Universität Frankfurt geführt. Gegenwärtige Forschungsinteressen liegen in den Feldern Anthropologie des Berichtens, Spekulatives Design, ökonomische Anthropologie, kulturwissenschaftliche Nahrungsforschung und visuelle Kultur.

Barbara Sieferle, Dr. phil, ist wissenschaftliche Mitarbeiterin am Institut für Kulturanthropologie und Europäische Ethnologie der Universität Freiburg. Sie wurde 2017 mit einer Arbeit zur Körperlichkeit des Pilgerns an der Universität Innsbruck promoviert. In ihrem aktuellen Forschungsprojekt ‚Leben nach der Haft‘, welches von der Deutschen Forschungsgemeinschaft gefördert wird, befasst sie sich mit Alltagskonstruktionen haftentlassener Akteure. Zu ihren Forschungsschwerpunkten zählen Gefängnisforschung, Devianzforschung, Recht und Strafe, Körperlichkeit, Pilgertum, ethnographische Methoden.

Sina Wohlgemuth ist seit 2017 wissenschaftliche Mitarbeiterin im DFG-Projekt „Partizipative Entwicklung von ländlichen Regionen. Alltagskulturelle Aushandlungen des LEADER-Programms der EU“ an der Abteilung für Kulturanthropologie/Volkskunde der Universität Bonn. Im Rahmen des Projekts promoviert sie zu Aushandlungen von Zukunftspraktiken. Sina Wohlgemuth hat einen Erasmus Mundus Master of Arts in Euroculture und absolvierte ihren Bachelor in Kulturanthropologie/Europäische Ethnologie in Göttingen. Zu ihren Forschungsinteressen zählen Anthropology of the Future, Anthropology of Policy, Europäisierungsforschung.

Herausgeberinnen und Herausgeber

Ruth Dorothea Eggel promoviert als wissenschaftliche Mitarbeiterin zu Materialisierungen von digitalen Praktiken auf Gaming Events (Titel: „Embodying Gaming“), an der Abteilung für Kulturanthropologie der Universität Bonn. Sie studierte Kulturanthropologie/Europäische Ethnologie und Gender Studies an der Universität Graz. Ihre Forschungsschwerpunkte liegen neben der digitalen Anthropologie auf Stadt- und Raumforschung, feministischer und postkolonialer Kritik. 2020/21 leitet sie ein Outreachprojekt des Argelander Grants zur Erforschung von Transformationen urbaner Kulturen in und nach der Covid-19-Pandemie.

Fabio Freiberg absolviert derzeit sein Masterstudium der Kulturanthropologie an der Universität Bonn, wo er davor einen Bachelor in Lateinamerika- und Altamerikastudien und Politik und Gesellschaft abschloss. Seine Forschungsinteressen liegen im Bereich der Gender und Masculinites Studies. Seine Masterarbeit trägt den Titel „Die Geburt des mitfühlenden Vaters. Doing gender, doing care, doing emotions.“.

Andrea Graf studierte Volkskunde/Europäische Ethnologie, Kunstgeschichte und Angewandte Kulturwissenschaften an der WWU-Münster. Nach Stellen an den Universitäten Münster und Bonn, einem wissenschaftlichen Volontariat und freiberuflicher Tätigkeit im Bereich Film und Ausstellung arbeitet sie seit 2017 als Wissenschaftliche Referentin am LVR-Institut für Landeskunde und Regionalgeschichte in Bonn. Ein Schwerpunkt ihrer Arbeit ist die Visuelle Anthropologie. Sie forscht, publiziert und macht Filme zu den Themenbereichen: soziale Gemeinschaften, Brauch/Ritual, ländlicher Raum und regionale Alltagskultur.

Dagmar Hänel studierte Volkskunde/Europäische Ethnologie, Germanistik und Archäologie an der Universität Münster, Promotion 2001. Nach freiberuflicher Tätigkeit wissenschaftliche Mitarbeiterin am Institut für Volkskunde/ Kulturanthropologie der Universität Bonn. 2008–2018 Leiterin der Abteilung Volkskunde am LVR-Institut für Landeskunde und Regionalgeschichte, seit 2018 Leiterin dieses Instituts. Forschungsschwerpunkte sind Ritual, Brauch und immaterielles Kulturerbe, visuelle Anthropologie, populare Religiosität und regionale Alltagskulturen.

Victoria Huszka studierte Volkskunde/Europäische Ethnologie, Finnougristik und Interkulturelle Kommunikation an der LMU München. Seit 2017 ist sie wissenschaftliche Mitarbeiterin an der Abteilung Kulturanthropologie der Universität Bonn und promoviert zu alltagsweltlichen Visualisierungen der Region Ruhrgebiet auf Instagram. Ihre Forschungsinteressen liegen im Bereich der Digital Anthropology, Regionalforschung und Altersforschung.

Ove Sutter ist seit 2014 Professor für Kulturanthropologie/Volkskunde am Institut für Archäologie und Kulturanthropologie der Universität Bonn. Er promovierte 2012 in Wien mit einer Studie zu autobiografischen Verhandlungen der Prekarität immaterieller Arbeit. Er forscht u. a. zum zivilgesellschaftlichen Engagement für Geflüchtete, zum Protest sozialer Bewegungen und zu alltagsweltlichen Aushandlungen der politisch-ökonomischen Entwicklung ländlicher Regionen.

Kerstin Wolff ist, nach einem B.A. in Kulturanthropolgie an der JGU Mainz, Master-Studierende an der Abteilung für Kulturanthropologie der Universität Bonn. Ihre Forschungsinteressen und -schwerpunkte liegen im Bereich der Sub- und Gegenkulturforschung, Protestforschung, urbaner und feministischer Anthropologie, Postcolonial und Human Animal Studies und der Migrations- und Grenzregimeforschung.